한 권으로

개발자가 원하던

파이썬 심화 A to Z

한 권으로
개발자가 원하던
파이썬 심화 A to Z

2022년 1월 20일 1판 2쇄 발행

저 자 문용준, 문성혁
발행자 정지숙
마케팅 김용환
일러스트 오예린

발행처 (주)잇플ITPLE
주 소 서울 동대문구 답십리로 264 성신빌딩 2층
전 화 0502.600.4925
팩 스 0502.600.4924
홈페이지 www.itpleinfo.com
이메일 itpleinfo@naver.com
카 페 http://cafe.naver.com/arduinofun

ISBN 979-11-90283-66-3 13000

이 도서의 국립중앙도서관 출판예정도서목록(CIP)은 서지정보유통지원시스템 홈페이지(http://seoji.nl.go.kr)와
국가자료종합목록 구축시스템(http://kolis-net.nl.go.kr)에서 이용하실 수 있습니다. (CIP제어번호 : CIP2019046924)

한 권으로

개발자가 원하던

파이썬 심화 A to Z

머리말

파이썬은 수학이나 과학용을 처리하는 다양한 모듈부터 인공지능을 구현하는 머신러닝과 딥러닝 알고리즘까지 쓰이고 있습니다. 다시 말하면 파이썬은 4차 산업혁명에 필요한 다양한 시스템을 만드는 기본 도구입니다.

시중에 파이썬 문법책은 많지만, 데코레이터나 디스크립터 등 파이썬스러운 개념까지 모두 다룬 책은 많지 않습니다. 파이썬 최신 버전에 맞춰 파이썬스러운 개념을 반영한 내용을 엮어봤습니다.

실무에서는 머신러닝과 딥러닝 프로젝트 등에 참여해 다양한 파이썬 라이브러리나 프레임워크를 사용합니다. 그러나 단순히 함수나 클래스를 가져와서 사용하다 보면 원하지 않는 결과들이 많이 나오게 됩니다. 이런 경험을 바탕으로 파이썬에 대한 개념을 예제와 함께 설명해주는 책이 필요하다고 느껴서 이 책을 집필하게 되었습니다.

이 책을 나오기까지 많은 용기를 준 아내와 아들과 딸들, 작성된 내용을 검토해준 황후순, 고요한 님에게 감사의 말씀을 전합니다.

또한, 항상 책이 나오기까지 좋은 편집을 해주는 출판사 관계자에게도 감사의 말씀을 전하고 싶습니다.

베타리더의 평가

고요한 | 에쓰오씨소프트

이 책은 파이썬이라는 프로그래밍 언어를 처음 듣는 사람에게는 다소 어려울 수 있다. 파이썬 책을 한 번이라도 읽어본 적이 있는 사람을 대상으로 하기 때문이다. 하지만 프로그래밍 언어를 파이썬으로 기초부터 제대로 배우고 싶은 사람에게도 이 책으로 파이썬에 한 번 도전해 보기를 권하고 싶다.

이 책의 특징은 예제를 통해 파이썬의 핵심적인 키워드를 하나하나 파이썬 방식으로 제대로 설명하고 있다는 점이다. 그리고 파이썬 키워드를 한 번 설명하고 끝나는 것이 아니라, 예제에서 반복적으로 나오게 하여 자연스럽게 파이썬 키워드를 익힐 수 있게 구성되어 있다.

공부하는 동안에 어려운 내용이 있거나 이해하지 못하는 부분이 있으면 저자에게 질문하면 언제든 친절하게 대답해준다.

황후순 | (현) 리비 인공지능솔루션팀장, (현) 지아에이치알 기술고문

c++, java, js를 이미 10년 이상 사용 중인 개발자로, 근래 파이썬 실무를 시작하였다. 저자의 첫 번째 책인 ≪손에 잡히는 파이썬≫ 책에도 추천사를 썼었다. 이번 책 또한 쉽지 않은 책이지만, 파이썬의 내부구조를 너무 잘 설명한 책이라고 생각한다. 파이썬의 구문이 어떻게 해석되고 왜 이렇게 구현됐는지 알고 싶은 모든 사람에게 추천한다.

조현웅 | SK 주식회사 C&C

이 책을 읽고 파이썬에 대해서 개념적으로 더 깊이 이해할 수 있게 되었고, 내부적으로 어떻게 구현되어 있고 왜 그렇게 구현되어 있는지 알 수 있었다. 실무에 파이썬 적용을 고민하는 사람이나 파이썬의 내부를 더 깊이 이해하고 싶으신 사람에게 이 책을 추천한다.

김창덕 | (현) 게임회사에서 시스템 기획

초보자가 보기엔 다소 어려운 파이썬 문법과 용법, 그리고 활용에 관해 저자만의 파이썬 체계와 소프트웨어 공학의 오랜 경험을 모아 쓴 파이썬 책이다. 내용이 어려우면 쉽게 이해하기 어려운게 일반적인데, 다채로운 편집을 통해 초보자도 부담감 없이 읽을 수 있게 배려한 부분도 한층 새롭다.

파이썬을 공부하다가 실패해본 경험이 있거나 파이썬을 처음 접하는 사람이 예제를 따라 해 보면서 혼자 해결해가는 좋은 지침서가 될 것 같아 추천한다.

차례

Chapter 05

문장 꾸미기

Chapter 06

문서화와 주석으로 꾸미기

Chapter 07

할당 및 기타 문장 처리하기

Chapter 08

조건 판단에 따른 문장 선택하기

Chapter 09

여러 문장을 묶어 반복 실행하기

Chapter 10

여러 조건에 따라 기능 선택하기

Chapter 11

함수 정의하기

Chapter 12

함수 입력 데이터 처리하기

Chapter 13

클래스 정의하기

Chapter 14

클래스와 객체 구조 알아보기

Chapter 15

특별한 내장 클래스 알아보기

Chapter 16

최상위 클래스 object

Chapter 25

함수 안에 함수 정의하기

Chapter 26

함수 객체의 속성 사용하기

Chapter 27

함수를 사용한 데코레이터 알아보기

Chapter 28

모듈(module) 작성 알아보기

Chapter 29

클래스를 생성하는 메타 클래스

Chapter 30

객체의 생명주기

Chapter 31

다양한 메소드 이해하기

Chapter 32

연속해서 실행하는 체인 구성하기

Chapter 33

스페셜 메소드 알아보기

Chapter 34

상속 이해하기

Chapter 35

객체의 사용 관계 이해하기

Chapter 36

클래스 다형성 알아보기

Chapter 41

예외, 경고, 단언 처리 알아보기

Chapter 42

표준 입출력 알아보기

Chapter 43

파일 읽고 쓰기

Chapter 1

변수는 식별자이며, 상태를 관리한다

프로그램 언어에서는 왜 변수를 사용하는 것일까? 로직을 처리한 결과는 변수에 재할당하여 변수를 참조할 때마다 그 값을 가져와 사용할 수 있다.

1 문법 규칙에 사용하는 예약어(keyword)

파이썬 문법 규칙으로 사용하는 예약어를 알아본다. 예약어도 변수처럼 사용하지만, 문법 규칙에 정한 용도로만 사용한다. 이는 예약어로는 변수를 정의할 수 없다는 뜻이다.

자, 그럼 예약어에는 어떤 단어가 있는지 알아보자.

예제 1 예약어 알아보기

현재 파이썬 버전을 먼저 확인한다. 모듈 sys를 import한 후에 변수 version_info를 조회하면 파이썬 버전이 3.7.3이라는 것을 알 수 있다.

```
import sys                                # 모듈 sys 사용.
```

```
sys.version_info                          # version_info 조회.
```

```
sys.version_info(major=3, minor=7, micro=3, releaselevel='fi
nal', serial=0)
```

예약어 관리 모듈인 keyword를 import하고 모듈 내 변수 kwlist를 조회해서 예약어의 종류를 알아보자. 이 변수는 예약어를 리스트로 관리한다. 몇 개의 예약어가 있는지 확인하려면 이 변수에 저장된 리스트의 원소 개수를 조회하면 된다.

내장함수 len을 실행하면 개수가 35라는 것을 확인할 수 있다.

```
import keyword                            # 예약어를 관리하는 모듈인 keyword 사용.
```

```
len(keyword.kwlist)                       # 예약어가 몇 개 있는지 확인.
```

```
35    ← 내부의 개수가 35.
```

용어 설명 **len()** … 리스트 객체의 원소 개수를 확인하는 내장함수

변수 **kwlist**가 모듈에 있다는 것은, 모듈을 작성할 때 이 변수에 값을 할당한 것이다. 변수에 어떤 값이 있는지 확인하려면 이 값을 만든 클래스를 조회하면 된다. 이때 클래스를 확인하는 것이 메타 클래스 **type**이다. 이 메타 클래스에 인자로 변수를 전달해 실행하면 저장된 객체의 클래스를 반환한다.

```
type(keyword.kwlist)                    # 메타 클래스 type으로 클래스 조회.
```

```
list
```

용어설명 **type()** … 변수에 어떤 값이 있는지 확인하는 내장 클래스

파이썬 리스트 객체는 여러 개의 원소를 관리하는 자료구조이다. 이 객체의 원소를 하나씩 출력해 보자.

keyword.kwlist의 원소를 하나씩 꺼내기 위해
for문 in 다음에 변수 이름을 지정하고 원소를 받을 임의의 변수로 i 지정

⋮

원소를 출력하기위해 print 함수 내의 end에 문자열로 쉼표 삽입.

⋮

한 줄에 다섯 개의 원소를 출력하기 위해
if문에 5로 모드가 0인 경우 빈 print 함수를 실행해서 다음 줄로 넘김.

```
count = 0
for i in keyword.kwlist :
    print(i,end=", ")
    count += 1
    if count % 5  == 0 :
        print()
```

```
False, None, True, and, as,
assert, async, await, break, class,
continue, def, del, elif, else,
except, finally, for, from, global,
if, import, in, is, lambda,
nonlocal, not, or, pass, raise,
return, try, while, with, yield,
```

← 예약어

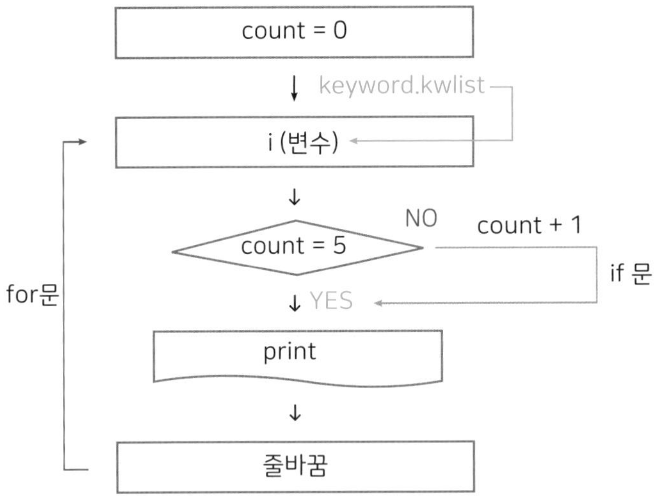

예제 2 예약어를 변수로 정의하기

예약어는 변수로 사용할 수 없다. 예약어를 변수로 정의하고 실행하면 문법 규칙에 어긋나므로 SyntaxError가 나온다.

```
if = 100
```

```
  File "<ipython-input-8-3abe269c51ad>", line 1
    if = 100
       ^
SyntaxError: invalid syntax    ← if는 예약어로 변수로 사용 할 수 없다.
```

```
in = 100
```

```
  File "<ipython-input-9-a013e2e46592>", line 1
    in = 100
     ^
SyntaxError: invalid syntax
```

2 변수 이름을 짓는 문자열 알아보기

예약어를 제외한 문자열로 변수의 이름을 정의할 수 있다. 문자열로 작성할 수 있는 문자가 무엇인지 알아본 후에 이 문자들을 어떻게 조합하는지도 알아보자.

예제 문자열 모듈 알아보기

파이썬은 유니코드 문자에 있는 다양한 언어로 변수를 정의할 수 있다. 영어 알파벳 등의 문자 정보를 알아보기 위해 `string` 모듈을 `import`한다.

```
import string                    # string(예약어) 사용.
```

이 문자열 모듈에 어떤 정보가 있는지 하나씩 출력해보자.

순환문을 작성할 때 모듈의 정보를 `dir` 함수로 처리한 리스트 전달

↓

순환하면서 원소를 하나씩 `print` 함수로 출력
한 줄에 여러 개를 출력하기 위해 end 매개변수에 쉼표 문자열 전달

↓

5개를 출력한 후에 다음 줄로 바꾸기 위해 제어문에 % 연산을 사용해서 조건을 부여
이 조건을 만족하면 빈 줄을 하나 출력하기 위해 `print`문 사용.

```
count = 0
for i in dir(string)  :
    print(i,end=", ")
    count += 1
    if count % 5  == 0 :
        print()
```

```
Formatter, Template, _ChainMap, _TemplateMetaclass, __all__,
__builtins__, __cached__, __doc__, __file__, __loader__,
__name__, __package__, __spec__, _re, _string,
ascii_letters, ascii_lowercase, ascii_uppercase, capwords, dig
its,
hexdigits, octdigits, printable, punctuation, whitespace,
```

모듈의 주요 변수를 확인해서 어떤 내용이 있는지 알아보자.

```
string.ascii_letters    # ascii_letters: 영어 알파벳 소문자부터 대문자까지.
```

```
'abcdefghijklmnopqrstuvwxyzABCDEFGHIJKLMNOPQRSTUVWXYZ'
```

```
string.digits    # digits: 0부터 9까지의 숫자.
```

```
'0123456789'
```

```
string.punctuation    # punctuation: 문장을 작성할 때 필요한 다양한 기호.
```

```
'!"#$%&\'()*+,-./:;<=>?@[\\]^_`{|}~'
```

```
string.whitespace    # whitespace: 윈도우 10 기반의 공백문자(OS별로 출력에 차이가 있을 수 있음).
```

```
' \t\n\r\x0b\x0c'
```

(OS별로 출력에 차이가 있을 수 있음)

3 변수(Variable) 이름 정의 규칙

문자열을 조합해서 변수, 함수, 클래스, 모듈 등의 이름을 정의할 수 있다. 작성한 이름을 관리하는 곳이 이름공간(Name space)이다. 그래서 이름을 정의하는 방식이 모듈, 클래스, 함수, 객체, 변수, 속성 등에 따라 조금씩 차이가 있다.

어떤 기준으로 이름을 작성하는지 알아보자.

변수 권장 명명 규칙(Naming Convention)

파이썬에서는 변수 이름을 지을 때 숫자를 제외한 문자와 밑줄을 이름의 첫 글자로 쓴다. 그 다음부터는 숫자, 문자, 밑줄을 섞어서 사용해도 된다. 이름을 짓는 규칙은 다음과 같다.

- 함수, 객체, 변수 이름의 첫 글자는 소문자를 사용한다.
- 클래스 이름의 첫 글자는 대문자를 사용한다.
- 이름을 두 단어 이상으로 쓸 때는 두 번째 단어의 첫 글자를 대문자로 쓴다.
- 클래스나 객체 내의 보호 속성을 정의할 때는 첫 글자를 밑줄(_)부터 시작한다.(보호 속성은 외부 클래스와 객체에서 속성에 직접 접근해서 사용하지 않도록 주의하라는 뜻이다.)
- 예약어와 같은 이름의 변수 이름을 사용하려면 예약어 뒤에 밑줄을 붙인다.
- 클래스나 객체의 비공개 속성은 외부에서 직접 접근할 수 없게 이름을 변경하는 구조인 맹글링(Mangling) 처리 방식이다. 이때는 이름 앞에 __(double underscore)를 붙이면 자동으로 _클래스 이름이 붙여진다.
- 파이썬 내부에서만 사용되는 스페셜 속성이나 메소드는 이름 양쪽에 __를 붙여 사용한다.

예제 1 변수 명명 규칙

변수를 하나 만들려면 변수 이름과 값을 할당해야 한다. 기존 변수 이름을 사용하면서 다른 상태를 보관하려면 변수 이름 앞에 밑줄을 추가해서 정의할 수 있다.

변수가 할당되면 변수 이름만 사용해도 내부에 저장된 값을 조회할 수 있다. 이를 '변수 참조'라고 한다. 3개의 변수를 할당한 후, 변수 참조 3개를 쉼표로 구분해서 조회하면 변숫값이 괄호에 쌓여서 표시된다.

파이썬에서 튜플(tuple)은 괄호 안에 원소를 쉼표로 구분해서 표시한다. 3개의 변수를 출력할 때, 쉼표로 구분해서 출력해도 출력 결과는 튜플(tuple)로 인식한다.

```
var = 100
```

```
_var = 100
```

```
__var = 100
```

```
var, _var, __var
```

```
(100, 100, 100)
```

같은 변수 이름을 추가로 사용하려면 변수 이름 뒤에 밑줄을 붙여서 사용할 수도 있다. 변수 두 개를 쉼표로 분리해서 변수 참조하면 결과를 튜플(tuple)로 출력한다.

```
var_ = 100
```

```
var__ = 999
```

```
var_, var__
```

```
(100, 999)
```

변수 이름 앞뒤에 밑줄이 두 개씩 붙을 수도 있다. 할당된 변수 하나를 참조하면 쉼표가 없어서 하나의 값만 출력한다.

밑줄을 두 개 사용하는 변수는 파이썬 내부에서 스페셜 속성이나 메소드 정의할 때 사용하므로 꼭 필요한 경우에만 사용해야 한다.

```
__var__   = 100
```

```
__var__
```

```
100
```

유니코드 문자 세트에 포함된 한글도 변수 이름으로 사용할 수 있다. 한글로 변수 이름을 만들어 값을 할당하고 조회하면 내부에 저장된 값이 검색된다.

```
변수명  = 100
```

```
변수명
```

```
100
```

예제 2 변수 이름 첫 글자 사용에 주의

기본적으로 변수 이름은 문자와 밑줄을 사용한다. 변수 이름으로 숫자를 쓸 수 있지만, 첫 번째 글자로는 쓸 수 없다.

숫자를 변수 이름의 첫 번째 글자로 쓰고 값을 할당하면 문법 규칙에 어긋나므로 예외가 발생한다.

```
9_var = 100
```

```
  File "<ipython-input-16-2a4f7996a659>", line 1
    9_var = 100
     ^
SyntaxError: invalid token   ← 숫자는 변수 이름의 첫 글자로 사용할 수 없다.
```

4 내장 이름공간과 전역 이름공간

파이썬이 설치되면 제공되는 내장 모듈의 이름공간과 정의해서 사용하는 모듈의 이름공간의 관계를 알아보자. 또한, 내장 이름공간(builtin namespace)과 전역 이름공간(global namespace)의 관계도 알아보자.

예제 내장 이름공간과 전역 이름공간 알아보기

파이썬이 설치되면 자동으로 제공되는 함수와 클래스는 `__builtins__`에서 관리한다. 이 모듈의 특징은 `import`하지 않고 내부함수와 클래스를 사용한다는 것이다.

모듈 이름 다음에 점 연산자와 `globals` 이름을 써서 조회하면 함수라는 것을 알 수 있다.

```
__builtins__
```

```
<module 'builtins' (built-in)>
```

```
__builtins__.globals
```

```
<function globals()>
```

주피터 노트북에서 하나의 ipynb 파일을 만들고첫 번째 빈 셀에 변수 `i`에 값 100을 할당한다.

주피터 노트북에서 하나의 파일은 파이썬의 하나의 모듈이다. 모듈 내 정의된 모든 변수를 관리하는 영역을 전역 이름공간(global namespace)이라고 한다. 내장함수 `globals`는 전역 이름공간을 조회해서 딕셔너리(dict)로 반환한다. 이름공간 내의 원소를 검색할 때는 색인 연산을 사용하고 변수 이름과 같은 문자열 `i`를 넣어 조회하면 변수에 저장된 값 100을 출력한다.

```
i = 100
```

```
globals()['i']
```

```
100
```

전역 이름공간에 저장된 변수를 조회하는 내장함수 `vars`도 내장 모듈 `__builtins__`에서 확인할 수 있다.

함수를 실행한 후에 변수를 조회하면 값을 출력한다. 이처럼 전역 이름공간을 조회해서 내부에 저장된 값을 검색할 수 있다.

```
__builtins__.vars
```

```
<function vars>
```

```
vars()['i']
```

```
100
```

함수는 아직 자세히 알아보지 않았지만, 함수로 정의한 것이 모듈 내에서 어떻게 관리되는지 알아보자.

> 함수를 정의할 때는
> 예약어 def, 함수 이름(매개변수 이름)을 쓰고 콜론을 붙여 함수의 머리부를 만든다.

↓

> 함수가 호출될 때 실행되는 몸체부에는
> 기능인 로직을 작성하고, 결과를 반환하는 반환문을 작성한다.

```
def add(x,y) :                # 함수를 새로 정의할 때 사용.
    return x+y
```

용어 설명 **def** … define(정의하다)의 약자

함수 정의문을 실행하면 함수를 사용할 수 있게 로딩한다. 로딩 순서는 함수 이름을 변수 이름으로 지정하고 로딩된 함수 객체를 값으로 할당한다. 이런 처리는 변수를 정의하고 값을 할당하는 것과 같은 방식으로 전역 이름공간에 함수를 저장한다.

`globals` 함수로 가져온 전역 이름공간에 문자열로 함수 이름을 조회하면 함수 객체를 출력한다.

```
def add(x,y) :
    return x+y
```

```
globals()['add']
```

```
<function __main__.add(x, y)>
```

함수가 가진 전역 이름공간을 확인하려면 점 연산 후 `__globals__` 속성을 사용한다. 이 `__globals__` 속성에 변수 이름을 문자열로 전달하면 저장된 값을 조회할 수 있다.

```
add.__globals__['i']
```

```
100
```

모듈의 이름공간을 `globals` 함수로 조회해서 type 클래스로 `__globals__` 속성에 있는 객체를 확인하면 두 객체가 딕셔너리(dict) 객체인 것을 알 수 있다. 두 객체가 같은 것인지 `is` 예약어로 비교한다. 레퍼런스가 같으므로 같은 객체라는 것을 확인할 수 있다.

```
type(globals())
```

```
dict
```

```
type(add.__globals__)
```

```
dict
```

```
add.__globals__ is globals()
```

```
True
```

Chapter 2

모든 값은 객체(object)이다

파이썬에서 변수는 값을 할당할 때 만들어진다. 변수에 할당되는 모든 값은 객체이다. 객체를 간단하게 숫자, 문자열 등을 리터럴 표기법으로 작성할 수도 있다. 또한 클래스를 사용해서도 생성할 수 있다.

이번 장에서는 리터럴과 표현식으로 객체를 어떻게 표기하고 평가되는지를 알아본다.

1 객체를 직접 만드는 리터럴(literal) 표기법

수식이나 글자로 텍스트를 작성하는 방식을 그대로 접목한 것을 리터럴 표기법이라고 한다. 정수 1을 숫자대로 표시하거나 텍스트를 “Hello World”로 표기할 수 있다. 이런 표기법으로 작성해도 내부에서는 정수는 정수 클래스(int) 객체로, 텍스트는 문자열 클래스(str) 객체로 처리된다.

리터럴을 어떻게 사용하는지 알아보자.

예제 1 상수(constant) 정의

파이썬은 상수를 지정하는 특별한 방식은 없다. 상수를 정의해 사용할 때는 변수에 값을 할당한 후에 그 변수를 변경하지 않고 사용해야 한다.

파이썬 내부에서 어떻게 상수를 사용하는지 알아보기 위해 수학 모듈 `math`를 `import`한다. 이 모듈의 주요 상수는 원주율 상수 `pi`와 자연 상수 `e` 두 가지다. 이 모듈의 변수는 `pi`와 `e`로 확인할 수 있다.

```
import math             # 수학 함수를 가진 모듈 사용.
```

```
math.pi                 # 수학의 원주율.
```

```
3.141592653589793
```

```
math.e                  # 수학의 자연상수.
```

```
2.718281828459045
```

파이썬에서는 임의의 상수를 정의해 사용할 때, 변수 이름을 모두 대문자로 써서 상수라는 것을 표시한다. 그래서 변수 이름이 전부 대문자일 경우에는 다른 값을 할당하면 안 된다.

정수 100을 상수로 사용하기 위해 변수 이름을 `CONST`로 정의했다. 이제 이 변수는 상수로 사용해야 한다.

```
CONST = 100                              # 상수는 영어 대문자로 이름을 짓는다.
```

```
CONST
```

```
100
```

예제 2 리터럴 표기법 사용해보기

리터럴 표기법을 알아보자. 빈 셀에 직접 정수 1, 실수 1.1을 넣고 실행한다. 이 숫자들은 정수와 실수 클래스의 객체이므로 입력한 것이 그대로 출력된다.

```
1                          # 정수 객체는 숫자를 사용해서 객체를 만든다.
```

```
1
```

```
1.1                        # 정수 객체는 숫자를 사용해서 객체를 만든다.
```

```
1.1
```

문자를 연속해서 따옴표 사이에 작성하면 하나의 문자열이다.
정수, 실수, 문자열의 클래스를 알아보기 위해 `type` 클래스에 인자로 전달해 확인하면 정수(int)와 실수(float), 문자열(str) 클래스라는 것을 알 수 있다.

```
"문자열"                              # 문자를 연속으로 작성해서 문자열 객체를 만든다.
```

```
'문자열'
```

```
type(1), type(1.1), type("문자열")  # 숫자와 문자열 객체의 클래스 확인.
```

```
(int, float, str)
```

용어 설명 **int**… 정수 **float**… 실수 **str**… 문자열

2 리터럴과 연산자의 묶음인 표현식(expression)

값을 표시하는 방식이 리터럴(literal)이고, 파이썬에서 모든 값은 객체이다. 리터럴과 연산자(operator)를 혼합해서 표기한 것을 표현식이라고 한다. 논리와 비교 연산자를 넣어 논릿값으로 처리하는 표현식을 조건식(conditional expression)이라고 한다.

표현식이나 조건식을 작성하면 바로 계산해서 하나의 결괏값을 처리한다. 이렇게 계산한 값을 구하는 것을 평가(evaluation)라고 한다.

이번 절에서 표현식과 조건식이 어떻게 평가되는지 알아보자.

예제 1 표현식 사용하기

변수 a에 100을 할당하면 하나의 변수 정의이다. 변수와 정수 200을 더해 결괏값 300을 표시한다. 이는 변수에 저장된 100과 200을 더한 결과를 표시한다.

덧셈 연산자는 2개의 항을 더하는 이항 연산자로 하나의 값을 반환한다. 파이썬 연산자는 프로그램을 표기할 때와 내부에서 실행될 때 다르게 처리된다. 실제 연산자를 실행할 때는 각 클래스의 내부에 정의된 스페셜 메소드(special method)로 변환해서 실행한다.

덧셈 연산자는 스페셜 메소드 `__add__`이며, 연산자와 메소드를 실행한 결과는 같다.

```
a = 100                           # 변수를 할당.
```

```
a + 200                           # 변수의 값인 100과 200을 더한다.
```

```
300
```

```
a.__add__(200)                    # 덧셈 연산자 스페셜 메소드 __add__.
```

```
300
```

변수 b에 두 문자가 들어간 문자열을 할당하고 이 변수에 다른 문자열을 더한다. 문자열을 더하는 것은 두 문자열을 하나로 합쳐서 새로운 문자열을 만드는 것이다.
문자열 클래스에도 스페셜 메소드 __add__를 사용하여 덧셈 연산을 하지만, 문자열은 정수와 다르게 계산하는 것을 알 수 있다.

```
b = "문자"                    # 변수에 문자열 할당.
```

```
b + "열"                      # 문자열과 문자열 결합.
```

```
'문자열'
```

```
b.__add__("열")               # 문자열 클래스도 스페셜 메소드 __add__ 사용 가능.
```

```
'문자열'
```

예제 2 조건식 사용하기

변수 c에 값 100을 넣어 할당한다. 정수 98은 변숫값보다 작아서 조건을 만족하므로 True 논릿값을 반환하고, 정수 101은 변숫값보다 커서 조건을 만족하지 못하므로 False 논릿값을 반환한다.

```
c = 100        # 변수 할당.
```

```
c > 98         # 비교 연산.
```

```
True
```

```
c > 101
```

```
False
```

3 연산자와 스페셜 메소드 알아보기

스페셜 메소드(special method)가 연산자를 내부적으로 처리하는 것을 알아봤다. 스페셜 메소드가 클래스에 어떻게 정의되고 언제 이를 호출하는지 알아보자.

예제 **연산자는 클래스 내부의 메소드로 처리**

정수 클래스 `int`에 있는 `__add__`를 조회하면 slot wrapper라는 객체인 것을 알 수 있다. 이 객체는 C언어로 작성된 스페셜 메소드이다.

정수 1에 1을 연산자로 더한다. 정수 1을 괄호로 묶고 `__add__`에 인자로 1을 넣어 실행하거나, `int` 클래스 `__add__`에 2개의 인자를 넣어 계산해도 결과는 같다.

```
int.__add__                # int 클래스에서 스페셜 메소드 __add__를 확인.
```

```
<slot wrapper '__add__' of 'int' objects>
```

```
1 + 1                      # 두 정수를 덧셈 연산자로 더한다.
```

```
2
```

```
(1).__add__(1)             # 정수 1 객체에 스페셜 메소드 __add__에 정수 1을 인자로 전달해서 실행.
```

```
2
```

```
int.__add__(1,1)           # 클래스에서 스페셜 메소드에 두 개의 정수를 인자로 전달해서 실행.
```

```
2
```

뺄셈이나 곱셈 연산자도 계산할 수 있다. 클래스 `int`가 `__sub__`, `__mul__`을 호출할 때는 항상 2개의 인자를 전달해야 한다. 클래스에 정의된 메소드를 실행하려면, 실제 내부에 객체가 2개 있어야 계산되므로 반드시 인자를 2개 넣어야 한다.

```
1 - 1                         # 두 정수를 뺄셈 연산자로 계산.
```

0

```
int.__sub__(1,1)              # 2개의 인자 사용.
```

0

```
2 * 3
```

6

```
int.__mul__(2,3)
```

6

나눗셈은 연산자가 두 개이다. 몫까지 다 계산을 하는 **__truediv__**(연산자 /)와 나머지를 계산하지 않는 즉 나머지를 절사하는 **__floordiv__**(연산자 //)가 있다. 정숫값으로 계산된 결과를 확인하려면 나눗셈을 항상 // 연산자로 처리해야 한다.

```
2 / 2                         # 두 정수를 나눗셈 연산자로 계산.
```

1.0

```
int.__truediv__(2,2)
```

1.0

```
2 // 2                        # 반올림 나눗셈 연산자로 계산.
```

1

```
int.__floordiv__(2,2)
```

1

Chapter 3

표현식과 문장을 평가한다

프로그램을 작성하면 컴퓨터는 작성된 표현식과 문장을 실행하고 계산된 결과를 변수에 저장해서 프로그램을 실행한다. 이는 표현식과 문장을 평가해서 처리하는 것과 같다.

파이썬에서는 문자열로 작성된 표현식과 문장을 직접 평가하는 내장 함수 eval과 exec를 제공한다. 표현식과 문장이 평가되는 방법을 알아본다.

---

1. 즉시 실행해서 결과 알아보기
2. 특정 객체를 만든 후에 실행하기
3. 문자열에 수식을 넣고 계산하기

1 즉시 실행해서 결과 알아보기

표현식이나 문장을 바로 계산해서 결과를 반환하거나 내부에 바로 사용할 수 있게 구성하는 것을 탐욕스러운 평가(greedy evaluation) 또는 엄격 평가(eager evaluation)라고 한다.

예제 1 연속적 변수 할당 평가하기

연속적인 변수 할당과 변수 참조가 어떻게 발생하는지 알아본다. 네 개의 변수 a, b, c, d에 할당 연산을 사용해서 문장을 연결해 보자.

```
a = b = c = d = 5                # 4개의 변수를 연속으로 할당.
```

```
a + b + c + d
```

```
20
```

```
a.__add__(b).__add__(c).__add__(d)
```

```
20
```

먼저, 가장 오른쪽의 변수 할당인 d=5가 실행되고, 변수 c는 변수 d를 참조해서 값 5를 가져온 후 변수 c에 할당한다. 다시 변수 c를 참조해서 값을 가져와 변수 b에 할당하고, 변수 b를 참조해서 값을 가져와 변수 a에 할당하면 이 문장이 모두 실행된다.

```
a      =      b      =      c      =      d = 5
```

④ b값 참조(5 할당) ③ c값 참조(5 할당) ② d값 참조(5 할당) → ① 실행

그다음에 이 4개의 변수를 모두 더하면 변수에 정수 5가 저장되어 결과가 20이 된다.

변수에 저장된 정수 5가 객체이므로 정수(int) 클래스의 스페셜 메소드 `__add__`를 호출하한다. 변수 `b`에 있는 값을 인자로 전달해 계산하면 10이라는 정수가 반환되므로 다시 `__add__`를 호출하고 변수 `c`를 전달해서 계산한다. 그 결과 15가 나오면 다시 `__add__`를 호출하고 변수 `d`를 인자로 전달받아 최종 결과 20을 반환한다.
이처럼 연산자를 연속해서 사용하면 내부적으로 스페셜 메소드를 연속으로 실행해서 처리하는 것과 같다.

예제 2 문자열로 작성된 표현식과 문장 실행하기

문자열로 작성된 표현식을 평가하는 방법을 알아보자. 프로그램은 텍스트 편집기로 작성한다. 컴퓨터에서 프로그램을 문자열로 변환하고 이 문자열을 분해한다. 분해한 문자열이 표현식이면 평가해서 결과를 제공한다.

```
e = " 100 + 100"                # 문자열에 두 정수를 더하도록 작성.
```

```
eval(e)                          # 문자열 내에 표현식을 평가해서 계산을 실행.
```

```
200
```

```
100 + 100
```

```
200
```

용어 설명 **`eval()`** … 문자열 내의 표현식을 실행하는 내장함수

변수 `e`에 문자열 내에 100+100을 작성한다. 문자열을 함수 `eval`에 인자로 전달해서 실행하면 두 정수를 더한 결과를 반환한다. 이는 두 정수를 직접 연산자로 더한 결과와 같다.

추가로 문장을 실행하는 방법도 알아보자. 함수를 문자열에 넣기 위해 여러 줄로 문자열을 작성할 수 있는 따옴표 세 개를 사용한다.

문자열이 정의되면 문자열을 함수 exec에 인자로 전달해서 실행한다. 아무런 변화가 없지만 모듈 내에 add_ 변수에 함수 객체로 할당된다.

함수 add_에 두 정수를 인자로 전달해서 실행하면 두 정수를 더한 결과를 반환한다. 이처럼 문자열로 작성된 문장을 실행하면 메모리에 로딩되어 이 문장을 처리할 수 있는 준비를 하는 것을 알 수 있다.

```
s = """                          # 문자열에 함수를 정의.
def add_(x,y) :
    return x+y
"""
```

```
exec(s)                          # 함수가 정의된 문자열을 실행해도 반환값이 없다.
```

```
add_(10,10)                      # exec 함수가 실행되면, add 함수가 만들어지고 이를 호출해서 실행한다.
```

```
20
```

용어설명 **exec ()** … 문자열로 만들어진 문장을 실행하는 내장함수

2 특정 객체를 만든 후에 실행하기

특정 표현식이 실행되면 결괏값을 바로 반환하지 않고 이 값을 호출할 수 있는 값을 반환하는 객체를 핸들러(handler)라고 한다.

이 핸들러를 필요한 시점에 실행해서 결과를 반환한다. 이렇게 처리되는 방식을 지연 평가(Lazy evaluation)라고 하며, 보통 파이썬은 동적 객체를 만드는 반복자(Iterator)인 경우 핸들러 객체를 반환한다.

반복자 객체의 특징은 모든 원소를 다 사용한 후에는 다시 객체를 만들어서 사용해야 한다.

예제 지연 평가하기

반복형 객체를 만드는 내장 클래스 **range**를 사용해서 객체를 하나 만든다. 인자로 정수 5만 전달한 경우 이를 종료점에 보관하고 시작점은 0으로 세팅한다.
간격은 기본이 1이라 실제 표시하지 않는다.

```
r = range(5)                # range 클래스로 객체를 만들어서 변수에 할당.
```

```
r                           # 변수를 참조하면 range 객체를 조회.
```

```
range(0, 5)
```

용어 설명 **range(0,1,5)** 0부터 시작, 간격 1, 반복 5(0, 1, 2, 3, 4)

이 반복형의 원소를 하나씩 꺼내려면 for문에 넣어 실행한다. 그러면 0부터 4까지 모두 5개의 원소를 출력한다.

```
for i in r :                                 # 순환문에서 원소를 하나씩 꺼내서 처리.
    print(i)
```

```
0
1
2
3
4
```

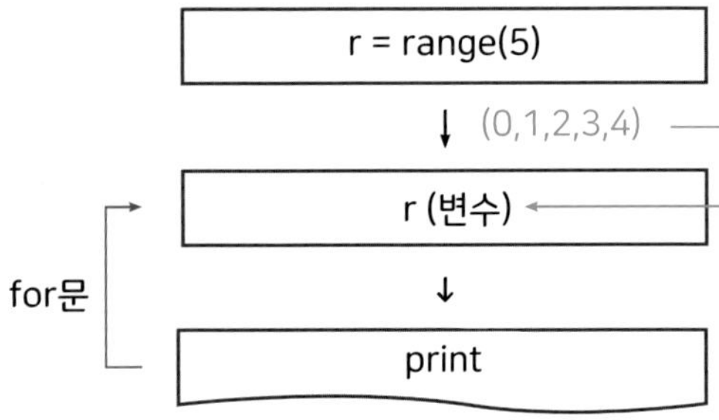

3 문자열에 수식을 넣고 계산하기

앞에서 배운 것을 더 확장해서 수학 산식인 미지수 변수를 문자열 내부에 넣어 표현식을 평가한다. 또한, 지정되지 않은 변수를 문자열에 넣어서 수식 처리를 할당한다.

예제 | 문자열로 산식 계산하기

변수를 문자열 내부에 넣으려면 변수 x에 할당한다. 이 변수를 문자열 내에 수식에 넣어 정의하고 다른 변수 y에 할당한다. 이를 eval 함수로 평가하면 수식 결과가 반환된다.

```
x = 100
```

```
y = "2 *x ** 2+ 4"                  # 문자열에 변수를 포함하는 표현식 작성.
```

```
eval(y)                             # 표현식을 실행하면 문자열의 표현식이 계산된다.
```

```
20004
```

이번에는 아직 할당되지 않는 변수 y1을 문자열에 넣은 후에 = 다음에 수식을 정의한다. 문장을 평가할 때 exec 함수를 사용하면 값은 반환되지 않지만, 변수 y1를 조회하면 그 내부에 수식이 처리된 결과가 저장된 것을 알 수 있다.

```
z = "y1 = 2 *x ** 2+ 4"             # 변수에 문자열을 할당하는 문장 작성.
```

```
exec(z)                             # 이 문장을 실행한다.
```

```
globals()['y1']                     # 변수가 할당되면 전역 이름공간에서 조회가 가능하다.
```

```
20004
```

```
y1                                  # 변수를 조회하면 계산된 값이 저장되어 있다.
```

```
20004
```

Chapter 4

객체를 생성한 클래스가 자료형이다

자바 등의 프로그램 언어는 변수를 정의할 때 변수에 저장될 자료형(Data Type)을 지정하지만, 파이썬의 경우 변수는 단순히 값을 관리한다. 모든 값을 객체로 만들어서 사용하므로 객체 내부에 객체를 생성한 클래스인 자료형을 항상 가지기 때문이다.

정수를 실수로 변환하는 형 변환(Type conversion)은 정수 객체를 실수 객체로 바꾸는 것이다. 파이썬에서 객체는 하나의 원소를 가지는 정수나 실수 등과 여러 원소를 가지는 문자열이나 리스트 등이 있다.

여러 원소를 가지는 객체의 원소는 변경할 수 있는 경우와 변경할 수 없는 경우가 있다. 어떤 경우에 변경할 수 있는지 알아보자.

1 변수가 객체를 바인딩한 후 자료형 결정

파이썬의 변수는 실행할 때 값을 보관해서 관리하는 단순한 역할만 수행한다. 변수에 값을 할당해서 변수를 정의하면 실제 변수에 객체가 할당된다. 이는 변수에 객체를 바인딩(binding)하는 것이다. 변수에 특별한 자료형을 지정하지 않아도 객체의 정보를 확인해서 클래스 정보를 처리할 수 있다. 곧 객체 할당이 자료형을 결정하는 것이다. 이런 방식을 동적 자료형(Dynamic typing)이라고 한다.

파이썬의 모든 객체는 해당하는 클래스가 있다. 이는 클래스를 만든 후에 객체를 생성해서 처리하므로 객체에 대한 자료형이 항상 결정되어 강한 자료형(strong typing) 체계를 유지한다.

예제 1 **동적 자료형(dynamic typing) 처리하기**

변수 `var`에 빈 리스트 객체를 할당해서 실행하면 변수가 만들어진다. 이 변수에 바인딩된 객체의 자료형을 `type` 클래스로 확인한다.

다른 방식으로는 객체 내부에 있는 속성 `__class__`를 조회하면 모든 객체는 자신을 생성한 클래스에 대한 정보를 항상 갖고 있는 것을 알 수 있다.

```
var = []                    # 변수에 빈 리스트 할당.
```

```
type(var)                   # 이 변수가 속한 클래스 확인.
```

```
list
```

```
var.__class__               # 객체의 속성 __class__를 확인해도 클래스를 확인할 수 있다.
```

```
list
```

예제 2 강한 자료형(strong typing) 처리하기

정수 클래스 `int`를 사용해서 객체를 생성할 수 있다. 인자로 문자열 100을 전달해서 객체를 만들고, 이 객체의 클래스를 `type` 클래스로 확인하면 `int` 클래스라는 것을 알 수 있다.

```
c = int('100')          # int 클래스를 사용해서 정수 객체를 만든다.
```

```
c                       # 변수를 참조해서 값을 조회한다.
```

```
100
```

```
type(c)                 # 객체의 자료형을 type 클래스에 변수를 전달해서 확인한다.
```

```
int
```

보통 강한 자료형은 같은 클래스로 만들어진 객체일 때만 연산을 실행하고 다른 클래스로 만들어진 객체인 경우 연산이 불가능하다.

강한 자료형을 확인하기 위해 정수와 문자열을 더하면 클래스가 달라서 예외를 발생한다. 예외를 방지하려면 두 값을 같은 클래스 객체로 만들어 계산하면 된다. 하지만, 숫자 자료형은 보다 큰 수를 표현하는 클래스로 형을 변환해서 계산할 수 있다.

```
100 + '100'
```

```
---------------------------------------------------------------------------
TypeError                        Traceback (most recent call last)
<ipython-input-1-f94ec5934fa9> in <module>
----> 1 100 + '100'
                              ┌ 정수와 문자열을 더하면 두 클래스가 달라서 예외가 발생한다.
TypeError: unsupported operand type(s) for +: 'int' and 'str'
```

```
100 + int('100')        # 문자열을 int 클래스를 사용해서 정수로 변환.
```

```
200
```

함수와 메소드가 어떤 객체인지 알아보자. 예약어 class와 이름 A로 클래스를 정의하고 내부에 예약어 def를 사용해 func 함수를 작성한다.

클래스 내부에 정의된 함수를 객체가 호출해서 메소드로 사용하려면 항상 첫 번째 매개변수는 self로 정의해야 한다. 클래스 이름에 점 연산을 붙여 함수 이름을 조회하면 함수 객체를 출력한다.

```
class A(object) :                    # '예약어+이름+상속 관계+:'으로 작성.
    def func(self) :                 # 예약어 def로 함수 A를 정의.
        print(" 함수 입니다.")        # print하면 "함수입니다." 를 출력
```

```
A.func                               # 클래스 내에 정의된 함수 func 확인.
```

```
<function __main__.A.func(self)>     ← function 객체이다.
```

클래스 A로 객체를 만들어 변수 a에 할당하고 점 연산 다음에 함수 이름으로 조회하면 메소드라는 것을 알 수 있다. 이처럼 파이썬은 클래스에 정의된 함수와 객체에서 함수를 바인딩할 때 메소드로 변환한다. 자세한 내용은 클래스를 배운 다음에 함수와 메소드의 차이점을 알아본다.

```
a = A()                   # 클래스 생성자로 객체를 만들어서 변수에 할당.
```

```
a.func                    # 객체로 함수 func를 조회하면 메소드로 변환된 것을 알 수 있다.
```

```
<bound method A.func of <__main__.A object at 0x000000000504CF60>>
```

2 객체의 원소에 대한 변경 여부(Mutation)

파이썬은 객체의 변경 가능 여부가 아주 중요하다. 원소를 추가하거나 변경할 수 있는 경우를 처리하는 객체와 한 번 생성되면 절대 변경할 수 없는 경우의 클래스 정의에 차이가 있기 때문이다.

내장 클래스 중에 변경할 수 있는 것과 변경할 수 없는 것을 알아보자.

예제 1 변경할 수 없는 자료형 알아보기

파이썬 문자열 클래스로 만들어진 객체는 여러 문자열을 원소로 가질 수 있지만, 내부 원소를 변경할 수 없다. 이를 확인하기 위해 변수 var에 문자열을 할당한다.

색인 연산을 이용해서 첫 번째 문자열을 변경하려고 하면 예외가 발생한다. 예외의 내용을 보면 값을 할당할 수 없다고 표시한다. 내부에 할당하는 메소드가 없다는 것이다.

```
var = "문자열"            # 문자열을 변수에 할당.
```

```
var[0] = "가"             # 문자열 첫 번째 원소를 갱신.
```

```
---------------------------------------------------------------------------
TypeError                                 Traceback (most recent call last)
<ipython-input-2-ccea2a7426e7> in <module>
----> 1 var[0] = "가"
                                          ┌ 문자열은 변경할 수 없는 객체이다.
TypeError: 'str' object does not support item assignment
```

문자열 클래스에는 다양한 메소드가 있다. 메소드가 실행되면 새로운 문자열 객체를 만들어서 반환한다.

특정 문자열을 변경하는 replace 메소드를 사용해 첫 번째 문자열을 변경한다. 실제로는 기존 문자열이 변경되는 것이 아니라 새로운 문자열을 만들어서 변경한 것처럼 만들어주는 것이다.

변수 var에 있는 문자열은 변경이 없다. 문자열은 변경할 수 없으므로 내부적으로 새로운 문자열을 만든 것을 알 수 있다.

```
s = var.replace("문","가")    # replace 메소드에 변경 대상과 변경할 문자열 전달.
```

```
s                             # 변수 조회.
```

```
'가자열'                       ← 변경된 문자열 확인.
```

```
var                           # 원본이 저장된 변수 확인.
```

```
'문자열'                       ← 처음 만든 것이 유지된 것을 확인.
```

예제 2 변경할 수 있는 객체 처리하기

변경할 수 있는 객체를 알아보기 위해 대표적인 내장 클래스 list로 4개의 원소를 가지는 객체를 만들어 변수에 할당한다.

```
l = [1,2,3,4]           # 리스트 객체를 변수에 할당.
```

```
l                       # 리스트 객체 조회.
```

```
[1, 2, 3, 4]
```

```
type(l)                 # 클래스 확인.
```

```
list
```

리스트 객체의 원소를 가져오는 색인 검색을 수행한 후 할당 연산과 값을 넣으면 해당 색인에 있는 원소가 변경된다. 변경 가능하다는 것은 내부의 원소를 변경, 삭제, 추가할 수 있다는 것을 의미한다.

```
l[0] = 100                    # 색인 연산으로 첫 번째 원소 갱신.
```

```
l
```

```
[100, 2, 3, 4]                ← 원소가 변경된 것을 확인.
```

```
l.__setitem__(0,999)          # 스페셜 메소드인 __setitem__ 사용.
```

```
l
```

```
[999, 2, 3, 4]                ← 원소가 변경된 것을 확인.
```

3 다른 객체를 생성하는 형 변환(type casting) 알아보기

파이썬에서 형 변환은 새로운 클래스의 객체를 만드는 것이다. 다른 클래스의 객체를 만들려면 클래스가 객체를 생성할 때 필요한 매개변수에 인자를 전달해야 한다. 내장 클래스로 다른 클래스의 객체를 만들어보자.

예제 **형 변환(type casting) 알아보기**

숫자 100을 문자열로 만든다. 문자열을 `int` 클래스의 인자로 전달하면 정수 객체가 만들어진다.

```
s = "100"                     # 문자열 100을 변수에 할당.
```

```
i = int(s)                    # int 클래스로 객체를 생성하고 형 변환.
```

```
type(i)                       # 자료형 확인.
```

```
int    ← 정수 클래스.
```

같은 문자열을 `float` 클래스의 인자로 전달하면, 생성된 객체가 실수 클래스로 변경된 것을 알 수 있다.

```
f = float(s)
```

```
type(f)
```

```
float
```

문자열은 변경할 수 없는 객체이므로 다른 객체로 변환해도 원본은 바뀌지 않는다.

```
s
```

```
'100'
```

4 변경 가능 여부 정보 확인하기

객체를 변경할 수 있다는 것은 변경할 수 있는 함수로 클래스를 정의했다는 뜻이다.
내장 클래스 중에 어떤 함수가 객체를 변경할 수 있는지 알아보자.

예제 | 변경할 수 있는지 정보 확인하기

클래스에는 속성과 함수 등을 관리하는 이름공간인 **`__dict__`**가 만들어진다. 문자열 클래스 **`str`**로 이름공간에 있는 색인 연산 **`__getitem__`**을 조회하면 C언어로 작성된 객체라는 것을 알 수 있다.

`__setitem__`을 조회하면 내부에 구현되지 않았다. 이것은 변경할 수 있는 **`__setitem__`**이 작성이 되지 않아 내부의 원소를 변경할 수 없다는 것이다.

```
str.__dict__['__getitem__']                # 문자열 클래스의 이름공간 __dict__ 내에서
                                           __getitem__ 스페셜 메소드 조회.
```

```
<slot wrapper '__getitem__' of 'str' objects>
```

```
str.__dict__['__setitem__']                # __setitem__ 스페셜 메소드 조회.
```

```
---------------------------------------------------------------------------
-----
KeyError                             Traceback (most recent call last)
<ipython-input-2-e6fc6fbca3e9> in <module>
----> 1 str.__dict__['__setitem__']

KeyError: '__setitem__'  ← 문자열 객체는 변경할 수 없어서 이 스페셜 메소드가 정의되어 있지 않다.
```

내장 클래스 **`list`**는 변경과 삭제가 가능하다. 이 말은 색인 연산으로 처리하는 3개의 스페셜 메소드 **`__getitem__`**, **`__setitem__`**, **`__delitem__`**이 모두 작성되어 있다는 것이다. 리스트 클래스의 이름공간 **`__dict__`**에 3개의 스페셜 메소드를 조회할 수 있다.

```
list.__dict__['__getitem__']                # 리스트 클래스의 이름공간 __dict__ 내에서
                                            __getitem__ 스페셜 메소드 조회.
```

```
<method '__getitem__' of 'list' objects>
```

```
list.__dict__['__setitem__']                # __setitem__ 스페셜 메소드 조회.
```

```
<slot wrapper '__setitem__' of 'list' objects>
```

```
list.__dict__['__delitem__']                # __delitem__ 스페셜 메소드 조회.
```

```
<slot wrapper '__delitem__' of 'list' objects>
```

* 리스트 클래스는 변경할 수 있는 객체를 만들므로 __setitem__과 __delitem__이 구현.

이제 리스트 객체를 하나 만들어 색인 조회 및 색인 갱신을 연산자와 스페셜 메소드로 처리해 보자.

4개의 원소를 가진 리스트 객체를 만든다. 먼저 **__getitem__**에 인덱스 0을 전달해 첫 번째 원소를 검색한다. 그다음에 **__setitem__**에 인덱스 0과 변경되는 값 999를 넣어서 실행하면 첫 번째 인자의 값이 변경된다.

대괄호 색인 연산을 좌측에 표시하고 할당 연산을 사용한 후, 변경된 값 777를 넣고 실행하면 첫 번째 원소의 값이 변경된다.

```
lll = [1,2,3,4]
```

```
lll.__getitem__(0)          # __getitem__에 인덱스를 넣고 원소 조회.
```

```
1
```

```
lll.__setitem__(0,999)      # 인덱스와 변경될 값을 넣고 원소 갱신.
```

```
lll
```

```
[999, 2, 3, 4]
```

```
lll[0] = 777                # 색인 연산에 인덱스를 넣고, 할당 연산자 다음에 변경될 값을 넣어서 변경.
```

```
lll
```

```
[777, 2, 3, 4]
```

Chapter 5

문장 꾸미기

제어문이나 순환문 등에 여러 문장을 묶어 작성해야 할 때가 있다. 이 경우 다른 프로그램 언어는 중괄호를 사용해 블록 문장으로 구분하지만, 파이썬은 블록 문장을 기존 문장보다 들여 쓰는 방식을 사용한다. 또한, 한 문장이 길어지는 경우 여러 줄을 사용할 수 있는데 한 문장으로 연결하는 방식에는 역슬래시, 괄호 등을 사용한다. 여러 문장을 한 줄에 쓸 때는 문장의 끝에 세미콜론을 붙여서 지정한다. 문장의 끝은 한 줄에 여러 문장을 쓸 경우에만 사용한다.

1 블록 문장의 줄 들여쓰기(Lines and Indentation)

조건문, 순환문, 함수 정의문 등에 머리부와 몸체부를 콜론(:)으로 구분한다.
몸체부는 들여쓰기(4칸 들여쓰기) 후에 한 문장 또는 여러 문장의 블록 문장을 작성한다.

예제	들여쓰기 알아보기

순환문인 for문의 머리부를 작성한 후에, 콜론 다음에 블록 문장을 들여쓰기 하지 않고 작성하면 들여쓰기 예외인 IndentationError가 발생한다. 이 에러는 순환문 내부를 블록 문장으로 작성하지 않았다는 것이다.

```
for i in range(10) :
print(i)
```

```
  File "<ipython-input-1-e62e002dc90c>", line 2
    print(i)
        ^
IndentationError: expected an indented block
```

순환문에 내포된 문장은 들여쓰기 해야 한다.

함수 정의문도 함수를 정의하는 머리부를 작성하고, 내부 로직을 작성하는 몸체부를 들여쓰기 없이 작성한 후에 실행하면 들여쓰기가 없다는 예외가 발생한다.

```
def func() :
pass
```

```
  File "<ipython-input-2-2b296077e43c>", line 2
    pass
       ^
IndentationError: expected an indented block
```

함수 정의문의 콜론 다음 순환문에 내포된 문장은 들여쓰기 해야 한다.

함수 머리부 다음에 몸체부의 들여쓰기를 3칸만 하는 경우는 빨간색으로 표시되지만, 예외가 발생하지 않고 실행된다. 보통 코딩 툴에서는 자동으로 들여쓰기가 되는데 4칸 들여쓰기가 기본이다.

```
def func() :
   print("func")   # 들여쓰기를 3칸만 해서 주피터 노트북이 주의의 의미로 빨간색으로 표시.
```

```
func()
```

```
func
```

2 멀티 라인 문(Multi-Line Statements)

한 문장을 여러 줄에 쓸 경우, 그 문장이 한 문장인지 알 수 있는 방법이 필요하다. 그 방법에 관해 알아보자.

예제 **한 문장으로 연결하기**

변수에 표현식을 할당할 때 연산자로 분리해 여러 줄에 쓰면, 첫 번째 연산자 다음에 값이 없어서 문법상 예외가 발생한다.

```
a = 100 +
    200 +
    300
```

```
  File "<ipython-input-1-191a069a35d0>", line 1
    a = 100 +
             ^
SyntaxError: invalid syntax
```

연산자 등을 사용할 때는 완전한 표현으로 작성해야 한다.

위의 할당문이 한 문장으로 인식되려면 연산자 다음에 역 슬래시를 써서 다음 줄에 계속 수식이 있다는 것을 알려줘야 한다.

여러 줄에 작성된 것이 한 문장으로 확정되면 평가해서 변수에 수식의 결과를 저장한다.

```
a = 100 +     \          # 한 문장으로 완성하려면 역 슬래시를 써서 문장을 연결.
    200 +     \
    300
```

```
a
```

```
600
```

```
b = (100 +                          # 괄호 안에 표현식을 쓰면 한 문장으로 처리.
     200 +
     300)
```

```
b
```

```
600
```

튜플(tuple), 리스트 등을 리터럴 표기법으로 작성할 때 원소의 개수가 많으면 한 줄을 벗어날 수 있다. 닫는 괄호를 만날 때까지는 한 문장이 끝나지 않은 것으로 인식하고 다음 줄에 있는 내용을 자동으로 확인한다.

문장이 완성되면 평가해서 변수에 할당한다.

```
t = (1,2,3,4,                       # 튜플 객체.
     5)
```

```
t
```

```
(1, 2, 3, 4, 5)
```

```
l = [1,2,3,4,                       # 리스트 객체.
     5]
```

```
l
```

```
[1, 2, 3, 4, 5]
```

여러 줄에 문자열을 작성할 때는 따옴표를 3개 사용해서 문자열을 쓰면 된다.

```
s = """문자열                        # 문자열 객체.
hello world
"""
```

```
s
```

```
'문자열\nhello world\n'
```

딕셔너리(dict)나 집합을 리터럴 표기법으로 사용할 때는 닫는 괄호를 만나야 완성된 문장으로 인식한다.

```
d = {'a':10,                          # 딕셔너리 객체.
     'b': 11}
```

```
d
```

```
{'a': 10, 'b': 11}
```

```
st = {1,2,3,                          # 집합 객체.
      4}
```

```
st
```

```
{1, 2, 3, 4}
```

3 여러 문장을 한 줄에 작성하기

문장은 한 줄에 하나씩 작성하는 것이 일반적이다. 하지만, 짧은 문장은 여러 줄에 작성하지 않고 모두 한 줄에 작성할 수도 있다. 이때는 문장 구분을 위해 문장 끝에 세미콜론(;)을 쓴다.

예제 여러 문장을 한 줄에 쓰기

변수 3개를 정의하려면 세 줄에 작성하는 것이 일반적이지만, 한 줄에 작성할 수도 있다. 이때, 각 변수의 값이 다르므로 세미콜론으로 문장을 구분한다.

변수 a, b, c를 한 줄에 쉼표로 구분해서 작성한 후에 실행하면 각 변수에 할당된 결과가 출력된다. 출력 결과가 튜플(tuple)이면 만드는 규칙은 변수가 저장된 값을 참조한 후에 값으로 바꾸고 값 사이를 쉼표로 구분하여 객체를 만든다.

```
a = 10; b = 20; c = 30;                # 여러 문장을 한 줄에 작성하려면 세미콜론을 붙인다.
```

```
a, b, c
```

```
(10, 20, 30)
```

순환문과 제어문도 블록 문장이 짧을 경우, 한 줄에 문장을 연결해서 작성할 수 있다.

```
for i in range(3) : print(i); print("Hello");
```

```
0                      # 순환문을 한 줄에 쓸 때는 콜론 다음에 세미콜론으로 분리해서 문장을 쓴다.
Hello
1
Hello
2
Hello
```

```
if a < b : print(c);print("Hello");            # 제어문도 같은 방법으로 쓴다.
```

```
30
Hello
```

제어문인 경우 **else**문까지 한 줄에 사용하면 두 문장을 구분할 수 없어서 예외가 발생한다. 이때는 **else**문을 분리해서 다른 줄에 작성해야 한다.

```
if (a > b) : print(c); else :print("Hello");
```

```
  File "<ipython-input-11-f84f1d269433>", line 1
    if (a > b) : print(c); else :print("Hello");
                              ^
SyntaxError: invalid syntax
```
← else문까지 포함할 경우 예외가 발생.

다른 줄에 **else**문을 작성해서 해결한다.

```
if (a > b) : print(c);          # if문과 else문을 다른 줄에 쓰면 예외가 발생하지 않는다.
else :print("Hello");
```

```
Hello
```

4 특정 숫자를 임의로 추출하기

여러 숫자가 들어있는 리스트에서 특정 원소를 선택해 출력하는 방법을 알아보자.

예제 특정 숫자를 선택해 추출하기

45개 원소를 가진 리스트를 전부 나열하지 않고, 내부에 수식을 작성해서 간단하게 표시하는 방식을 사용해보자. 이런 표기법을 컴프리헨션이라고 한다.

먼저 범위를 표시하는 `range` 클래스로 시작점 1부터 종료점 46까지의 범위를 지정해서 객체를 만든다. 종료점은 포함되지 않으므로 45까지만 처리된다. 이것을 리스트를 표시하는 대괄호에 인라인 `for`문에 넣어 표기하면 자동으로 45개의 원소를 생성한다.

```
x =[ 1,2,3,4,5,6,7,8,9,10,                    # 원소를 나열해 리스트 작성.
    11,12,13,14,15,16,17,18,19,20,
    21,22,23,24,25,26,27,28,29,30,
    31,32,33,34,35,36,37,38,39,40,
    41,42,43,44,45]
```

```
a = [ x for x in range(1,46)]                  # 리스트 컴프리헨션으로 45개의 원소를 만든다.
```

```
a == x                                         # 두 리스트의 원소 비교.
```

```
True
```

임의의 확률 분포를 처리하는 모듈인 `random`을 `import`한다.
이 모듈 내의 `suffle`, `choice` 함수를 사용한다. 리스트의 모든 원소를 임의로 섞을 때는 `suffle` 함수를 사용하고, 특정 개수의 원소를 선택할 때는 `choices` 함수를 사용한다. `choices` 함수에 `k` 인자 값을 배정한다.

6개의 원소를 추출하지만, 한 번 꺼낸 것은 다시 나오지 않아서 6개의 숫자가 같은 경우는 없다.

```
import random                # 난수 생성기를 관리하는 모듈 사용.
```

```
random.shuffle(a)            # 난수 생성기 모듈의 여러 원소를 가진 객체를 인자로 받아 내부 원소를 무작위로
                               섞는 함수.
```

```
random.choices(a,k=6)  # 특정 개수의 원소 추출.
```

```
[14, 3, 6, 42, 19, 13]
```

다시 섞은 후에 추출해도 다른 결과가 나온다.

```
random.shuffle(a)
```

```
random.choices(a,k=6)
```

```
[7, 39, 17, 43, 32, 1]
```

용어 설명

suffle … 리스트의 모든 원소를 임의로 섞을 때 사용한다.

choices … 특정 원소를 임의로 선택한다.

파이썬의 random 모듈은 한 번 나온 값이 다시 나올 수 있어 numpy 모듈로 random 함수를 전달해서 처리한다.

```
import numpy as np                              # 넘파이 모듈 사용.
```

```
random.shuffle(a, random=np.random.random)# 난수 생성기로 넘파이 모듈의 함수 사용.
```

```
random.choices(a,k=6)
```

```
[13, 29, 28, 12, 20, 44]
```

직접 numpy 모듈의 shuffle 함수를 사용해 처리할 수도 있다.

```
np.random.shuffle(a)
```

```
random.choices(a,k=6)
```

```
[43, 9, 37, 25, 31, 26]
```

Chapter **6**

문서화와 주석으로 꾸미기

프로그램을 실행해서 원하는 결과가 나와도 프로그램이 완성된 것은 아니다. 프로그램을 유지하려면 프로그램에 관한 설명이 필요하다. 특히 모듈, 클래스, 함수에 관한 설명은 긴 문장으로 작성된다. 그래서 문서화(docstring) 처리 기능과 문장 단위로 해당 로직에 대한 설명을 추가한다.

변수, 매개변수나 반환값에 대한 자료형에 관해서도 주석을 달 수 있다. 이를 어노테이션(annotation) 또는 타입 힌트(type hint)라고 한다. 이번 장에서는 프로그램에 문서화, 주석 등을 처리하는 방법을 알아보자.

1. 함수와 클래스의 문서화(docstring)
2. 문장을 설명하는 주석(Comments)
3. 변수에 타입 힌트(type hint) 사용하기

1 함수와 클래스의 문서화(docstring)

파이썬 프로그램 기준은 함수, 클래스, 모듈이다. 이 단위 기능을 설명하기 위해 문서화를 제공한다. 문서화로 작성한 것은 도움말 함수 help로 조회할 수 있다.

예제 **문서화(docstring) 처리 알아보기**

파이썬에서 수학 함수를 제공하는 math 모듈을 import한다.

```
import math
```

모듈의 문서화는 속성 __doc__에 저장해서 이를 다른 변수에 할당한 후에 print로 출력한다. 아주 간단한 설명만 달려있는 것을 알 수 있다.

```
a = math.__doc__                # 모듈 내 독스트링을 관리하는 __doc__을 변수에 할당.
```

```
print(a)                        # 변수에 저장한 값을 print.
```

```
This module is always available.  It provides access to the
mathematical functions defined by the C standard.
```

주피터 노트북에서도 모듈을 만들 수 있다. 명령어는 %%wirtefile이고, 뒤에 저장할 모듈의 이름을 쓰고 확장자 py를 붙여 만든다.

모듈에 들어갈 첫 번째 문장을 문자열로 작성한다. 그 다음에 함수를 하나 작성하고 실행하면 새로운 파이썬 모듈이 만들어진다.

```
%%writefile add.py
""" 이 모듈에는 덧셈을 계산하는 함수를 제공합니다. """

def add(x,y) :
    return x+y
```

```
Writing add.py
```

파이썬에서 모듈을 파일로 작성하면 이 모듈을 import해서 사용할 수 있다. 방금 작성한 이 모듈의 문서화 정보를 가져오기 위해 add.__doc__ 속성을 변수에 저장하고 출력한다.

```
import add              # 작성된 모듈을 import할 때는 이름만 작성.
```

```
b = add.__doc__    # 모듈을 만들 때 작성한 문자열이 문서화 속성에 들어있는지 확인하기 위해 별도의 변수에 할당.
```

```
print(b)
```

```
이 모듈에는 덧셈을 계산하는 함수를 제공합니다.
```

* 출력하면 모듈을 정의할 때 처음 작성한 문자열이 문서화 속성에 할당된 것을 확인할 수 있다.

문자열로 작성하면 문서화가 자동으로 만들어진다. 함수를 정의하면서 여러 개의 문자열을 작성하고 그중에 어떤 문자열이 문서화로 들어가는지 확인해보자. 함수를 정의할 때 두 개의 제어문 앞에 문자열을 작성했다.

```
def func(x,y) :                                  # 함수 정의문의 머리부는 'def+함수 이름+매개변수+:'으로 작성.


    """ 첫 번째 매개변수 체크 """
    if not isinstance(x, int) :
        raise TypeError(" x 정수가 아님 ")      # 매개변수 x값이 정수 객체인지 확인.

    """ 두 번째 매개변수 체크 """               # 실제 실행만 하지 처리하지 않는다.
    if not isinstance(y, int) :                 # 매개변수 y값이 정수 객체인지 확인.
        raise TypeError(" y 정수가 아님 ")


    return x + y                                 # 두 매개변수를 더한 결과를 반환.
```

이 함수를 실행하면 결과를 반환한다.

문서화 속성 __doc__을 확인하면, 첫 번째 문자열만 들어간 것과 문서화는 항상 첫 번째에 작성해야 하는 것을 알 수 있다.

```
func(10,10)                    # 정수 10을 함수의 두 인자에 넣어 호출.
```

```
20
```

```
func.__doc__                   # 함수의 이름으로 __doc__ 속성을 확인.
```

```
'첫번째 매개변수에 대한 체크'      ← 함수 정의문에 있는 첫 번째 문자열 확인.
```

2 문장을 설명하는 주석(Comments)

함수나 클래스 등에 문장 단위로 특정 설명이 필요할 때 추가하는 것이 주석이다.
주석은 문장과 표현식에 관한 설명이므로 프로그램으로 인식되지 않는다.

예제 | 주석 달기

주피터 노트북 명령어를 사용해 새로운 모듈을 만든다. 이 모듈은 기존 수학 모듈의 이름을 변경해서 사용하는 기능이다. 모듈 내에 문서화와 주석을 2개 작성했다.

```
%%writefile math_.py
""" 이 모듈은 기존 수학 모듈을 이용해서 추가로 구성된 모듈입니다. """


# math 모듈을 import합니다.
import math

# 모듈내의 변수에 기존 모듈을 할당합니다.
math_ = math
```

```
Writing math_.py
```

새로 작성된 math_ 모듈을 import한 후에 내부에 있는 fsum 함수의 문서화를 확인한다. 모듈을 실행해도 주석에 대한 처리는 아무것도 없다. 주석은 문장이나 표현식이 아니므로 추가적인 실행은 없다.

```
import math_
```

```
b = math_.math_.fsum.__doc__        # math 내의 fsum 함수의 문서화 속성을 변수에 할당.
```

```
print(b)                             # fsum 내의 문서화 정보를 문자열로 출력.
```

```
fsum(iterable)

Return an accurate floating point sum of values in the iterable.
Assumes IEEE-754 floating point arithmetic.
```

이 함수 fsum에 정수가 들어간 리스트를 넣어 실행하면 실숫값으로 반환한다.

```
math_.math_.fsum([1,2,3,4])        # fsum 함수에 리스트를 이자로 전달해서 모든 원소들을 합산.
```

```
10.0    ← 실숫값으로 반환.
```

이번 모듈을 작성할 때는 문서화 대신 주석을 표시했다. 주석이 문서화로 처리되는지 확인해 보자.

모듈의 내용은 피보나치 수열을 계산하는 함수이고, 함수의 결과를 그대로 출력하거나 리스트에 넣어서 반환하는 함수이다.

```
%%writefile fibo.py
# 피보나치를 처리하는 모듈입니다.

def fib(n):    # write Fibonacci series up to n
    a, b = 0, 1
    while a < n:                    # 조건식을 만족할 때까지 반복 처리.
        print(a, end=' ')           # 값을 한 줄에 출력하기 위해 end=" "로 지정.
        a, b = b, a+b               # 피보나치 계산을 위해 로직을 처리.
    print()

def fib2(n):    # return Fibonacci series up to n
    result = []
    a, b = 0, 1
    while a < n:
        result.append(a)
        a, b = b, a+b
    return result
```

```
Writing fibo.py
```

모듈 fibo를 import한다. 모듈의 문서화인 __doc__ 속성을 조회하면 문자열로 작성된 내용이 없어서 출력 내용이 없다.

```
import fibo        # 피보나치 모듈 사용.
```

```
fibo.__doc__        # 이 모듈의 문서화 속성 __doc__을 조회.
```

← 주석은 문서화 처리가 안 되는 것을 알 수 있다.

모듈에 작성된 두 개의 함수의 처리 로직은 같지만, 출력하는 방식이 다르다는 것을 확인할 수 있다.

```
fibo.fib(10)
```

```
0 1 1 2 3 5 8
```

```
fibo.fib2(10)
```

```
[0, 1, 1, 2, 3, 5, 8]
```

주피터 노트북에서 모듈을 로딩해서 편집하려면 명령어 **%load**를 사용한다. 방금 작성한 파일을 넣고 로딩하면 모듈에 작성된 2개의 함수를 볼 수 있다.

```
# %load fibo.py
# 피보나치를 처리하는 모듈입니다.

def fib(n):    # write Fibonacci series up to n
    a, b = 0, 1
    while a < n:
        print(a, end=' ')
        a, b = b, a+b
    print()

def fib2(n):   # return Fibonacci series up to n
    result = []
    a, b = 0, 1
    while a < n:
        result.append(a)
        a, b = b, a+b
    return result
```

3 변수에 타입 힌트(type hint) 사용하기

파이썬에도 변수에 특정 자료형을 타입으로 지정하는 방식을 제공한다. 하지만 변수를 정의하는 것이 아닌 변수에 관한 주석을 추가하는 기능이다.

변수에 타입 힌트를 작성한 후에 변수를 조회하면 어떤 일이 일어나는지 알아보자.

예제 | 타입 힌트 알아보기

빈 셀에 변수 이름 x 다음에 콜론을 쓰고 int 클래스 이름을 지정한 후에 실행하면 예외가 발생하지 않지만, 이 변수를 조회하면 예외가 발생한다. 실제 변수 x가 정의되지 않아서 예외가 발생한 것이다.

```
x : int                         # 타입 힌트는 변수 할당이 아니라 변수 이름에 주석을 표시하는 것.
```

```
try :
    x
except Exception as e :         # 변수 참조.
    print(e)
```

```
name 'x' is not defined      ← 변수를 만들지 않아서 예외가 발생.
```

타입 힌트를 정의하는 것은 변수에 관한 주석인 어노테이션을 표시하는 것이다. 변수로 사용하려면 변수에 값을 할당해야 한다.

```
y : int                         # 타입 힌트 정의.
y = 100                         # 변수를 할당하면 변수가 정의.
```

```
try :
    print(y)                    # 변수에 저장한 값 출력.
except Exception as e :
    print(e)
```

```
100    ← 변수가 정의되었으므로 값을 출력.
```

함수 내부에 지역 변수를 정의할 때도 지역변수 z을 먼저 타입 힌트를 지정한다. 함수에 변수 할당은 두 매개변수의 합을 한 다음 값이 할당될 때이다.

```
def add(x,y) :                # 두 매개변수를 더하는 함수 정의.
    z : int                   # 변수 z에 저장된 자료형은 int라고 타입 힌트 작성.
    z = x + y                 # 두 매개변수를 더해서 변수 z에 할당.
    return z                  # 변수 z를 반환.
```

```
add(10,10)                    # 함수 add를 호출할 때 두 인자에 정수 10을 넣는다.
```

```
20
```

```
add.__annotations__           # 이 함수의 타입 힌트를 보관하는 속성 __annotations__를 확인하면 매개변수에
                                타입 힌트를 지정하지 않아서 아무것도 없음.
```

```
{}
```

* 함수 내부의 타입 힌트는 외부에서 볼 수 없다.

Chapter 7

할당 및 기타 문장 처리하기

파이썬에서 변수를 정의하는 것은 변수 이름과 값으로 할당 문장을 작성하는 것이다. 할당문은 모듈, 함수, 클래스 등 다양한 곳에 정의할 수 있다.

변수가 할당되기 전에 값을 갱신하거나 그 변수를 다시 저장할 때 예외가 발생하는 경우가 있다. 어떤 경우인지 알아보자.

내부에 로직이 없는 블록 문장이, 함수나 클래스 등을 작성할 때 임시적으로 아무것도 처리하지 않는 문장인 pass도 알아본다.

특정 값을 할당한 변수를 사용하지 않을 경우 변수 이름 대신 밑줄로 처리할 수 있다. 어떤 경우에 변수 이름을 지정하지 않는지도 알아보자.

---

1 변수에 값을 할당(assignment)하는 문장

파이썬은 변수를 정의하면 이름공간에 변수의 이름을 키(Key)로 만들고 객체를 값으로 저장한다. 할당문은 이런 처리의 기본을 설명한다.

예제 1 변수에 값 할당하기

주피터 노트북의 `ipynb` 파일은 파이썬의 한 모듈처럼 사용한다. `ipynb` 파일을 만들고 하나의 변수 `var`에 정수 100을 값으로 할당한다.

```
var = 100
```

모듈에는 변수를 관리하는 전역 이름공간이 만들어진다. 이 전역 이름공간을 `globals` 함수로 조회하면 딕셔너리로 관리하는 전역 이름공간이 표시된다. 하나의 변수 `var`만 조회하려면 색인 연산에 변수 이름을 문자열로 전달한다. 조회하면 값 `100`을 출력한다.

```
globals()['var']
```

```
100
```

모듈에 함수 `func`를 정의한다. 이 함수 이름을 변수 `func`로 하고 함수 객체를 값으로 할당한다.

```
def func(x,y) :
    return x,y
```

변수의 이름을 검색하듯이 함수의 이름을 문자열로 색인 검색에 넣어 실행하면 함수 객체가 출력된다. 함수를 정의하는 것도 변수의 할당과 동일하게 처리되는 것을 알 수 있다.

```
globals()['func']
```

```
<function __main__.func(x, y)>
```

전역 이름공간에 저장된 함수 객체가 실행되는지 확인하려면 조회한 후에 바로 실행 연산자인 괄호 내에 인자를 2개 전달하면 함수의 결과가 반환된다. 실제 함수 이름을 변수로 쓰고 호출해서 처리해도 같은 결과가 나온다.

두 가지의 처리 방식은 실제 같지만, 함수 이름을 변수로 사용해 처리하는 방식을 주로 사용한다.

```
globals()['func'](5,5)
```

```
(5, 5)
```

```
func(5,5)
```

```
(5, 5)
```

모듈에 클래스를 정의하면 함수와 같은 방식으로 클래스의 이름이 변수로 사용되고 클래스 객체가 값으로 할당된다.

```
class Klass :                            # 클래스 정의.('예약어+클래스 이름+콜론'으로 머리부 정의)
    def __init__(self, name) :           # 매개변수로 self와 name을 정의.
        self.name = name                 # 클래스 이름을 변수로 클래스 객체를 전역 이름공간에 저장.
```

용어설명 **__init__()** … 초기화 메소드(인스턴스를 만들 때 항상 실행된다.)

변수를 색인 검색하는 것과 같은 방식으로 클래스 이름을 문자열로 전달해 조회하면 클래스 객체를 출력한다. 클래스가 객체가 되는 것은 클래스와 메타 클래스의 관계를 설명할 때 자세히 알아본다.

```
globals()['Klass']                       # 전역 이름공간에 있는지 확인.
```

```
__main__.Klass        ← 클래스가 출력.
```

클래스 객체를 전역 이름공간에서 색인 검색한 후에 바로 실행할 수도 있다.

클래스 생성자로 객체를 만드는 과정은 같다. 클래스의 초기화 **__init__**에 매개변수 **name**에 해당하는 값을 문자열 "**name**"으로 전달했다.

객체의 이름공간 **__dict__**를 검색하면 속성명 **name**은 키(key)로, 인자로 전달된 문자열 "**name**"은 값(value)으로 저장된다.

```
k = globals()['Klass']("name")        # 전역 이름공간에서 조회한 클래스로 객체를 생성.
```

```
k.__dict__                            # 객체도 속성을 관리하는 이름공간 __dict__가 있다.
{'name': 'name'}                      ← __init__에 정의한 속성.
```

예제 2 변수 할당 전에 참조되면 예외 발생

모듈에 특정 변수를 할당하기 전에 그 변수에 특정 값을 더하면 할당 연산(=) 우측에 있는 변수부터 조회하지만, 실제 이 변수는 모듈의 전역 이름공간에 만들어져 있지 않아서 예외가 발생한다. 특정 변수를 계산하려면 변수에 값을 할당한 후에 사용해야 한다.

```
not_al = not_al + 1            # 할당문의 변수 이름과 같은 이름의 변수에 1을 더하면 예외가 발생.
---------------------------------------------------------------------------
NameError                             Traceback (most recent call last)
<ipython-input-15-2ba6430d8490> in <module>
----> 1 not_al = not_al + 1

NameError: name 'not_al' is not defined
```

└ not_al+1이 먼저 처리되므로 이 변수가 이름공간에 있는지 확인.

예제 3 여러 값을 여러 변수에 할당하기

여러 개의 변수에 리스트나 문자열을 할당하려면 원소의 개수가 같아야 일대일 매핑이 된다. 예제는 3개의 원소를 가지는 리스트나 문자열이 3개의 변수에 할당되는 것을 보여준다.

```
a, b, c = [1,2,3]
```

```
a, b, c
```

```
(1, 2, 3)
```

```
d, e, f = "가을이"
```

```
d, e, f
```

```
('가', '을', '이')
```

2개의 변수에 3개의 원소를 가지는 튜플을 할당하면 원소의 개수가 다르다는 예외가 발생한다. 그 이유는 튜플은 원소 별로 분리해서 변수에 할당하는데 변수 개수에 차이가 생겨서 언팩 처리를 완료하지 못하기 때문이다.

```
x,y = (1,2,3)
```

```
---------------------------------------------------------------------------
ValueError                                Traceback (most recent call last)
<ipython-input-20-0b4403562722> in <module>
----> 1 x,y = (1,2,3)

ValueError: too many values to unpack (expected 2)
```

↳ 변수와 튜플 개수가 일대일 매핑이 안 되면 예외 발생.

변수의 개수와 튜플 원소 개수가 일치하지 않는 경우, 변수 이름 앞에 별표를 붙여 여러 개의 원소를 받을 수 있다는 것을 표시해야 한다. 그러면 별표가 붙은 변수에 일대일 매핑된 결과를 제외한 나머지 모든 원소를 가진 새로운 리스트 객체가 저장된다.

```
x,*y = (1,2,3)        # 변수 앞에 * 표시를 붙이면 가변으로 값을 받을 수 있어서 1대 다수 매핑도 처리된다.
```

```
x, y
```

```
(1, [2, 3])           ← 하나는 1이고 다음 것은 리스트 객체.
```

두 변수의 값을 일대일로 교환하는 경우는 다른 프로그램 언어처럼 임시 변수를 만들지 않고 바로 변수의 이름 순서를 변경해서 처리한다. 이렇게 되는 이유는 튜플(tuple)은 쉼표로 구분하여 앞과 뒤가 다 튜플(tuple) 객체로 변경되는 구조이기 때문이다.

```
x,y = y,x     # 변수 간 값을 이동하는 스와핑 처리는 변경되는 변수와 할당하는 변수의 위치를 바꿀 수 있다.
```

```
x,y
```

```
([2, 3], 1)  ← 두 변수의 값이 변경됨.
```

용어 설명 **tuple** … list와 비슷하지만, 각 원소를 수정하거나 삭제할 수 없다.

2 아무 기능도 없는 pass 문장

조건문, 순환문, 함수, 클래스 등은 머리부와 몸체부를 구분해서 작성한다. 몸체부에 작성할 기능이 미정일 경우 pass문을 반드시 작성해야 한다.

예제 다양한 곳에 pass문 사용하기

순환문과 제어문의 머리부를 작성한 후, 콜론 다음에 몸체부에 pass문을 작성하면 아무 결과를 반환하지 않는다.

```
for i in range(5) :          # 순환문 내부에 로직이 미정일 때는 pass문을 작성해 순환문을 완성해야 한다.
    pass
```

```
if True :                    # 제어문인 경우도 같다.
    pass
```

순환문에서 몸체부를 작성하지 않고 실행하면 문법 규칙에 어긋나서 예외가 발생한다.

```
for i in range(5) :                  # 내부 로직 없이 순환문 실행.
```

```
  File "<ipython-input-9-c4fa447f5f43>", line 1
    for i in range(5) :
                       ^                 ← 문장이 완성되지 않아서 예외 발생.
SyntaxError: unexpected EOF while parsing
```

함수를 정의할 때도 몸체부에 아무 기능이 없을 때는 반드시 pass문을 작성해야 한다. 이 함수를 정의하고 실행하면 아무것도 처리하지 않는 것을 알 수 있다.

```
def func(x,y) :              # 함수를 정의하고 세부기능은 아직 정해지지 않았을 때 pass문 사용.
    pass
```

```
func(10,19)                  # 함수가 정의되어 실행되지만, 반환하는 게 없음.
```

클래스를 정의할 때도 클래스 몸체부에 속성과 함수를 정의하지 않을 때는 반드시 pass문을 정의한다.

클래스를 정의한 후에 객체를 생성하면 객체가 생성된다. 이는 클래스가 기본으로 object 클래스를 상속하기 때문이다. 이 object 클래스는 아무 속성이 없는 객체를 만든다. 이 기능을 이용해서 Klass의 객체를 만들 수 있다.

```
class Klass :    # 클래스 정의에서도 세부기능이 아직 정해지지 않았을 때 pass문 사용.
    pass
```

```
k = Klass()      # 기능은 없지만, 이 클래스로 객체 생성.
```

```
k                # 할당된 객체를 확인.
```

```
<__main__.Klass at 0x25618ff4208>  ← 클래스 이름과 객체의 레퍼런스가 출력된다.
```

```
k.__dict__       # 객체의 이름공간을 확인.
```

```
{}  ← 속성이 없다.
```

3 사용하지 않는 변수 처리하기

변수의 이름을 지정하지 않고 할당하는 방법은 밑줄을 하나 사용해 변수 대신 처리하는 것이다. 이 변수는 실제 사용하지 않는다는 표시이다.

예제 다양한 곳에 pass문 사용하기

두 변수에 각각 값을 할당했다. 변수 하나에는 활용을 안 한다는 표시로 밑줄 하나만 붙였다. 실제 조회하면 값이 저장된 것을 알 수 있으나, 변수 이름을 지정하지 않아서 재사용을 하지 않는다.

```
_, a = 100, 200                # 변수를 임시로 사용할 때는 밑줄 하나만 정의해서 사용.
```

```
a
```

```
200
```

```
_                              # 밑줄 변수를 조회.
```

```
100                            ← 하나의 값이 저장.
```

단순히 순환만 처리하는 순환문을 작성할 때, 밑줄을 사용해서 순환만 처리할 수도 있다.

```
for _ in range(2) :            # 순환문에 변수로 사용하면 반복되는 값을 처리하지 않는다.
    print("Hello")
```

```
Hello
Hello
```

위에 작성한 순환문 값이 밑줄로 지정한 변수에 할당되면 제어문 내부의 조건식 처리도 가능하다.

```
if _ :
    print(" _", _)
```

```
_ 1
```

* 제어문 등에도 사용할 수 있다. 하지만, 임시 변수로만 사용하므로 제어문에는 사용하지 않는 게 좋다.

4 map 클래스 알아보기

여러 원소를 가진 리스트 등을 전달받아서 각 원소의 값을 변형할 때 map 클래스를 사용한다. 파이썬 3 버전부터는 map 클래스에 함수와 리스트 등을 전달하면 반복자 객체를 반환한다. 이 반복자 객체를 다시 실행해야 전달받은 리스트 등의 내부 원소들의 변형된 결과를 확인할 수 있다.

반복되는 객체를 생성한 후에 전달받은 리스트 등의 원소를 어떻게 변경하는지 예제를 보면서 이해해 보자.

예제 **객체 내의 원소 변형하기**

내장 클래스 map을 빈 셀에 넣고 실행하면 map이라고 출력한다. 이는 클래스를 저장한 변수의 이름이고 실제 클래스의 이름은 속성 __name__을 조회하면 문자열로 출력한다.

```
map
```

```
map
```

```
map.__name__
```

```
'map'
```

map 클래스는 전달되는 함수를 항상 하나의 매개변수만 받아야 한다. 이유는 리스트 등을 전달받아 원소를 하나씩 함수에 전달해서 변형하기 때문이다.

수학함수를 관리하는 math 모듈을 import한 후에 하나의 인자를 받는 sqrt 함수를 map 클래스 첫 번째 인자로 전달한다. 그다음 두 번째 인자는 4개의 정수를 가진 리스트이다. 이 클래스로 객체를 생성한 것은 map 클래스의 객체이지 리스트의 원소를 변형한 리스트 객체가 아니다. 이는 다시 map 객체를 사용해서 내부의 리스트 원소를 처리하라는 뜻이다.

```
import math                              # 수학 함수를 가진 모듈 사용.
```

```
m = map(math.sqrt, [1,2,3,4]) # 리스트를 전달해서 이 값을 sqrt로 변형하는 하나의 객체를 생성.
```

```
print(type(m))                           # 만들어진 객체의 클래스를 확인.
```

```
<class 'map'>
```

순환문 등을 사용해서 리스트의 원소를 꺼낼 수도 있지만, 가장 간단한 방식은 대괄호를 표시한 후 map 객체를 자동으로 처리하는 표기법인 별표를 사용하는 것이다. 리스트 컴프리헨션으로 표시하면 for문을 작성해야 하지만, 별표를 사용하면 언패킹(unpacking; 모든 원소를 자동으로 하나씩 추출해서 리스트의 원소로 저장)한다.

```
[*m]
```

```
[1.0, 1.4142135623730951, 1.7320508075688772, 2.0]
```

* 리스트 내에 map 객체를 넣고 앞에 별표를 붙이면, map 객체의 처리 결과가 리스트에 원소로 만들어진다.

This is Python

개발자가 원하던 파이썬 심화 A to Z

Chapter 8

조건 판단에 따른 문장 선택하기

프로그램을 작성할 때 특정 조건을 만족하는 경우에만 실행되는 문장을 작성할 때가 많다. 이때 예약어 `if`, `else`, `elif`를 사용해서 제어문(control statement)을 작성한다.

제어문에는 하나의 조건식만 평가되어 결과만 처리하는 단순 제어문과 여러 개의 조건식 중 맞는 조건을 처리하는 복합 제어문이 있다. 이런 제어문을 작성하는 방법을 알아보자.

1 단순 조건을 처리하는 단순 제어문

단순 제어문은 예약어 if만 사용해서 True일 경우에만 별도의 문장을 처리하거나, if와 else를 사용해 True나 False에 따라 선택된 문장만 처리할 수 있다.

예제 1 단순 제어문 처리

단순 제어문 중에 조건식 결과가 참인 경우만 처리하려면 if문만 작성하면 된다. 단순 제어문에 조건을 True를 주고 내부의 print 함수를 실행한다. 보통 이런 제어문은 조건식이 참인 경우에 처리하는 로직을 추가할 때 많이 사용한다.

```
if True :                              # if문의 조건식을 True로 지정해서 내부 print 함수를 무조건 출력.
    print(" 참인 값만 처리")
```

```
참인 값만 처리
```

단순 제어문 if문에 조건을 False로 주면 내부에 정의된 print 함수를 처리하지 않는다. if문은 참인 경우만 내부의 로직을 처리한다.

```
if False :                             # if문은 항상 참인 경우만 실행하므로 내부 print 함수는 실행되지 않는다.
    print(" 참인 값만 처리")
```

else문을 추가하면, if문의 조건이 False일 때, else문에 작성된 print 함수를 처리한다.

```
if False :                             # if문에 거짓이 발생하면, else문을 반드시 추가해야 한다.
    print(" 참인 값만 처리 ")
else :
    print(" 거짓인 값만 처리 ")
```

```
거짓인 값만 처리
```

나눗셈을 처리할 때 분모가 0이면 예외를 발생시킨다. 이는 조건식을 판단하기 전에 예외발생이 먼저 처리된다. 조건식을 작성할 때 예외가 발생하지 않도록 항상 주의해야 한다.

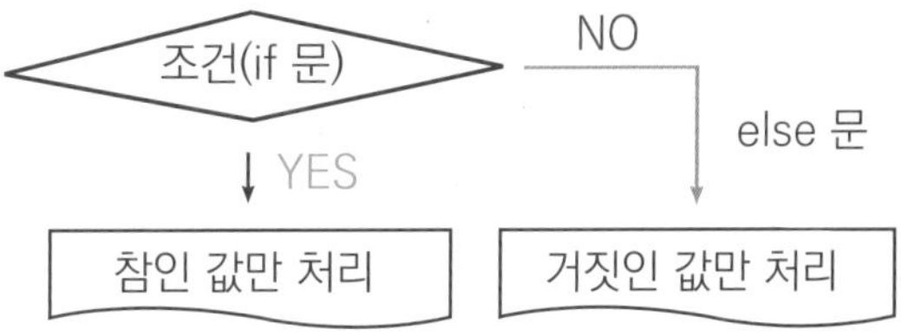


```
if 1/0 :
    print(" 참인 값만 처리 ")
else :
    print(" 거짓인 값만 처리 ")
```

```
-----------------------------------------------------------------
-----
ZeroDivisionError                         Traceback (most recent call last)
<ipython-input-4-71a9ced630ec> in <module>
----> 1 if 1/0 :
      2     print(" 참인 값만 처리 ")
      3 else :
      4     print(" 거짓인 값만 처리 ")

ZeroDivisionError: division by zero    ←나눗셈에서 분모가 0
```

예제 2 인라인 부정하기

조건식을 작성할 때 특정 조건을 반대로 처리할 필요가 있다. 이때는 부정하는 예약어 **not**을 사용한다.

단순 제어문에 정수 두 객체의 레퍼런스가 같은지 예약어 **is**로 처리한다. 이를 부정하기 위해 **is** 다음에 **not**을 작성하면 두 객체가 다를 경우는 참인 결과를 처리한다.

```
if 100 is not 200 :                          # if문에서 not은 is 다음에 사용.
    print(" 참인 값만 처리 ")
else :
    print(" 거짓인 값만 처리 ")
```

```
참인 값만 처리
```

파이썬에서 예약어 is에 대한 부정은 항상 not을 뒤에 표기한다. is 앞에 not을 쓰고 실행하면 문장 규칙이 잘못되었다는 예외가 발생한다.

```
if 100 not is  200 :                          # if문에서 not을 is 앞에 사용.
    print(" 참인 값만 처리 ")
else :
    print(" 거짓인 값만 처리 ")
```

```
  File "<ipython-input-6-9669b96d5206>", line 1
    if 100 not is  200 :
                ^
SyntaxError: invalid syntax   ← 예외가 발생.
```

예제 3 다양한 자료형의 빈 값 처리

파이썬에서 아무것도 하지 않는 객체는 None이다. 이 객체는 항상 논릿값을 False로 처리한다.

이외에 빈 값을 논릿값 False로 판단하는 기준은 내장 클래스가 객체를 생성할 때 값이 없는 경우이다. 정수는 0, 실수는 0.0, 문자열은 빈 문자열(" "), 리스트는 빈 리스트([ ]), 딕셔너리는 빈 딕셔너리({ }) 등은 빈 값으로 처리되어 항상 False로 판단한다.

```
bool(0), bool(0.0), bool(0+0j)
```

```
(False, False, False)
```

```
bool(""), bool([]), bool(())
```

```
(False, False, False)
```

```
bool({}), bool(set())
```

```
(False, False)
```

예약어 None은 아무것도 처리하지 않는 객체가 들어있으며 이 객체의 값은 다른 값과 비교해도 항상 거짓을 표시하고 자기 자신을 비교할 때는 True를 표시한다.

```
bool(None)
```

```
False
```

```
None is None
```

```
True
```

```
None == None
```

```
True
```

2 다양한 조건을 판단하는 복합 제어문

판단하는 경우가 많아지면 각 조건을 분리해서 제어문을 작성한다. 이런 제어문을 복합 제어문이라고 한다. 복합 제어문에 **elif**문을 넣어 다양한 조건식을 추가할 수 있다.

예제 1 조건식 세분화하기

하나의 **if**문, 두 개의 **elif**문, 그리고 **else**문으로 구성되는 복합 제어문을 작성한다. 그다음에 조건식을 세분화하고 2개의 변수에 정수를 할당한다.

첫 번째 **elif**문은 두 수를 다른 수와 비교해서 처리하는 조건을 작성하고, 두 번째 **elif**문도 조건에 맞도록 작성했지만 결과는 **else**문의 **print** 함수를 실행한다. 원하는 결과를 처리하지 못한 이유는 연산자 우선순위의 차이로 조건식을 제대로 판단하지 못하기 때문이다.

```
a = 10
```

```
b = 20
```

```
if a > 5 & b > 20 :
    print("first ")
elif a > 7 & b > 20 :
    print("second")
elif a > 7 & b >= 20 :
    print("third ")
else :
    print(" other ")
```

```
other
```

두 번째 **elif**문에 있는 조건식을 다른 셀에 입력해서 실행하면 False가 나온다. 이 조건식을 판단하는 순서를 알아보면 먼저 & 연산자가 7과 b를 평가해서 4를 반환한다. 그 이유는 & 연산자는 비트 연산을 처리해서 7과 20을 이진수로 변환해서 자리수에 1인 경우만 다시 숫자로 표시하기 때문이다.

그 다음은 변수 a의 값이 4보다 크므로 True를 표시한다. 마지막으로 True와 20을 비교해서 False가 나온다.

```
a > 7 & b >= 20          # 두 번째 elif문의 조건식을 다른 셀에 입력.
```

```
False
```

```
(7 & b)          # 연산자 우선순위 때문에 비교 연산자보다 비트 연산자를 먼저 실행.
```

```
4    ←(7&b)
```

```
bin(7), bin(20)          # 7과 20을 이진수로 바꿔 and 연산을 실행하면 둘 다 1인 경우인 4가 나온다.
```

```
('0b111', '0b10100')
```

```
(a > (7 & b))          # a = 10, (7&b) = 4
```

```
True
```

```
True >=20          # True는 정수 1
```

```
False
```

```
(a > (7 & b)) >=20          # 괄호로 묶어서 처리.
```

```
False
```

위의 조건식에 비교연산 부분을 괄호로 묶어 먼저 실행되도록 처리한 후 이 제어문을 실행하면 `elif`문이 조건에 일치해서 `print`문을 출력한다.

```
if (a > 5) & (b > 20) :          # 연산자 우선순위에 따라 비교연산을 괄호로 묶는다.
    print("first ")
elif (a > 7) & (b > 20) :
    print("second")
elif (a > 7) & (b >= 20) :
    print("third ")
else :
    print(" other ")
```

```
third
```

예제 2 else문 대신 elif문으로 명확히 하기

파이썬에서 합 제어문을 작성할 때 마지막 문장을 **else**로 작성하는 것보다 조건식을 판단하는 **elif**문으로 작성하는 것을 권장한다.

변수에 저장된 정숫값을 비교할 때 비교연산을 동시에 두 개를 사용할 수 있다. 마지막에 **else**문이 아닌 명확한 조건식을 지정하면, 이 제어문의 결과는 마지막 조건식을 판단한 결과로 출력된다.

```
c = 100
```

```
if 50 < c <= 70  :                  # 비교연산을 연속해서 사용할 수 있다.
    print("first ")
elif 70 < c <= 80 :
    print("second")
elif 80 < c <= 90 :
    print("third")
elif 90 < c <= 100 :                # 마지막도 비교조건을 판단해서 처리하도록 정의.
    print("fourth")
```

```
fourth
```

3 조건 연산자를 스페셜 메소드로 처리하기

앞에서 수학 연산을 하는 덧셈, 뺄셈 등의 산술 연산자가 스페셜 메소드(special method)와 같은 처리 결과를 반환하는 것을 알아봤다.

조건식을 판단하는 연산자에 해당하는 스페셜 메소드를 알아보자.

예제 | 비교 연산자와 논리 연산자의 메소드 처리

1은 10보다 작거나 같다. 이를 비교 연산자 작거나 같다(<=)로 처리한다. 이 연산자와 같은 스페셜 메소드가 `__le__`이고, 두 가지의 처리를 확인하면 둘 다 True이다. 이 스페셜 메소드를 조건식으로 제어문에 넣어서 사용할 수 있다.

```
1 <= 10
```

```
True
```

```
(1).__le__(10)
```

```
True
```

```
if (1).__le__(10) :                      # 제어문에 조건식으로 넣어 처리할 수 있다.
    print(" 메소드 처리 ")
```

```
메소드 처리
```

2개의 변수를 정의한다. 이 두 수를 비교하고 관계 연산 and로 묶어서 조건을 평가하면 2개의 비교 연산 조건이 모두 True라 최종 결과도 True이다.

```
a = 10
```

```
b = 20
```

```
(a < b) and (b > a)
```

```
True
```

위의 조건식의 비교 연산에 해당하는 스페셜 메소드는 `__lt__`와 `__gt__`이다.

관계 연산자에 매칭되는 스페셜 메소드는 `__and__`이다. 이 스페셜 메소드를 사용해서 조건식과 같은 처리 결과가 나오게 메소드를 묶어 작성한다.

```
a.__lt__(b).__and__(b.__gt__(a))          # 비교 연산 작다(__lt__)와 크다(__gt__)
```

```
True
```

위에서 비교 연산을 연속해서 사용할 수 있다는 것을 알아봤다. 실제 연속하는 비교 연산을 분리해서 작성하면 2개의 비교 연산 결과가 and 관계 연산으로 묶어 처리하는 것과 같다.

```
c = 15
```

```
a < c < b                    # 이중 부등호 표시로 비교 연산을 할 수 있다.
```

```
True
```

```
(a< c) and (c < b)           # 이중 부등호 표시를 비교 연산과 관계 연산으로 묶어서 처리.
```

```
True
```

Chapter 9

여러 문장을 묶어 반복 실행하기

같은 기능을 반복 처리할 때는 순환문(looping statement)을 사용한다. 보통 1부터 10까지 더하는 것도 문장을 하나 작성하고 10번 반복해서 처리해야 한다. 이런 기능을 순환문 내부에 작성하면 순환문이 자동으로 10번 실행한다. 파이썬에는 두 가지 순환 처리 방식이 있다.

예약어 `for`와 `while`을 이용해 문장을 만들어 처리하고, 2개의 문장을 구성해 실행하는 방식을 알아본다.

1. 반복 가능한 객체를 순환하는 for문 처리
2. 조건식을 판단하는 while문 처리
3. 순환 처리 배제하기
4. 순환문에 else문을 추가하기
5. 다양한 원소를 갖는 객체의 원소 추출하기

1 반복할 수 있는 객체를 순환하는 for문 처리

원소를 여러 개 가지는 문자열, 리스트 등을 반복 순환을 할 때는 for문을 사용한다. for문은 여러 원소를 하나씩 꺼내서 내부의 문장을 처리한다.

반복한다는 의미가 무엇인지 알아보자.

예제 반복되는 객체를 순환 처리하기

5개의 원소를 가진 리스트 객체를 하나 만들고 결괏값을 계산할 변수 result에 초깃값을 넣는다. 이제 for문에 리스트를 넣고 원소를 하나씩 꺼내 내부의 덧셈 처리에 전달한다.

순환 종료 후 result 변수에 저장된 값을 조회하면 5개의 원소를 합산한 결과가 나온다.

```
l = [1,2,3,4,5]                  # 리스트 객체 생성.
```

```
result = 0                       # 순환문 내에서 합계를 구할 때 사용하는 변수를 정의.
```

```
for i in l :                     # 리스트를 받아서 원소를 하나씩 꺼낸다.
    result += i                  # 원소를 합산.
```

```
result                           # 합산 결과를 출력.
```

```
15
```

반복형(iterable)과 반복자(Iterator)를 알아보려면 추상 클래스로 확인해야 한다. 원소를 여러 개 가지는 자료구조를 보관하는 collections 모듈 내에 추상 클래스를 관리하는 abc 모듈이 있다. 이것을 import하고 별칭으로 cols를 지정한다.

반복형 추상 클래스 Iterable의 특징은 원소를 여러 개 가진 정적인 객체를 만든다. 문자열, 리스트 등은 객체를 만들면 항상 메모리에 올라갈 원소들을 확정한다.

반복자 추상 클래스 Iterator는 동적 처리를 하기 위해 별도의 핸들러를 만든 후에 내부의 원소를 하나씩 꺼내어서 처리하는 기능을 제공한다.

보통 클래스를 정의하면 그 클래스가 추상 클래스의 인터페이스인 메소드들을 상속해서 구현 클래스를 만든다. 상속 관계를 확인하는 `issubclass` 함수에 서브 클래스와 수퍼 클래스를 인자로 전달해 실행하여 상속 관계가 성립하면 `True`이다.

리스트 클래스는 정적 처리가 가능한 반복형이지만, 반복자가 아니라는 것을 알 수 있다.

```
import collections.abc as cols          # 자료구조에 대한 추상화 모듈 사용.
```

```
issubclass(type(l), cols.Iterable)      # 반복형 추상 클래스를 상속했는지 확인.
```

```
True
```

```
issubclass(type(l), cols.Iterator)      # 반복자 추상 클래스를 상속했는지 확인.
```

```
False
```

`range` 클래스도 순환문으로 처리하면 리스트 객체와 같은 처리 결과가 나온다.

```
result = 0                  # 순환문 내에 합산할 변수를 초기화.
```

```
for i in range(1,6) :       # range 클래스로 범위 객체를 생성한 후 원소를 하나씩 꺼낸다.
    result += i
```

```
result
```

```
15
```

`range` 클래스와 추상 클래스 반복형과 반복자의 상속 관계를 확인하면 리스트 클래스와 동같이 반복형에만 True이다. 즉 반복형만 상속해서 구현한 것을 알 수 있다.

```
issubclass(range, cols.Iterable)
```

```
True
```

```
issubclass(range, cols.Iterator)
```

```
False
```

2 조건식을 판단하는 while문 처리

다양한 원소의 반복 외에도 특정 조건식을 사용해서 조건이 만족될 경우 계속 내부의 로직을 처리할 필요가 있다. 이때 예약어 `while`을 사용해서 반복문을 만든다.

예제 조건식을 이용한 반복

특정 변숫값이 정수 100보다 작거나 같을 때까지 반복 순환이 필요할 경우 `while`문 다음에 조건식을 지정해서 순환문을 작성한다. 순환될 때 1을 더해서 몇 번 순환했는지 확인한다. 결과가 101인 이유는 0부터 시작해서 100까지 반복해서 계산했기 때문이다.

```
result = 0
```

```
while ( result <=  100) :      # 100보다 작은 결과를 계속 순환하도록 조건을 정한다.
    result += 1                # 순환할 때마다 순환 개수를 계산.
```

```
result                         # 0부터 100까지 순환한 개수를 출력.
```

```
101
```

두 개의 조건식을 관계 연산 `or`로 묶어서 하나의 조건으로 판단할 수도 있다. 101번째도 추가해 반복하면 결과는 102이다. 이처럼 여러 개의 조건식을 하나로 묶어 순환 처리의 기준으로 만들 수 있다.

```
result = 0
```

```
while ( (result <=  100) or (result == 101)) :      # 비교 연산과 관계 연산.
    result += 1
```

```
result
```

```
102     ← 101번째도 추가해서 반복.
```

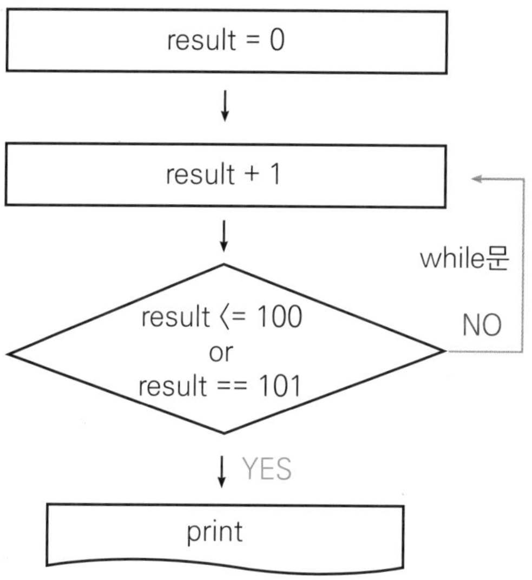
result = 0
result + 1
while문
result <= 100
or
result == 101
NO
YES
print

3 순환 처리 배제하기

매번 순환문 내에 문장을 처리하는 것은 아니다. 내부에 제어문을 작성해 특정 조건이 만족하면 순환을 종료(break)하거나, 특정 조건을 만족하면 그 다음 문장의 처리를 배제(continue)할 수도 있다.

예제 특정 기능에서 순환 배제하기

순환문 조건식에 True로 지정하면 이 순환문은 무한 반복해서 처리한다. 무한 반복을 방지하려면 내부에 제어문을 작성해서 특정 조건을 만족하면 순환문을 종료하도록 `break`문을 넣어야 한다.

다음 순환문은 15라는 결과가 나오면 강제 종료되는 무한 순환문 처리이다.

```
result = 0                    # 순환한 결과를 계산하는 변수를 할당.
```

```
while True :                  # 한 순환을 정의.
    if result == 15 :         # 순환 개수가 15일 때 순환을 종료.
        break                 # break문은 순환문을 강제 종료할 때 사용.
    result += 1               # 순환 개수를 합산.
```

```
result
```

```
15                            ← 순환 개수를 확인하면 강제 종료 조건과 같다.
```

이번에는 무한 반복을 처리하지만 내부에서 10일 때 종료하게 한다. 또한, 반복할 때 값이 홀수이면 `print`문을 실행하지 않고 다시 순환을 처리하도록 `continue` 문을 실행한다.

순환문의 처리 결과는 10 이하의 짝수를 출력한다.

```
count = 0                              # 순환 개수를 계산하는 변수를 할당.
```

```
while True :
    if count == 10 :
        break
    count += 1
    if count % 2 == 1 :                # 순환 개수가 홀수이면 순환문으로 보내서 다시 조건을 판단.
        continue
    print(count)                       # 짝수일 경우는 출력.
```

```
2
4
6
8
10
```

```
count                                  # 순환 개수를 출력.
```

```
10
```

4 순환문에 else문 추가하기

파이썬은 순환문에도 제어문에 사용한 **else**문을 추가해 정의할 수 있다. 정상적으로 순환이 처리되면 추가로 **else**문에 있는 문장을 수행하고, 순환문이 **break**문으로 강제 종료되면 **else**문은 실행되지 않는다.

예제 순환문에 else문 추가하기

순환문 **for**에 **else**문을 작성해서 100까지 덧셈을 실행한다. 강제 종료없이 순환문을 모두 실행하면 **else**문 내의 **print**문이 출력되는 것과 100까지 합산한 결과가 5050이라는 것을 알 수 있다.

```
result = 0
```

```
for i in range(101) :                    # 0부터 100까지의 범위를 순환.
    result += i
else :
    print(" 정상종료")
```

```
정상종료
```

```
result
```

```
5050
```

위 순환문을 수정해서 합산한 결과가 4000보다 크면 순환문을 강제 종료하게 로직을 추가했다. 순환문이 4000보다 클 때, 순환문은 종료되고 **else**문에 있는 **print**문을 출력하지 않는다.

```
result = 0
```

```
for i in range(101) :
    result += i
    if result > 4000 :                # 합산 결과가 4000보다 크면 순환을 강제 종료.
        break

else :                                # 강제 종료가 발생하지 않으면 출력.
    print(" 정상종료")
```

```
result
```

이 for문을 while문에 맞게 조건식으로 변경한 후에 실행하면 같은 결과가 나온다.

```
result = 0
```

```
while result <=  5050 :               # 5050보다 작거나 같을 때까지 순환.
    result += i
    if result > 4000 :
        break

else :
    print(" 정상종료")
```

```
result
```

```
4005
```

5 다양한 원소를 갖는 객체의 원소 추출하기

리스트 등 반복형 객체가 순환할 때는 원소의 값만 가져와 처리한다. 리스트 객체의 인덱스 정보가 필요할 경우도 있고 여러 객체를 묶어서 그 내부의 원소를 가지고 새로운 반복을 처리할 경우도 있다. 이런 경우를 처리할 수 있는 다양한 반복자 클래스를 알아보자.

예제 **순환문을 이용해서 반복형 객체의 원소 분리하기**

리스트 객체가 원소와 그 원소가 속한 인덱스 정보를 함께 가져올 때는 `enumerate` 클래스에 리스트 객체를 인자로 전달하여 인덱스 정보와 값을 순환문에서 사용한다. 이 순환문을 출력하면 인덱스 정보와 값이 매핑되어 출력되는 것을 확인할 수 있다.

```
l = [1,2,3,4]                                    # 4개의 원소를 가진 리스트 객체를 생성.
```

```
for i,v in enumerate(l) :                        # enumerate 클래스로 객체를 만들어서 순환.
    print("index: ",i, "value : ",v)
```

```
index:  0 value :  1
index:  1 value :  2
index:  2 value :  3
index:  3 value :  4
```

두 개의 리스트 객체를 전달해서 순서 쌍을 만들고 싶을 때는 `zip` 클래스에 인자로 전달한다. 그러면 두 개의 리스트 객체 중에 작은 원소의 개수만큼 순서 쌍을 만들고 이 순환을 처리하면 4개의 순서 쌍이 만들어진다.

```
ll = [4,5,6,7,8]                 # 다른 리스트 객체 생성.
```

```
for i in zip(l,ll) :             # 순서 쌍을 만드는 zip 클래스의 객체를 생성해서 순환.
    print(i)                     # 두 리스트 객체의 원소로 순서 쌍 생성.
```

```
(1, 4)
(2, 5)
(3, 6)
(4, 7)
```

← 원소가 작은 리스트를 기준으로 순서 쌍 생성.

더 많은 원소를 가진 리스트로 순서 쌍을 만들어야 할 때는 `itertools` 모듈을 `import`해서 `zip_longest`를 사용한다. 처리 결과를 보면 남는 원소는 그대로 출력하지만 부족한 원소는 None으로 처리하는 것을 알 수 있다.

```
import itertools as it                # 반복형 자료 구조를 가진 모듈 사용.
```

```
for i in it.zip_longest(l,ll) :       # 순서 쌍을 만드는 zip_longest 클래스에 2개의
    print(i)                          리스트를 넣어 객체 생성.
```

```
(1, 4)
(2, 5)
(3, 6)
(4, 7)
(None, 8)
```

← 더 많은 원소를 가진 리스트를 기준으로 순서 쌍을 만들고, 원소가 없을 때는 None을 출력.

2개의 리스트를 하나의 리스트로 만들지는 않지만, 이 두 리스트를 연결해서 출력하려면 `chain`을 사용해서 첫 번째 리스트 다음에 두 번째 리스트의 원소를 하나씩 연결해서 사용할 수 있다.

출력된 결과를 확인하면 4개의 리스트 원소가 먼저 출력되고 그 다음에 5개의 리스트 원소가 출력된다.

```
for i in it.chain(l,ll) :   # 2개의 리스트를 하나로 묶어 원소를 반환하는 chain 클래스 사용.
    print(i)
```

```
1
2
3
4
4
5
6
7
8
```

← 원소를 하나씩 출력.

여러 개의 원소를 묶어서 순서 쌍을 만드는 조합인 combinations도 있다. 리스트 객체의 원소 중 3개를 선택해서 중복되지 않는 4개의 순서 쌍을 만든다.

```
for i in it.combinations(l, 3) :  # 리스트 원소 중에 3개를 선택해서 중복 없는 경우의 수를
                                    만드는 조합으로 순환.
    print(i)
```

```
(1, 2, 3)
(1, 2, 4)
(1, 3, 4)     ← 중복 없는 4개의 조합 출력.
(2, 3, 4)
```

특정한 3개의 원소를 순서에 맞춰 순서 쌍을 만들려면 permutations를 사용한다. 위의 조합(combinations) 수행 결과는 순열의 결과에서 순서를 무시한 결과이다.

```
count = 0
for i in it.permutations(l, 3) :  # 리스트 원소 중 3개를 선택해 순서에 따라 나열하는
                                    원소 순열로 처리.
    print(i, end=", ")           # 한 줄에 5개씩 출력하기 위해 end=", "로 개행 문자를 쉼표로 변경.
    count += 1
    if count % 5 == 0 :          # 5개씩 출력하기 위해 모드 연산 사용.
        print()
```

```
(1, 2, 3), (1, 2, 4), (1, 3, 2), (1, 3, 4), (1, 4, 2),
(1, 4, 3), (2, 1, 3), (2, 1, 4), (2, 3, 1), (2, 3, 4),
(2, 4, 1), (2, 4, 3), (3, 1, 2), (3, 1, 4), (3, 2, 1),
(3, 2, 4), (3, 4, 1), (3, 4, 2), (4, 1, 2), (4, 1, 3),
(4, 2, 1), (4, 2, 3), (4, 3, 1), (4, 3, 2),
```

Chapter 10

여러 조건에 따라 기능 선택하기

3개의 항으로 처리하는 삼항 연산자(Ternary operators)가 어떻게 작동하는지 알아보자.

별도의 문법은 없지만, 내부에 주어진 자료구조를 사용해서 스위치 구문(switch case)도 만들어보자.

1 삼항 연산을 인라인 제어문으로 표시하기

먼저, 제어문을 인라인 즉 한 줄로 작성해서 처리하는 삼항 연산자를 알아보자. 이때 주의할 점은 한 줄에 제어문을 표기하므로 내부에 문장을 표시할 수 없다.

예제 삼항 연산자 처리

단순 제어문인 **if**문, **else**문을 작성한다. 참일 때는 **if**문을 처리하고, 거짓일 때는 **else**문을 처리한다.

```
x = 10
```

```
if x < 10 :
    print(" x는 10보다 작습니다. ")
else :
    print(" x는 10보다 크거나 같습니다. ")
```

```
x는 10보다 크거나 같습니다.
```

이 표현을 한 문장으로 변환하면 참인 경우를 밖으로 뺀 후에 **if**문을 조건식과 같이 작성하고, 거짓일 경우를 처리하는 **else**문도 작성한다. 문장이 올 수 없어서 **if**문과 **else**문 뒤에 콜론이 생략된다.

조건을 평가했을 때 거짓이라서 **else**문에 있는 **print**문이 출력된다.

```
print(" x는 10보다 작습니다. ") if x < 10  else  print(" x는 10보다 크거나 같습니다. ")
```

```
x는 10보다 크거나 같습니다.
```

* 일반제어문을 삼항 연산자로 변형할 때는 참인 결과를 먼저 작성하고, 인라인으로 if문을 작성한 후에 else문을 추가.

2개의 변수에 값을 할당한다. 첫 번째는 a가 b보다 크면 참이라 a를 처리하고, 거짓이면 b를 처리한다. 삼항 연산을 하면 실제 표현식과 같아서 변수에 바로 결과를 할당할 수 있다.

두 번째 삼항 연산은 거짓을 처리하므로 변수 c에 변수 b의 값이 할당된다.

```
a = 10
b = 5
```

```
c = a if a > b else b                    # 두 수를 비교 결과를 삼항 연산자로 표시.
```

```
c
```

```
10    ← 결과가 참이라 변수 a가 결과로 반환.
```

```
c = a if a < b else b
```

```
c
```

```
5     ← 결과가 거짓이라 변수 b가 결과로 반환.
```

2 특정 값으로 조건을 판단하는 스위치(switch case) 구문

특정 조건의 결과가 딕셔너리(dict)의 키(Key)로 정의되고 해당 값이 함수로 저장되어 특정 조건이 판별되면 딕셔너리(dict)를 조회해서 함수를 가져온다. 이 함수를 실행하면 스위치 구문과 같은 방식으로 처리할 수 있다. 이렇게 문법에 정의가 없어도 유사한 방식을 만들어 사용할 수 있다.

예제 스위치 구문 작성하기

하나의 함수는 10을 출력하고 다른 함수는 100을 출력하는 함수를 정의한다.

```
def func10() :                # 10을 출력하는 함수를 작성.
    print(10)
```

```
def func100() :               # 100을 출력하는 함수를 작성.
    print(100)
```

딕셔너리(dict) 내부에 특정 조건인 10과 100을 문자열로 정의하고 위에서 정의된 함수를 값으로 할당한 후에 switch 변수에 저장한다.

```
switch = {'10': func10, '100':func100}        # 변수 switch에 할당.
```

차례대로 10과 100 조건을 색인 연산에 전달하면 함수를 반환한다. 이 함수를 실행하면 조건에 맞는 결과를 출력한다.

```
switch['10']()                # 색인 연산으로 10을 문자열로 넣고 조회.
```

```
10    ← 함수 실행 결과를 반환.
```

```
switch['100']()
```

```
100
```

스위치 구문을 처리하는 경우 예외가 발생하지 않도록 get 메소드를 사용한다. 특정 조건이 없는 경우를 대비해서 두 번째 인자에 검색된 결과가 없을 경우 기본으로 처리하는 함수의 이름을 전달한다.

특정한 조건 1이 없으므로 기본으로 func10 함수가 반환되고 이를 실행하면 10이라는 값이 처리된다. 이처럼 다양한 함수를 딕셔너리 내부에 저장해서 처리하면 다양한 스위치 문장을 작성할 수 있다.

```
switch.get('100',func10)()                    # get 메소드로 검색도 가능.
```

```
100
```

```
switch.get('1',func10)()                      # get 메소드로 없는 키를 넣어서 검색.
```

```
10    ← 예외 대신 두 번째 인자로 전달된 함수를 반환해서 처리.
```

3 특정 인덱스 정보로 검색하기

보통 문자열, 튜플, 리스트 객체는 인덱스 정보만 넣고 색인 검색을 한다. 따라서, 여러 개의 원소를 조회할 때는 별도의 함수를 작성해 검색해야 한다.

이번에는 함수를 작성해 여러 개의 인덱스 정보를 확인하는 방법을 알아보자.

예제 특정 인덱스를 선택해서 처리하기

6개의 원소를 가진 리스트 객체를 만든다.

```
l1 = [1,2,3,4,5,6]
```

색인 연산 대신 함수를 이용해 내부의 원소를 추출해보자. 예약어 `def`, 함수 이름, 두 개의 매개변수를 작성해서 함수의 머리부를 작성한다. 매개변수 `iterable`은 하나의 리스트 객체를 전달받는다. 매개변수 `args` 앞에 별표가 들어간 것은 여러 인자를 받아서 하나의 튜플에서 관리하겠다는 뜻이다.

인자로 받은 인덱스 정보가 실제 리스트 객체의 길이보다 크거나 같으면 색인 검색에서 리스트 원소의 개수보다 많아져서 예외가 발생한다. 그래서 내부 제어문은 인덱스 정보가 원소의 개수보다 작으면 원소를 검색해서 새로운 리스트에 넣어서 전달한다.

```
def index(iterable, *args) :          # 매개변수로 반복형 객체와 인덱스 정보를 받는다.
    result = []                       # 반환 결과를 저장할 변수에 빈 리스트 객체 할당.
    for i in args :                   # 가변 인자로 받은 인덱스 정보를 하나씩 꺼낸다.
        if i < len(iterable) :        # 반복형 객체의 길이보다 작은지 확인.
            result.append(iterable[i])  # 반복형 객체의 원소를 조회해서 빈 리스트에
                                        원소로 추가.
        else :
            continue                  # 인덱스 범위를 넘는 수는 처리하지 않고 순환문 처리.
    return result                     # 순환문이 종료되면 반환.
```

함수를 사용해서 3개의 인자를 전달하고 실행하면 리스트 내의 3개의 원소를 추출한 새로운 리스트 객체가 만들어진다.

```
print(index(ll, 1,2,5))        # 함수를 호출해서 인자로 전달한 인덱스의 원소를 리스트에 넣고 조회.
```

```
[2, 3, 6]
```

파이썬 내의 연산자를 함수로 구현한 모듈 `operator`를 `import`한다. 특정 인덱스에 있는 값을 읽는 `itemgetter`를 확인하면 하나의 클래스이다.

```
import operator as op          # 연산자를 함수나 클래스로 관리하는 모듈 사용.
```

```
type(op.itemgetter)            # 항목을 조회하는 클래스 확인.
```

```
type
```

클래스 `itemgetter`에 인덱스 정보를 넣고 객체를 생성한다. 객체에 리스트를 넣어서 조회하면 리스트 내의 원소와 매핑된 결과를 튜플로 반환한다.

```
inx = op.itemgetter(1,2,5)     # 인덱스를 조회하는 클래스로 객체 생성.
```

```
inx(ll)                        # 객체에 인자로 리스트를 전달하면 인덱스에 해당하는 원소 반환.
```

```
(2, 3, 6)
```

Chapter 11

함수 정의하기

함수(function)는 정의한 후에 사용해야 한다.

함수를 정의하는 것은 함수 객체를 생성하는 것이다. 함수 객체는 여러 번 호출해서 사용할 수 있다. 함수도 다른 객체와 마찬가지로 변수 할당, 매개변수의 인자, 반환값 등에 사용할 수 있다.

이번 장에서는 함수를 정의하고 함수 객체를 어떻게 사용하는지 알아보자.

1 함수 객체를 만드는 함수 정의문

함수는 머리부와 몸체부로 분리해서 정의한다. 머리부에는 함수 이름과 매개변수(Parameter)를, 몸체부는 함수가 처리하는 기능과 반환문을 작성한다.

함수의 이름은 다른 변수나 모듈 등과 같지 않게 정의해야 한다. 함수의 이름으로 이름공간이 저장되고 이 이름으로 함수 객체를 검색한다.

예제 함수 정의문 사용하기

함수를 정의하고 호출하는 방법을 알아보자.

머리부	예약어 def를 먼저 쓰고 함수명과 매개변수를 작성하고 콜론을 붙여서 완성한다.
몸체부	함수의 기능을 작성하고 결과를 예약어 return과 변환값을 작성한다. 아무런 기능이 없을 때도 블록 문장을 구성하도록 pass문을 작성한다.
호출	함수 이름 다음에 실행 연산자인 괄호를 붙여서 실행한다. 인자가 있으면 매개변수와 동일하게 실행 연산자 안에 지정해야 한다.

예약어 def와 함수 이름 func, 빈 매개변수를 지정해서 아무 기능이 없는 함수를 정의한다.

```
def  func()  :# 예약어 def와 함수 이름 func 그리고 빈 매개변수 표시인 괄호를 쓰고 머리부를 종료하는 콜론을 붙인다.
    pass
```

함수 실행 결과가 변수에 할당된다. 위에서 정의된 함수 func은 블록 문장에 별도의 return문이 없어 결과를 반환할 수 없지만, 파이썬은 반환문이 없어도 None을 반환한다. 그래서 변수를 출력하면 None이 나온다.

```
f = func()                    # 함수를 실행한 후 변수에 할당.
```

```
print(f)
```

```
None                          ← 반환하는 것이 없는 함수를 정의해도 None은 자동으로 반환.
```

함수를 정의하면 함수 이름이 변수가 되어 함수 객체를 저장한다. 그러면 함수의 실제 이름은 어디에 있을까?

함수 객체가 만들어지면 함수 이름은 속성 `__name__`에 저장된다. 이 `func` 함수의 속성 `__name__`을 확인하면 함수의 이름이 문자열로 `func`인 것을 확인할 수 있다.

```
func.__name__                 # __name__ 속성으로 함수 이름 확인.
```

```
'func'                        ← 문자열 func를 출력.
```

함수를 정의하는 것이 함수 객체를 생성하는 것이다. 그러면 함수 객체를 생성하는 클래스를 확인해보자.

파이썬 내부에서 관리하는 클래스를 가진 `types` 모듈을 `import`한다. 메타 클래스 `type`에 함수 객체를 전달하면 함수 클래스를 검색한다. 이 함수 클래스가 `FunctionType`과 같은지 비교하면 `True`가 나온다. 함수 정의문을 통해 만든 함수 객체는 실제 함수 클래스에 의해 생성되는 객체와 같다는 것을 알 수 있다.

```
import types                  # 파이썬 내부 관리용 클래스를 가진 모듈 사용.
```

```
type(func) == types.FunctionType    # 함수 객체의 클래스가 Types.FunctionType
                                      클래스와 같은지 확인.
```

```
True
```

함수를 정의할 때 문자열을 반환하는 함수를 정의한다.

함수를 호출하면 문자열로 반환값을 출력한다. 이처럼 매개변수 없이도 단순히 값을 반환하는 함수를 작성할 수 있다.

```
def return_() :                              # 매개변수가 없는 함수 정의.
    return "반환값"                           # 함수의 로직은 문자열 반환.
```

```
return_()                                    # 함수를 실행하면 문자열 출력.
```

'반환값'

이번에는 3개의 반환 값을 `return` 다음에 쉼표로 분리해서 지정한다.

```
def func_() :
    return 1,2,3                             # 정수 3개 반환.
```

함수를 실행해서 변수 `f_`에 할당하고 변수에 저장된 값을 조회하면 튜플로 반환한 것을 알 수 있다. 파이썬 함수는 여러 개의 값을 저장해도 하나의 값만 반환하고 여러 개의 값은 하나의 튜플 객체로 처리된다.

```
f_ = func_()                                 # 함수를 실행하고 변수에 할당.
```

```
f_, type(f_)
```

```
((1, 2, 3), tuple)                ← 정수 3개를 원소로 갖는 튜플.
                                  * 여러 값을 하나의 튜플로 반환.
```

2 파이썬 도움말 알아보기

파이썬은 모듈, 함수, 클래스를 정의할 때 기능에 관한 설명을 문자열로 작성하면 이를 `__doc__` 속성에 자동으로 할당해서 문서화 작업을 수행한다.

문서화된 정보를 어떻게 조회하는지 알아보자.

예제 help 알아보기

도움말 **`help`**도 하나의 클래스이다. 하나의 인자를 전달하면 그 인자가 관리하는 문서화 속성 **`__doc__`**을 조회해서 출력한다.

클래스 **`help`**에 인자로 정수 클래스 **`int`**를 전달해서 실행하면 문서화된 문자열을 출력한다.

```
help(int)                                  # help 클래스로 클래스의 문서화 정보를 출력.
```

```
Help on class int in module builtins:

class int(object)
 |  int(x=0) -> integer
 |  int(x, base=10) -> integer
 |
 |  Convert a number or string to an integer, or return 0 if no arguments
 |  are given.  If x is a number, return x.__int__().  For floating point
 |  numbers, this truncates towards zero.
```

문서화된 내용 **`help`**를 실행하는 방식을 자세히 알아보기 위해 하나의 함수 **`add_`**를 정의한다.

함수를 정의할 때 머리부에 **`def`** 함수명과 매개변수를 넣은 후에 콜론으로 종료한다. 그 다음에 문서화를 위한 문자열로 함수의 설명을 작성한다.

```
def add_(x,y) :          # 2개의 매개변수를 가진 함수를 정의.
    """ 이 함수는 두 개의 매개변수를 덧셈하는 함수입니다.
    """                  # 첫 문장에 함수를 설명하는 문자열을 작성해서 문서화.
    return x+y           # 두 매개변수를 더한 값을 반환.
```

함수 작성이 끝나면 이 함수에 가진 문서화 정보를 속성 __doc__로 조회하면 문서화로 작성한 문자열을 출력한다. 이 함수를 help에 인자로 넣어 실행하면 함수의 머리부와 문서화 문자열이 같이 출력된다.

```
add_.__doc__             # 문서화 속성 __doc__을 확인.
```

```
' 이 함수는 두 개의 매개변수를 덧셈하는 함수입니다.\n    '
```

```
help(add_)               # help로 함수의 문서화 정보 확인.
```

```
Help on function add_ in module __main__:

add_(x, y)               ← 함수의 이름과 문서화 정보를 같이 보여준다.
    이 함수는 두 개의 매개변수를 덧셈하는 함수입니다.
```

3 함수는 1급 객체이다

정수나 문자열은 1급 객체(first-class object)이다. 따라서 변수, 매개변수, 반환값 등에 정의해서 사용할 수 있다. 함수도 1급 객체로 다른 객체와 같은 방식으로 사용할 수 있다.

함수를 정의한 후에 1급 객체로 사용해보자.

예제 함수는 1급 객체

이번 함수는 2개의 매개변수를 그대로 반환하도록 정의한다.

```
def func(x,y) :
    return x,y
```

변수 func로 조회하면 정의한 함수를 조회할 수 있다. 변수에 저장된 함수 객체의 클래스를 확인해 보면 클래스 이름이 function이고, 함수의 클래스는 FunctionType이다. 이 클래스의 이름이 function이다.

```
func                                  # 함수 이름으로 조회.
```

```
<function __main__.func(x, y)> ← 함수 클래스 이름 다음에 함수와 매개변수를 출력.
```

```
type(func)                            # 함수 객체의 클래스 조회.
```

```
function                              ← function이라는 클래스 이름 출력.
```

함수 객체를 일반 정수처럼 다른 변수에 할당할 수도 있다. 할당된 두 변수가 같은 것인지 is로 확인하면 True이다.

```
var = func                          # 함수 객체는 다른 변수에 할당할 수 있다.
```

```
var is func                         # 두 변수는 같은 함수를 참조했으므로 레퍼런스가 같다.
```

```
True
```

함수가 정의된 변수 func에 정수 1을 할당하면 기존 함수 객체는 사라지고 정수가 할당된다. 그래서 func라는 변수가 일반적인 변수라는 것을 알 수 있다.

```
func = 1                    # 함수 정의문이 실행되면 함수 이름으로 변수 생성.
```

```
func                        # 함수 이름으로 변수 조회.
```

```
1                           ← 함수 객체는 사라지고 정수 1만 남는다.
```

다른 변수 var에 아직 함수 객체가 있는지 확인하기 위해 __name__ 속성을 조회한다. 위에서 정의한 함수 이름인 func를 문자열로 출력한다.

정숫값으로 할당한 func 변수에 다시 함수 객체를 할당하고 변수 func에 함수 객체가 있는지 __name__ 속성으로 확인하면 함수 객체가 할당된 것을 알 수 있다.

```
var.__name__                # 다른 변수에 지정한 함수 객체의 이름을 __name__으로 확인.
```

```
'func'                      ← func문자열 출력.
                            * 함수를 정의할 때 사용한 함수 이름이 문자열로 저장되는 것을 알 수 있다.
```

```
func = var                  # 원래 함수 이름인 변수에 함수를 할당.
```

```
func.__name__               # 함수의 이름을 확인.
```

```
'func'                      ← 변수 이름과 같은 문자열 출력.
```

함수를 호출할 때 인자로도 전달이 가능하다. 이번 함수를 정의할 때는 매개변수 이름을 func로 정의한다.

함수의 인자들이 전달되도록 다른 매개변수는 args로 지정한다. args 매개변수는 여러 개의 인자를 받을 수 있어 앞에 별표를 붙인다. 이 함수의 내부 기능은 전달된 함수를 실행해서 반환한다.

함수를 호출할 때 매개변수 앞에 별표를 붙인 이유는 args에 튜플이 보관되어 있어 이를 다시 각 원소로 분리해서 인자로 전달하라는 뜻이다.

```
def func(x,y) :
    return x,y
```

```
def high_order(func, *args) :      # 함수의 매개변수로 함수를 받고 가변 매개변수에는
                                     전달된 함수에 사용한 인자를 전달받는다.
    return func(*args)             # 전달받은 함수에 전달받은 인자를 넣고 실행.
```

함수를 호출하려면 위에서 정의한 func 함수를 먼저 전달한다. 이 함수에는 2개의 인자를 넣어야 해서 정수 1과 3을 전달했다.

함수가 실행된 결과는 func 함수가 실행되어 반환한 결과이다. 튜플로 표시되는 이유는 반환문에 두 수를 쉼표로 분리하여 하나의 튜플로 변환해서 결과를 전달했기 때문이다.

```
high_order(func, 1,3)          # 위에서 정의한 함수와 인자 1, 3을 전달해서 실행.
```

```
(1, 3)  ← 함수의 기능인 인자를 그대로 출력.
          * 값을 하나만 반환하므로 튜플로 처리한다.
```

이번에는 함수를 전달을 받아서 그대로 함수를 반환하는 것을 작성한다. 위에서 정의한 함수 func을 인자로 전달해서 변수 x에 할당하고 변수를 조회하면 함수 객체인 함수 func가 출력된다.

```
def func_return(func) :        # 하나의 함수를 전달받고 반환 값으로 함수를 그대로 반환.
    return func
```

```
x = func_return(func)          # 함수를 인자로 전달해서 반환 값을 변수에 저장.
```

```
x
```

```
<function __main__.func(x, y)> ← 변수로 전달한 함수가 그대로 반환된다.
```

4 함수도 이름으로 접근해서 호출

함수 클래스도 디스크립터 클래스이다. 디스크립터 클래스로 객체를 만들어 변수에 할당하고 실제 이름으로 접근하면 내부적으로 메소드가 자동으로 실행된다.

함수를 정의하고 함수의 이름으로 접근하여 함수 객체를 자동으로 가져오게 해주는 방식을 알아보자.

예제 **함수 이름으로 접근 처리**

함수 add에 2개의 매개변수를 받고 이 매개변수를 더한 값을 반환하게 정의한다. 함수의 이름에 내부의 메소드인 __get__을 참조하여 내부에 정의된 메소드 객체를 조회할 수 있다.

디스크립터 클래스에는 반드시 정의해야 하는 스페셜 메소드 __get__이 정의되어 있어서 함수의 이름으로 조회하면 함수 객체를 자동으로 가져오기 위해 이 __get__ 메소드가 자동으로 실행된다.

```
def add(x,y) :                              # 두 매개변수를 가진 함수를 정의.
    return x+y                              # 두 매개변수를 더한 값을 반환.
```

```
add.__get__                                 # 함수 객체로 스페셜 메소드 __get__을 조회.
```

```
<method-wrapper '__get__' of function object at 0x000001AA4F67B840>
```

└ c 언어로 작성된 method-wrapper

스페셜 메소드 __get__가 어떻게 작동하는지 알아보자. 함수에 인자로 1을 넣고 실행하면 정수 객체 1의 메소드로 변환한다. 이를 변수 b에 할당한 후에 인자 2을 전달해서 실행하면 두 수를 더한 값이 출력된다.

```
add.__get__(1)                    # 이 스페셜 메소드에 정수 1을 넣으면 메소드로 변환.
```

```
<bound method add of 1>
```

```
b = add.__get__(1)                # 메소드로 변환된 것을 변수에 할당.
```

```
b(2)                              # 다시 정수 2을 넣고 실행.
```

```
3    ← 1+2를 한 값 3을 반환.
```

이번에는 **__get__**에 None을 전달해서 실행하면 함수가 호출된다. 보통 함수가 저장된 변수를 참조하면 이 기능이 작동되고 두 번째 인자는 함수를 가져오는데 아무런 역할을 하지 않는 것을 알 수 있다.

함수 객체를 가져온 것을 변수 a에 할당하고 두 정수를 전달해서 실행하면 두 수의 합한 결과를 출력한다.

```
add.__get__(None,add)             # __get__에서 함수를 호출하려면 첫 번째 인자에 None을 넣는다.
```

```
<function __main__.add(x, y)>  ← 함수 정의문에서 정의한 함수가 반환된다.
```

```
add.__get__(None,1)               # 두 번째 인자에는 다른 값을 넣는다.
```

```
<function __main__.add(x, y)>  ← 같은 값이 반환된다.
```

```
a =add.__get__(None,1)            # 함수의 스페셜 메소드에 None을 인자로 넣고 실행한 후에 변수에 할당.
```

```
a(1,2)                            # 호출 연산자와 2개의 인자 전달.
```

```
3    ← 계산 결과인 3을 반환.
```

Chapter 12

함수 입력 데이터 처리하기

입력 데이터를 처리하는 방식을 이해하는 것은 함수 정의문의 매개변수(parameter)와 함수 호출의 인자(Argument) 간의 매핑을 이해하는 것이다. 파이썬은 이런 매핑 관계를 4가지 제공한다.

이번 장에서는 매개변수와 인자들이 매핑을 처리하는 방식을 자세히 알아보자.

1 고정 위치 인자와 가변 위치 인자 처리하기

고정된 매개변수에 1대1로 매핑하는 인자를 전달하는 고정 위치인자와 하나의 매개변수에 여러 개의 인자를 전달하는 가변 위치인자가 있을 때 매개변수 앞에 가변을 표시하는 별표를 붙여서 처리해야 예외가 발생하지 않는다.

예제 1 고정 위치인자 매핑하기

함수 `func_p`를 작성할 때 매개변수에 `x`, `y`, `z`를 이름으로 정의하면, 함수를 호출할 때도 3개의 인자를 전달해야 한다. 이런 방식으로 매개변수를 정의하는 것을 고정 매개변수라고 하고, 함수를 호출할 때도 고정으로 인자를 전달해서 위치에 맞게 1대1로 매핑해서 처리한다.

함수의 내부 이름공간에 어떻게 매개변수와 인자가 매칭되는지 내장함수 `locals`를 실행해서 알아본다.

```
def func_p(x,y,z) :                      # 3개의 매개변수를 고정으로 정의.
    print("locals",locals())             # 함수가 실행될 때 지역 이름공간의 상태를 출력.
    return x+y+z                         # 3개의 매개변수를 합산해서 결과를 반환.
```

함수를 호출할 때 1, 2, 3을 인자로 전달해 실행하면 함수의 지역 이름공간에 매개변수별로 값이 할당된다. 각 매개변수의 위치에 맞는 인자가 값으로 들어간 것을 알 수 있고, 매개변수와 인자가 위치에 따라 매핑되는 것을 확인할 수 있다.

```
func_p(1,2,3)                            # 함수에 3개의 인자를 넣어 전달.
```

```
locals {'z': 3, 'y': 2, 'x': 1}          ← 매개변수에 1대1 매핑

6
```

또한, 고정 매개변수를 정의할 때 먼저 매개변수에 초깃값(defaults)을 지정할 수 있다. 초깃값

을 지정하는 이유는 함수를 호출할 때 인자를 주지 않으면 초깃값을 매개변수에 자동으로 할당하기 때문이다.

다음에서 함수를 호출할 때 아무 인자를 전달하지 않고 실행했지만, 초깃값이 매개변수에 할당되는 것을 확인할 수 있다. 함수는 초깃값을 항상 유지하고 있어 인자를 지정하지 않으면 항상 초깃값이 매개변수에 할당된다.

```
def func_d(x=1,y=1,z=1) :            # 함수를 정의할 때 매개변수에 값을 할당하면 초깃값이 된다.
    print("locals",locals())
    return x+y+z
```

```
func_d()                             # 인자가 없이 함수 실행.
```

```
locals {'z': 1, 'y': 1, 'x': 1} ← 초깃값으로 매개변수에 할당된다.

3
```

여러 번 함수를 호출해서 초깃값이 어떻게 사용되는지 알아보자.

인자를 하나만 넣고 함수를 호출하면 첫 번째 매개변수 x에만 인자가 할당되고 나머지 매개변수에는 초깃값이 할당된다. 인자를 2개 전달해서 함수를 실행하면 매개변수 x, y에는 인자가 할당되지만, z에는 초깃값이 할당된다.

초깃값은 함수가 정의되면 `__defaults__` 속성에 보관되고 인자가 전달되지 않으면 매개변수에 값을 할당한다.

```
func_d(10)                           # 인자를 하나만 넣고 함수 실행.
```

```
locals {'z': 1, 'y': 1, 'x': 10} ← 나머지 두 매개변수에는 초깃값이 할당된다.

12
```

```
func_d(10,20)
```

```
locals {'z': 1, 'y': 20, 'x': 10}

31
```

```
func_d.__defaults__                  # 초깃값을 보관하는 속성을 __default__에서 관리.
```

```
(1, 1, 1)                            ← 함수가 호출될 때마다 초깃값은 항상 유지된다.
```

예제 2 가변 위치인자 처리

함수를 호출할 때 매개변수보다 많은 인자를 전달할 수도 있다. 이때 사용하는 방식이 가변 위치인자이다.

이 방식을 알아보기 전에 변수에 특정 값을 변수에 할당하는 방식부터 알아보자.

2개의 변수에 5개의 원소를 가진 리스트를 할당하면 1대1 매핑이 되지 않아 예외가 발생한다. 이를 방지하려면 2개의 변수 중 하나에 별표를 붙여 여러 개의 원소를 받을 수 있다는 표시를 해야 한다.

두 변수 a, b 중 a 앞에 별표를 붙여 여러 개의 원소를 받을 수 있도록 했다. 1대1 매핑하고 남은 모든 원소를 변수 a에서 리스트로 받는 것을 볼 수 있다.

```
b, *a = [1,2,3,4,5]          # 두 변수에 5개의 원소를 가진 리스트를 할당하고, 한 변수에는 별표를
                               붙여 나머지 원소를 받는다.
```

```
b, a                          # 두 변수를 확인.
```

```
(1, [2, 3, 4, 5])  ← 한 원소가 할당되고, 4개의 원소를 가진 리스트가 할당된다.
```

이번 함수를 정의할 때는 매개변수 args만 정의한다. 매개변수 앞에 별표를 붙여서 여러 개의 인자를 받을 수 있도록 만든다. 가변 인자를 받는 매개변수의 이름은 args로 작성하는 것이 보통이다.

가변 인자는 매개변수에 튜플로 할당하고, 순환문을 사용해서 가변 인자의 원소를 하나씩 꺼내 더하도록 순환문을 구성했다.

```
def func_a(*args) :     # 한 매개변수에 여러 개의 인자를 받을 수 있다고 매개변수 이름 앞에 별표를 붙인다.
    print(" 가변 ", locals())
    result = 0
    for i in args :     # 순환문을 사용해 가변 인자의 원소를 하나씩 꺼낸다.
        result += i
    return result
```

5개의 인자를 넣어 실행하면 args 매개변수에 5개의 원소를 가진 튜플이 할당된 것을 확인

할 수 있다.

5개의 원소를 더한 값을 반환하는 것을 알 수 있고, 9개의 원소를 전달해서 실행하면 9개의 원소를 가진 튜플이 매개변수에 할당되는 것도 알 수 있다.

```
func_a(1,2,3,4,5)                          # 5개의 인자를 전달.
```

```
가변 {'args': (1, 2, 3, 4, 5)}  ← 한 매개변수에 5개의 원소를 가진 튜플이 할당된다.
15
```

```
func_a(1,2,3,4,5,6,7,8,9)
```

```
가변 {'args': (1, 2, 3, 4, 5, 6, 7, 8, 9)}
45
```

예제 3 가변 키워드 인자 처리

딕셔너리(dict)는 키와 값의 한 쌍을 원소로 구성하는 자료구조이다. 딕셔너리를 하나 정의해서 내부의 원소를 키와 값으로 검색하는 `items` 메소드를 사용한다.

순환문에 딕셔너리의 `items` 메소드를 실행하면 키와 값을 분리해서 가져온다. 출력하면 키와 값이 분리되어 출력된다.

```
for k,v in {'a':1}.items() :               # 딕셔너리 원소를 키와 값 쌍으로 순환 실행.
    print(k,v)
```

```
a 1
```

함수를 정의할 때 하나의 매개변수를 정의한다. 이 매개변수는 가변 키워드 인자를 받으므로 별표를 2개 붙인다.

관행적으로 키워드 인자를 받는 매개변수의 이름으로는 `kwargs`를 사용한다. 내부의 값을 계산하기 위해 키와 값을 분리하고 값만 더하는 순환문을 작성한다.

```
def func_kw(**kwargs) :                    # 한 매개변수에 가변 키워드 인자를 받으려면 별표를 2개 붙인다.
    print(" 가변 ", locals())
    result = 0
    for k,v in kwargs.items() :# 매개변수의 값을 쌍으로 꺼낼 때는 item 메소드를 사용한다.
        result += v
    return result
```

키워드 인자를 전달할 때는 변수와 할당 연산을 사용한다. 3개의 키워드 인자를 전달하려면 3개의 변수에 각각 값을 할당해야 한다.

함수를 실행하면 매개변수 **kwargs**에 딕셔너리가 할당된 것을 알 수 있다. 4개의 키워드 인자를 전달해도 하나의 매개변수에 4개의 원소를 가진 딕셔너리가 저장된 것을 확인할 수 있다.

```
func_kw(x=1,y=2,z=3)          # 함수를 실행할 때 3개의 키워드 인자를 전달.
                              # 지역 이름공간에 키워드 인자를 딕셔너리로 저장.
```

```
가변  {'kwargs': {'x': 1, 'y': 2, 'z': 3}}

6
```

```
func_kw(x=1,y=2,z=3, a=10)
```

```
가변  {'kwargs': {'x': 1, 'y': 2, 'z': 3, 'a': 10}}

16
```

2 매개변수 혼용 처리하기

고정 매개변수와 가변 매개변수를 혼합해서 사용할 수도 있다. 혼합해서 사용할 때는 규칙을 준수해야 한다. 어떻게 혼합해서 사용하는지 알아보자.

예제 1 고정 매개변수와 가변 매개변수 연계

매개변수를 정의할 때 순서는 항상 고정 위치 매개변수를 맨 처음에 작성하고 그다음에 가변 위치 매개변수를 쓸 수 있다.

전달된 인자를 모두 합산하려면 고정 위치 매개변수는 직접 더하지만, 가변 위치 매개변수는 내부의 원소를 하나씩 반복해서 더하기 위해 순환문을 사용한다.

```
def func_pa(x,y,z, *args) :              # 매개변수 정의 순서는 고정 위치, 가변 위치.
    print("locals",locals())
    result = x+y+z
    for i in args :
        result += i
    return result
```

고정 위치 매개변수는 함수를 호출할 때 필수적으로 인자를 전달해야 한다. 3개의 인자를 전달하면 고정 위치 매개변수와 1대1로 매핑되어 들어간다.

두 번째 함수 호출일 때는 7개의 인자를 전달했다. 3개의 고정 위치 매개변수에 1대1로 매핑된 것을 제외한 4개의 인자가 하나의 튜플로 만들어져서 `args`에 할당되고 7개의 인자를 합산한 결과를 반환한다.

```
func_pa(1,2,3)                  # 3개의 인자를 전달하면 고정 위치 매개변수와 일대일로 매핑.
```

```
locals {'args': (), 'z': 3, 'y': 2, 'x': 1}
6
```

└ 가변 위치 매개변수는 아무것도 없는 튜플이 할당.

```
func_pa(1,2,3,4,5,6,7)                    # 7개의 인자를 전달해서 실행.
```

```
locals {'args': (4, 5, 6, 7), 'z': 3, 'y': 2, 'x': 1}
                    └ 나머지 4개는 하나의 튜플로 들어간다.
28
```

이번 함수에는 위치 매개변수 다음에 2개의 고정 키워드 매개변수에 초깃값을 지정해서 정의했다. 가변 위치 매개변수 다음에는 고정 키워드 매개변수가 올 수 있다. 항상 순서를 주의해야한다.

이 함수를 호출할 때 3개의 고정 위치 인자만 전달했지만 실행된 결과를 반환한다. 가변위치 인자는 인자가 없거나 여러 개의 인자를 지정할 수 있다. 아무 것도 없을 때는 빈 튜플로 저장된다. 고정 키워드 인자는 초깃값을 지정해서 초깃값으로 할당된다.

```
def func_pak(x,y,z, *args, a=1,b=2) :
            # 3개의 고정 위치 매개변수, 1개의 가변 위치 매개변수, 2개의 고정 키워드 매개변수.(초깃값 할당)

    print("locals",locals())
    result = x+y+z+a+b    # 고정 매개변수는 지역 이름공간에 같이 관리해서 변수를 그대로 사용해 합산.
    for i in args :
        result += i
    return result
```

```
func_pak(1,2,3)                # 3개의 인자를 전달.
```

```
locals {'args': (), 'b': 2, 'a': 1, 'z': 3, 'y': 2, 'x': 1}
                         └ 5개의 인자가 매핑
9
```

고정 위치인자와 고정 키워드 인자만 전달받는 함수를 정의하려면 가변 위치 매개변수 자리에 별표만 붙인다. 가변 위치 매개변수에는 이름이 없어서 실제 가변 위치인자를 받을 수 없다.

함수를 호출할 때 3개의 고정 위치인자와 고정 키워드 인자를 지정해서 처리하면 예외없이 실행할 수 있다.

```
def func_pak(x,y,z, *, a,b) :  # 3개의 고정 위치 매개변수, 가변 위치 매개변수는 별표만 정의,
                               고정 키워드 매개변수 정의.
    print("locals",locals())
    result = x+y+z+a+b
    return result
```

```
func_pak(1,2,3,a=10,b=20)                # 3개의 인자와 두 개의 키워드 인자를 전달.
```

```
locals {'b': 20, 'a': 10, 'z': 3, 'y': 2, 'x': 1}

36
```

위치 인자를 5개 전달해서 실행하면 예외를 발생한다. 이유는 3개의 고정 위치인자는 매핑되지만, 나머지 2개의 인자가 매핑되지 않는다. 단순하게 별표만 사용해서 가변 위치 매개변수를 정의하는 것은 실제 가변 위치 인자를 받을 수 없다는 뜻이다.

```
func_pak(1,2,3,10,20)                    # 5개의 위치인자를 전달.
```

```
---------------------------------------------------------------------
-----
TypeError                          Traceback (most recent call last)
<ipython-input-20-108aaa705501> in <module>
----> 1 func_pak(1,2,3,10,20)
                                  가변 위치인자를 인식하지 못해 예외가 발생.

TypeError: func_pak() takes 3 positional arguments but 5 were
given
```

모든 매개변수는 순서에 따라 나열해 함수를 정의한다. 매개변수의 순서는 고정 위치, 가변 위치, 고정 키워드, 가변 키워드 순이다. 위에서 알아봤듯이 가변 위치일 경우는 인자를 튜플에 할당하고 가변 키워드 인자는 딕셔너리에 넣어서 할당한다.

함수에 전달된 가변 인자에는 원소를 꺼내서 계산하기 위해 가변 위치 인자와 가변 키워드 인자를 처리하는 두 개의 순환문이 있는 것을 볼 수 있다.

```
def func_pakw(x,y,z, *args, a,b,**kwargs) :   # 고정 위치 매개변수, 가변 위치
    print("locals",locals())                    매개변수, 고정 키워드 매개변수,
    result = x+y+z+a+b                          가변 키워드 매개변수를 순서대로 정의.
    for i in args :
        result += i
    for k,v in kwargs.items() :
        result += v
    return result
```

고정 위치와 고정 키워드를 인자로 넣고 함수를 실행하면 가변 위치 인자와 가변 키워드 인자는 빈 값으로 전달된다. 매개변수를 확인하면 가변은 빈 튜플과 빈 딕셔너리를 할당하고 함수의 결과가 실행되어 반환값을 출력한다.

6개의 인자와 3개의 키워드 인자를 전달해서 함수를 실행하면 3개의 고정 위치 인자는 1대1로 매개변수에 매핑되고 나머지 3개의 값은 하나의 튜플로 만들어져 가변 위치 매개변수에 할당된다. 또한, 두 개의 키워드 인자는 고정 키워드 매개변수에 할당되지만, 나머지 하나는 가변 키워드 인자로 처리되어 가변 키워드 매개변수에 딕셔너리로 할당된 것을 볼 수 있다.

```
func_pakw(1,2,3,a=10,b=11)                    # 고정 매개변수와 매핑이 되면 실행 가능.
```

```
locals {'kwargs': {}, 'args': (), 'b': 11, 'a': 10, 'z': 3,
'y': 2, 'x': 1}

27
```

```
func_pakw(1,2,3,4,5,6,a=10,b=11,c=100)    # 가변 키워드 인자를 추가해도 실행 가능.
```

```
locals {'kwargs': {'c': 100}, 'args': (4, 5, 6), 'b': 11,
'a': 10, 'z': 3, 'y': 2, 'x': 1}

142
```

고정 키워드를 인자로 전달할 때 주의할 점은 고정일 경우는 항상 인자로 전달되어야 한다는 것이다. 고정 키워드 인자가 하나 없어 예외가 발생하는 것을 볼 수 있다.

전달할 수 없으면 초깃값을 지정해서 정의를 하거나, 가변 키워드 인자로 만들어서 처리해야 한다.

```
func_pakw(1,2,3,4,5,6,a=10,c=100)              # 고정 키워드 인자를 하나 뺀다.
```

```
---------------------------------------------------------------------------
TypeError                         Traceback (most recent call last)
<ipython-input-24-d4589eac51b1> in <module>
----> 1 func_pakw(1,2,3,4,5,6,a=10,c=100)
                                  ┌ 예외를 발생.
TypeError: func_pakw() missing 1 required keyword-only
 argument: 'b'
```

예제 2 모든 매개변수가 가능한 구조

함수를 정의할 때 다양한 인자를 전달해서 함수를 호출할 때가 있다. 이때 가변 위치 매개변수와 가변 키워드 매개변수 순으로 정의를 하면 다양한 인자를 받을 수 있는 함수를 정의할 수 있다.

```
def func_apply(*args,**kwargs) :                # 모든 매개변수를 가변으로 하면
    result = 0                                  # 다양한 매개변수를 처리할 수 있다.
    print("locals",locals())
    for i in args :
        result += i
    for k,v in kwargs.items() :
        result += v
    return result
```

5개의 위치 인자와 2개의 키워드 인자를 전달해서 함수를 호출하면 가변 위치 인자는 튜플로 처리하고 가변 키워드 인자는 딕셔너리로 처리된다.

```
func_apply(1,2,3,4,5,a=10,b=20)                 # 가변 인자와 키워드 인자 순으로 전달.
```

```
locals {'result': 0, 'kwargs': {'a': 10, 'b': 20}, 'args':
(1, 2, 3, 4, 5)}
45
```

이때도 주의할 점은 위치 인자는 항상 키워드 인자보다 앞에 넣어 전달해야 한다.

```
func_apply(1,2,3,4,5,a=10,b=20,6)
```

```
  File "<ipython-input-29-e2ad5c86e892>", line 1
    func_apply(1,2,3,4,5,a=10,b=20,6)
                                 ^
                          가변 위치인자를 고정 위치인자 뒤에 넣을 수 없다.
SyntaxError: positional argument follows keyword argument
```

3 색인 검색 함수를 메소드로 전환하기

앞에서 여러 개의 인덱스를 인자로 전달해서 색인 검색을 하는 함수를 정의했다. 이번에는 함수를 클래스의 메소드로 처리하는 방법을 알아보고 함수를 어떻게 메소드로 전환하는지 알아보자.

예제 | 색인 검색 함수를 메소드로 처리하기

6개의 원소를 가진 리스트를 하나 만든다.

```
l1 = [1,2,3,4,5,6]
```

클래스나 객체에서 함수를 호출해서 그대로 사용할 수 있다. 이때는 함수를 클래스 내부에 그대로 정의하고 이 함수 위에 데코레이터로 `@staticmethod`를 처리한다.

```
class Index :                     # 클래스를 정의할 때 상속을 표시하지 않으면 자동으로 object 클래스를 상속.
    @staticmethod                 # 데코레이터로 함수를 정적 메소드로 변환.
    def index(iterable, *args) :  # 정적 메소드는 클래스에서 함수를 그대로 사용하도록 정의.
        result = []
        for i in args :
            if i < len(iterable) :
                result.append(iterable[i])
            else :
                continue
        return result
```

이 클래스의 이름으로 정적 메소드를 호출하고 리스트와 인덱스 정보를 전달해서 리스트 내의 특정 인덱스에 있는 원소를 출력한다.

```
print(Index.index(l1,1,2,5))      # 이 클래스에서 정적 메소드를 호출하면 함수를
                                  #  호출해 실행하는 것과 같다.
[2, 3, 6]
```

함수를 클래스의 메소드로 구성하려면 함수의 첫 번째 인자를 객체를 만들 때 속성에 할당해야 한다. 그리고 함수를 메소드로 변환하려면 첫 번째 인자에 **self**를 넣고 내부를 객체의 속성으로 처리하게 로직을 수정한다.

```
class Index_ :                           # 클래스를 정의.

    def __init__(self, iterable) : # 객체가 생길 때 __init__ 함수에 self, iterable을
                                     인자로 넣는다.
        self.iterable = iterable     # 이 객체가 만들어질 때 iterable 속성에 iterable을 할당.

    def index(self, *args) :     # 인스턴스 메소드도 함수로 정의한다. 이때 self, *args를 지정.
        result = []
        for i in args :
            if i < len(self.iterable) :
                result.append(self.iterable[i])
            else :
                continue
        return result
```

클래스에 리스트를 인자로 전달해서 객체를 생성한다. 이 객체로 메소드를 호출한다. 이때 인덱스 정보를 인자로 전달해 원소를 추출한다.

```
x = Index_(ll)                  # 객체를 하나 생성.

print(x.index(1,2,5))           # 메소드에 인자를 넣고 실행.
```

```
[2, 3, 6]
```

클래스를 정의할 때 순환문 안에 특정 조건을 평가해서 처리하는 제어문을 간단히 삼항 연산으로 수정할 수 있다.

```
class Index__:

    def __init__(self, iterable) :
        self.iterable = iterable


    def index(self, *args) :            # 이 함수에는 if문을 인라인 삼항 연산자로 변환.
        result = []
        for i in args :
            result.append(self.iterable[i]) if i < len(self.
iterable) else _
        return result
```

클래스로 객체를 만든 후에 인덱스 정보를 인자로 전달해 메소드를 실행하면 다음과 같은 결과가 나온다.

```
y = Index__(l1)

print(y.index(1,2,5))
```

```
[2, 3, 6]
```

Chapter 13

클래스 정의하기

함수를 정의하는 것은 함수 객체를 만드는 것이다. 클래스를 정의하는 것도 실제 클래스를 만드는 것이다.

파이썬에서 클래스는 객체를 만드는 툴(tool)이다. 이 툴을 어떻게 정의하고 객체를 생성하는지 알아보자.

1 객체를 생성하는 클래스를 정의하는 문장

클래스를 만드는 이유는 클래스가 관리하는 영역과 객체를 만들어 사용하는 영역을 구분하기 위해서이다. 클래스나 객체는 자신이 사용하는 속성(Attribute)과 메소드(Method)를 가질 수 있다.

속성과 메소드를 어떻게 정의하고 사용하는지 알아보자.

예제 **클래스 정의하기**

클래스를 정의하는 기본적인 규칙을 알아보자. 클래스 정의문도 머리부와 몸체부로 구성된다.

머리부	예약어 `class` 클래스명(상속 클래스명), 기본 상속은 항상 `object` 클래스가 된다.
몸체부	클래스의 데이터인 속성, 객체를 생성할 때 속성을 정의하는 초기화 함수, 객체와 클래스의 행위를 표현하는 함수들(인스턴스 메소드, 클래스 메소드, 정적 메소드)

클래스를 이해하기 위해 머리부를 정의하고 몸체부에는 아무런 처리 기능을 넣지 않았다. 그래서 몸체부에 pass문을 작성한다.

```
class Person(object) :          # 클래스 정의문에 클래스 이름은 첫 글자를 대문자로 쓴다.
    pass
```

객체를 생성할 때는 클래스 이름과 호출 연산자를 사용한다. 객체를 계속 사용하려면 변수에 할당해야 하고 객체가 만들어지면 자신을 생성한 클래스 정보를 __class__ 속성에 보관한다. 이 속성을 조회하면 클래스 정보가 나온다.

현재 출력된 클래스 정보 앞에 __main__이 붙은 것은 현재 작성되는 모듈이 이름이 __main__이라는 뜻이다.

```
p = Person()                    # 클래스 이름으로 실행해서 객체 생성.
```

```
p.__class__                     # 이 객체를 만든 클래스는 __class__ 속성으로 확인.
```

```
__main__.Person
```

클래스가 정의되면 이름공간인 __dict__이 만들어진다. 클래스 내부에 정의된 것은 이 이름공간에 저장되고 아무런 기능이 없어도 4개의 속성은 기본으로 만들어진다.

__module__은 클래스가 만들어진 모듈을 의미한다.

```
Person.__dict__                 # 클래스의 이름공간은 __dict__로 확인.
```

```
mappingproxy({'__module__': '__main__',
              '__dict__': <attribute '__dict__' of 'Person' objects>,
              '__weakref__': <attribute '__weakref__' of 'Person' objects>,
              '__doc__': None})
```

이 클래스 이름을 __name__ 속성으로 참조하면 클래스 이름을 문자열로 출력한다.

```
Person.__name__                 # 클래스의 이름은 __name__으로 확인.
```

```
'Person'
```

2 객체의 속성과 인스턴스 메소드 추가

클래스를 정의하는 것은 객체를 만들어 사용하는 것이다. 객체를 만들 때 객체가 사용할 속성과 인스턴스 메소드를 어떻게 정의하는지가 중요하다.

파이썬에서 객체의 속성은 객체의 이름공간에서 관리하지만, 인스턴스 메소드는 클래스 이름공간에서 관리한다. 클래스를 정의할 때 어떻게 구분되어 들어가는지 알아본다.

예제 **클래스 내에 인스턴스 속성과 메소드 적용하기**

클래스를 정의할 때 객체의 속성을 `__init__` 함수 내부에 정의한다.

인스턴스 메소드로 사용하는 함수를 정의할 때는 첫 번째 매개변수는 항상 `self`를 지정한다. 이 `self`는 매개변수 이름이지 예약어는 아니다. 이런 이유는 클래스에서 함수를 호출할 때 객체를 넣어 사용할 수도 있기 때문이다.

클래스를 정의할 때 일반적인 객체지향에 맞는 방식으로 정의해보자.

클래스 머리부에 예약어 `class`, 클래스 이름, 괄호에 상속하는 클래스를 정의하고 콜론을 넣어 작성한다. 그 다음에 객체의 속성을 정의하는 함수인 `__init__`을 정의해서 하나의 속성을 `self.name`으로 추가한다.

이 속성을 조회하는 함수 `getName`을 정의하고 반환할 때는 `self.name`으로 속성을 조회하고, 객체의 속성을 변경하는 함수 `setName`을 정의해서 `self.name`을 갱신한다.

```
class Klass(object) :
    def __init__(self,name) :     # 사용하는 속성은 name 하나이다.
        self.name = name           # self 매개변수에는 실제 객체가 들어간다.

    def getName(self) :            # 매소드로 사용할 함수에는 매개변수 self를 지정.
        return self.name             이 변수 self에 객체가 들어간다.

    def setName(self,name) :       # 변경할 값을 전달하기 위해 속성을 변경할 함수에는 self, name
                                     2개를 정의.
        self.name = name           # 속성만 갱신하고, 반환은 처리하지 않는다.
```

클래스로 객체를 만들 때는 클래스 이름과 호출 연산자인 괄호를 사용한다. 인자는 `__init__` 함수에 정의된 2개의 매개변수 중에 `self`를 제외한 매개변수와 매핑되도록 하나의 문자열을 전달해서 객체를 만들고 변수 `k`에 저장한다.

```
k = Klass("Dahl")
```

하나의 객체가 만들어졌다. 이 객체의 속성을 확인하기 위해 객체의 이름공간 `__dict__`를 조회한다. 속성의 이름이 문자열로 들어가 있고 값도 문자열로 들어가 있다.

```
k.__dict__                                    # 객체의 이름공간을 조회.
{'name': 'Dahl'}
```

클래스의 이름공간 `__dict__`를 확인하면 클래스에 정의된 3개의 함수가 추가된 것을 확인할 수 있다.

객체는`__init__` 함수에 정의된 속성만 관리하고, 나머지는 클래스에서 관리하는 것을 알 수 있다.

```
Klass.__dict__                                # 클래스 이름공간을 확인.
mappingproxy({'__module__': '__main__',
              '__init__': <function __main__.Klass.__init__(self, name)>,
              'getName': <function __main__.Klass.getName(self)>,
              'setName': <function __main__.Klass.setName(self, name)>,
              '__dict__': <attribute '__dict__' of 'Klass' objects>,
              '__weakref__': <attribute '__weakref__' of 'Klass' objects>,
              '__doc__': None})
```

↑ 클래스를 정의할 때 작성된 함수는 전부 함수 객체.

클래스에 3개의 함수가 정의되었지만, 객체에서 `getName`으로 접근하면 메소드라는 것을 알 수 있다. 클래스에 정의된 함수를 객체가 접근하면 메소드로 변환해 주고 이 메소드를 실행하면 속성에 저장된 값을 조회할 수 있다.

```
k.getName                # 객체가 클래스의 함수 이름에 접근하면 메소드가 된다.
```

```
<bound method Klass.getName of <__main__.Klass object at 0x000000000505C860
>>
```

```
k.getName()              # 메소드를 실행할 때 self는 자동으로 세팅되므로 인자를 전달하지 않는다.
```

```
'Dahl'
```

파이썬은 클래스나 객체의 이름공간 **__dict__**로 접근해서 조회가 가능하다. 그래서 객체의 속성에 직접 접근해서 값을 조회할 수 있다.

```
k.name                   # 직접 객체의 속성 name으로 접근해서 조회.
```

```
'Dahl'
```

객체의 메소드로 값을 변경한 후에 객체의 속성으로 조회하면 내부의 값이 변경된 것을 알 수 있다.

```
k.setName("Moon")        # setName 메소드를 처리할 때는 하나의 인자를 전달.
```

```
k.name                   # 속성으로 접근하면 변경된 것을 볼 수 있다.
```

```
'Moon'
```

3 클래스 내부의 클래스 속성 정의하기

클래스도 클래스에서 사용하는 속성을 정의할 수 있다. 클래스 내에 이름을 정의하고 값을 할당하면 속성으로 인식한다.

예제 클래스 속성 정의하기

정의한 클래스에 name이라는 클래스 속성을 추가하고 객체 속성과 클래스 속성도 name이라는 같은 이름으로 정의했다.

```
class Klass(object) :

    name = "Klass attr "                # 클래스에 name 속성을 정의.
    def __init__(self,name) :           # 객체의 속성도 name이다.
        self.name = name

    def getName(self) :
        return self.name

    def setName(self,name) :
        self.name = name
```

클래스에 문자열을 인자로 전달해 다른 객체를 하나 만든다. 객체의 이름공간에 속성이 하나 만들어진 것을 알 수 있다.

```
k = Klass("Dahl")                # 객체를 하나 생성.
```

```
k.__dict__
```

```
{'name': 'Dahl'}
```

클래스의 이름공간을 확인하면 클래스 속성인 name이 만들어진 것을 알 수 있다.

```
Klass.__dict__                # 클래스의 이름공간에 name 속성도 추가.
```

```
mappingproxy({'__module__': '__main__',
              'name': 'Klass attr ',
              '__init__': <function __main__.Klass.__init__(self, name)>,
              'getName': <function __main__.Klass.getName(self)>,
              'setName': <function __main__.Klass.setName(self, name)>,
              '__dict__': <attribute '__dict__' of 'Klass' objects>,
              '__weakref__': <attribute '__weakref__' of 'Klass' objects>,
              '__doc__': None})
```

클래스 이름으로 클래스 속성에 접근하면 저장된 값을 조회할 수 있고, 객체도 객체 속성으로 접근해서 조회할 수 있다.

클래스 속성과 객체 속성이 같은 이름을 가져서 클래스와 객체는 각자 자신의 속성을 조회할 수 있다.

```
Klass.name                # 클래스에서 name 속성에 접근.
```

```
'Klass attr '             ← 클래스 속성을 사용.
```

```
k.name                    # 객체에서 name 속성에 접근.
```

```
'Dahl'                    ← 객체 속성을 사용.
```

4 콜러블(Callable) 알아보기

파이썬에서는 함수도 객체이지만, 호출 연산자를 사용해 함수를 실행할 수 있다. 이 말은 어떤 객체도 호출할 수 있게 만들 수 있다는 것이다.

호출할 수 있는 경우 항상 클래스 내부에 객체를 호출할 수 있는 스페셜 메소드 `__call__`이 구현되어 있다. 이를 확인해서 호출할 수 있는지 점검한다.

예제 | 콜러블 알아보기

콜러블을 확인하기 위해 추상 클래스 `Callable`에 어떤 메소드가 정의되었는지 확인한다. 추상 클래스를 가진 `collections.abc` 모듈을 `import`한다.

추상 클래스 `Callable`을 상속하는 경우 항상 구현해야 하는, 메소드를 관리하는 속성 `__abstractmehtods__` 조회하면 스페셜 메소드 `__call__`이 있다.

```
import collections.abc as abc          # 자료구조 모듈 내의 추상 클래스 모듈 사용.
```

```
abc.Callable                           # 호출을 처리하는 추상 클래스 확인.
```

```
collections.abc.Callable
```

```
abc.Callable.__abstractmethods__       # 상속하려면 __call__을 반드시 구현.
```

```
frozenset({'__call__'})
```

내장함수 `sum`을 빈 셀에 입력해서 실행하면 함수라는 것을 알 수 있다. 함수는 객체여서 추상 클래스와의 관계를 `isinstance` 함수로 확인하면 True이다. 이것은 함수 클래스가 추상 클래스 `Callable`을 상속해서 스페셜 메소드 `__call__`을 구현한 것이다.

이 함수 클래스를 `type`으로 조회해서 추상 클래스 `Callable`과의 상속 관계를 `issub-`

`class` 함수로 확인하면 True이다.

```
sum                                              # 내장 함수 sum 확인.
```

```
<function sum(iterable, start=0, /)>
```

```
isinstance(sum, abc.Callable)                    # 추상 클래스와의 생성 관계 확인.
```

```
True
```

```
issubclass(type(sum), abc.Callable)    # 함수 클래스와 추상 클래스의 상속 관계 확인.
```

```
True
```

클래스 `map`, `int`, `type`, `object`도 호출 가능한지 내장함수 `callable`로 확인할 수 있다. 정수 1도 호출 가능한지 확인하면 False로 나온다. 이는 `int` 클래스 내에 `__call__`을 구현하지 않아서 정수 객체는 호출 불가능하다.

```
callable(map)                # map은 클래스.
```

```
True                         ← 호출 여부 확인
```

```
callable(int)                # int는 클래스.
```

```
True
```

```
callable(1)                  # 정수 1은 객체.
```

```
False
```

```
callable(type)               # type은 메타 클래스.
```

```
True
```

```
callable(object)             # object는 최상위 클래스.
```

```
True
```

Chapter 14

클래스와 객체 구조 알아보기

클래스는 다른 클래스를 상속할 수 있다. 구현 클래스에서 객체를 만들면 이 클래스와 객체는 생성 관계가 유지되고 클래스가 상속한 모든 상위 클래스와 객체와의 생성 관계도 유지된다.

또한, 클래스에 의해 생성된 객체는 항상 유일한 객체를 유지하기 위해 별도의 식별 레퍼런스를 가진다. 같은 객체인지 아닌지 비교할 때 이 레퍼런스를 비교하면 된다.

1 객체와 클래스의 관계 확인하기

클래스로 객체를 만들어 클래스와 객체의 관계를 알아본다.

예제 1 클래스 정의하기

아무것도 하지 않는 클래스를 정의한다. 이 클래스는 `object` 클래스를 상속한다.

```
class Klass(object) :
    pass
```

내장함수 `issubclass`로 상속 관계를 확인하면 True이고, 파이썬 메타 클래스 `type`과의 상속 관계를 확인하면 False이다. 파이썬에서는 `object`와 `type` 클래스는 아주 중요한 역할을 한다. 그래서 기본적인 상속 관계를 확인해 본 것이다.

```
issubclass(Klass, object)     # 클래스와 최상위 클래스 object 간의 상속 관계 확인.
```

```
True
```

```
issubclass(Klass, type)     # 클래스와 메타 클래스 간의 상속 관계 확인.
```

```
False
```

파이썬에서 메타 클래스 `type`은 객체에 대한 자료형을 확인할 때만 사용하는 것이 아니다.

실제 파이썬에서 작성된 모든 클래스는 메타 클래스로 만들어져 있다. 그래서 `Klass`와 메타 클래스의 관계는 생성 관계가 된다.

```
isinstance(Klass, type)     # 클래스는 메타 클래스로 만든다.
```

```
True                        ← 생성 관계 성립.
```

최상위 클래스 `object`를 모든 클래스가 상속한다. 메타 클래스나 `Klass`도 `object`를 상속하므로 생성 관계가 성립한다.

```
issubclass(type,object)          # 최상위 클래스는 object만 있다.
```

```
True                             ← 메타 클래스도 이 클래스를 상속.
```

```
isinstance(Klass, object)
```

```
True
```

예제 2 클래스와 객체의 관계 알아보기

파이썬의 모든 클래스는 메타 클래스로 생성된다. 또한, 모든 객체도 클래스로 생성된다. 객체는 항상 클래스로 만들어진다.

```
isinstance(object, type)         # 모든 클래스는 메타 클래스로 생성.
```

```
True                             ← 최상위 클래스도 메타 클래스로 생성.
```

```
isinstance(int, type)            # 정수 클래스도 메타 클래스로 생성
```

```
True                             ← 생성 관계 성립.
```

```
isinstance(dict, type)
```

```
True
```

상속 관계인 클래스들이 구현 클래스가 만든 객체와의 생성 관계도 성립하는 것을 확인해보자.

```
issubclass(Klass, object)
```

```
True
```

```
isinstance(k, object)
```

```
True
```

2 객체 내부 검사(object introspection)하기

클래스와 객체별로 별도의 이름공간이 있다. 객체는 클래스 상속 관계에 있는 이름공간을 모두 참조해서 사용할 수 있고, 객체에서 dir 함수로 조회하면 객체의 이름공간보다 더 많은 정보를 확인할 수 있다.

예제 객체 내부 조사하기

클래스에 한글로 클래스 속성과 객체에 한글로 인스턴스 속성을 정의한 객체를 만든다.

```
class Klass(object) :                # 변수 이름뿐만 아니라 속성도 한글 이름으로 가능.
    클래스속성 = "Klass"

    def __init__(self, name) :
        self.인스턴스속성 = name
```

```
k = Klass("달")
```

변수에 할당된 객체를 조회하면 만든 클래스 이름 뒤에 레퍼런스가 16진수로 표시되고, 이 객체의 레퍼런스를 내장함수 id로 조회하면 10진수로 변환해준다.

```
k
```

```
<__main__.Klass at 0x4e5a518>
```

```
id(k)                     # 객체의 레퍼런스를 정수로 변환.
```

```
82158872
```

객체의 자료형을 메타 클래스 type으로 확인하면 클래스를 출력한다.

다른 방식으로 클래스를 알려면 __class__ 속성으로 직접 접근해서 조회한다.

```
type(k)                    # 객체가 어떤 클래스로 생성되었는지 확인.
```

```
__main__.Klass
```

```
k.__class__
```

```
__main__.Klass
```

객체가 참조할 수 있는 이름공간은 객체를 만든 클래스와 이 클래스가 상속한 상위 클래스 전체이다. 내장함수 dir에 인자로 객체를 전달하면 클래스에 없는 다양한 속성과 메소드를 출력한다.

방금 만든 클래스에는 클래스 속성과 인스턴스 속성밖에 없지만, 상속한 object 클래스의 스페셜 속성이나 메소드들도 전부 조회되는 것을 볼 수 있다. 이 모든 것을 객체가 접근할 수 있다.

```
count = 0
for i in dir(k) :              # 객체를 기준으로 클래스와 상위 클래스의 이름공간에 있는 모든 것을 조회.
    print(i, end=', ')
    count += 1
    if count % 5 == 0:
        print()
```

```
__class__, __delattr__, __dict__, __dir__, __doc__,
__eq__, __format__, __ge__, __getattribute__, __gt__,
__hash__, __init__, __init_subclass__, __le__, __lt__,
__module__, __ne__, __new__, __reduce__, __reduce_ex__,
__repr__, __setattr__, __sizeof__, __str__, __subclasshook__,
__weakref__, 인스턴스속성, 클래스속성,
```

클래스 이름공간과 객체 이름공간에 보관하는 것을 __dict__로 조회한다.

```
Klass.__dict__          # 현재 클래스의 이름공간을 확인.
```

```
mappingproxy({'__module__': '__main__',
              '클래스속성': 'Klass',
              '__init__': <function __main__.Klass.__init__(self, name)>,
              '__dict__': <attribute '__dict__' of 'Klass' objects>,
              '__weakref__': <attribute '__weakref__' of 'Klass' objects>,
              '__doc__': None})
```

```
k.__dict__              # 객체 내의 이름공간을 확인.
```

```
{'인스턴스속성': '달'}
```

아무것도 하지 않는 클래스를 정의할 때, 상속한 **object** 클래스에 초기화 함수가 있어 이를 호출해서 사용한다. 클래스와 객체에서 초기화 함수에 접근하면 함수와 메소드로 구별된다.

```
object.__init__             # 최상위 클래스의 초기화 함수 조회.
```

```
<slot wrapper '__init__' of 'object' objects>
```

```
object().__init__           # 최상위 클래스로 객체를 생성해서 초기화 메소드 조회.
```

```
<method-wrapper '__init__' of object object at 0x000000000238CD40>
```

초기화 **__init__** 함수와 메소드가 어떤 클래스로 만들어져 있는지 확인하면 클래스에 정의된 것은 함수이고, 객체에서 접근하면 메소드라는 것을 알 수 있다.

```
import types                                  # 함수와 메소드 클래스를 가진 모듈 사용.
```

```
type(Klass.__init__) == types.FunctionType    # 함수 클래스 확인.
```

```
True
```

```
type(k.__init__) == types.MethodType          # 메소드 클래스 확인.
```

3 객체 레퍼런스 비교 방식

객체는 항상 유일해야 한다. 객체는 유일성을 유지하기 위해 레퍼런스를 가진다. 이 레퍼런스로 객체의 유일성을 관리하지만, 파이썬 내부적으로 유일성을 준수하지 않는 경우가 발생한다. 같은 객체인지 아닌지 비교하는 방법을 알아보자.

예제 | 객체 유일성 점검

정수는 항상 유일한 객체를 만들고 같은 정수의 값은 항상 유일한 객체이다. 두 셀에 3000을 정의해서 변수에 할당한다.

```
i = 3000                # 정수를 변수에 할당.
```

```
a = 3000                # 같은 정수를 다시 변수에 할당.
```

두 변수의 레퍼런스를 비교하면 같지 않다. 레퍼런스를 id 함수로 확인해도 같지 않다.

```
i is a                  # 객체의 레퍼런스는 is 예약어로 확인.
```

```
False
```

```
id(i), id(a)            # 두 개의 정수를 별도의 객체로 만든 것을 알 수 있다.
```

```
(86119472, 86120240)
```

정수는 항상 동일한 객체를 유지해야 하지만, 파이썬 내부적으로 필요할 때마다 새로운 객체를 만들어서 처리한다.

정수, 실수, 문자열, 튜플(tuple) 등은 변경 불가능해서 유일한 객체로 처리해야 하지만, 내부적으로 새로운 객체를 만들 수 있으므로 유일성은 값으로 비교해야 한다.

```
i == a                         # 정수 객체의 유일성을 검사할 때는 값이 같은지 확인.
```

```
True
```

하나의 셀에 같은 문자열을 비교할 때는 2개의 객체를 만들지 않는다. 하지만 2개의 셀에 같은 문자열을 변수에 할당하면 2개의 문자열 객체를 만들어서 관리한다. 그래서 값으로 동일한 객체인지 확인할 수 있다.

```
"가을이가" is "가을이가"       # 같은 셀에 문자열을 정의하고 레퍼런스를 확인.
```

```
True                           ← 하나의 객체만 만들어서 동일.
```

```
s1 = "가을이가"
```

```
s2 = "가을이가"
```

```
s1 is s2                       # 2개의 셀에서 문자열을 만들면 두 객체의 레퍼런스가 다르다.
```

```
False                          ← 변경할 수 없어서 같은 값은 하나의 객체만 만들어야 하지만 2개를 만들어 처리.
```

```
s1 == s2                       # 문자열도 동일한 객체를 확인할 때는 값을 비교.
```

```
True
```

문자열 클래스를 사용해서 기존 문자열을 인자로 전달하면 새롭게 문자열을 만들지 않고 기존 객체의 레퍼런스를 반환한다. 이유는 먼저 만들어진 객체를 인지해서 새로운 객체를 만들지 않아 항상 하나의 객체가 공유되는 것이다.

```
s11 = str("가을이가")          # 문자열 생성자에 같은 문자열을 넣고 객체 생성.
```

```
s12 = str(s11)                 # 변수에 저장된 인자를 생성자에 전달해서 객체 생성.
```

```
s11 is s12                     # 기존에 만든 문자열을 생성자로 다시 객체를 생성하면 기존 문자열을 그대로 전달.
```

```
True
```

4 dataclass로 클래스 정의하기

클래스를 정의할 때는 초기화 함수를 정의해서 객체의 속성을 만드는 방식을 사용한다. 그러나 속성이 많아지면 모든 것을 작성하기가 불편하므로 이를 쉽게 작성하는 방법인 **dataclass**를 도입하고 타입 힌트만 작성해도 객체의 속성을 자동으로 생성할 수 있다.

특히 객체의 속성이 많을 경우 이 기법을 사용해서 클래스를 정의하면 객체를 더 쉽게 생성할 수 있다.

예제 **데이터 클래스를 이용해 클래스 만들기**

타입 힌트를 사용해서 클래스를 정의할 수 있는 모듈 dataclasses 내의 dataclass를 import한다.

```
from  dataclasses import dataclass
```

클래스를 정의할 때 2개의 속성을 타입 힌트로 작성한다. 타입 힌트는 변수에 대한 주석을 작성하는 것으로 이 클래스 바로 위에 @dataclass를 붙여 실행하면 초기화 함수를 가진 클래스를 자동으로 만들어준다.

```
@dataclass
class Person:
    name: str
    age: int
```

만들어진 클래스의 이름공간에 초기화 함수 __init__이 있는지 확인하면 만들어진 것을 알 수 있다.

```
Person.__dict__['__init__']
```

```
<function __init__(self, name: str, age: int) -> None>
```

이 Person 클래스에 2개의 인자를 전달해서 객체를 만든다. 객체의 이름공간을 확인하면 2개의 속성이 들어있는 것을 확인할 수 있으며 새로운 속성인 sex를 외부에서 추가하면 실제 객체의 이름공간에 추가된다. 이런 이유는 파이썬은 이름공간이 공개되어 어느 시점이라도 속성을 추가할 수 있기 때문이다.

```
p = Person("moon", 52)
```

```
p.__dict__
```

```
{'name': 'moon', 'age': 52}
```

```
p.sex = "male"
```

```
p.__dict__
```

```
{'name': 'moon', 'age': 52, 'sex': 'male'}
```

dataclass 내의 매개변수를 세팅해서 내부의 스페셜 메소드 생성을 조정할 수 있는 매개변수의 특징을 알아보자.

첫 번째 init은 초기화 함수(__init__)를 생성하고, repr은 객체 실행 환경에서 출력하는 __repr__ 함수를 생성하고, eq는 객체 비교, order는 비교 연산에 대한 스페셜 메소드, unsafe_hash는 __hash__ 함수를 , frozen은 __setattr__, __delattr__ 함수의 생성을 결정한다.

이번 클래스는 더 이상의 객체 속성을 런타임에 추가할 수 없도록 frozen=True로 지정해서 속성을 추가할 수 없도록 만든다.

```
@dataclass(init=True, repr=False, eq=False, order=False,
unsafe_hash=Fals e, frozen=True)
class People:
    name: str
    age: int
```

이 클래스로 객체를 하나 만들고 객체의 이름공간을 확인하면 2개의 속성이 만들어진다.

```
pe = People("dahl",52)
```

```
pe.__dict__
```

```
{'name': 'dahl', 'age': 52}
```

객체의 속성 값을 변경하면 예외가 발생해서 새로운 속성을 추가할 수 없다.

```
pe.age =30
```

```
---------------------------------------------------------------------------
FrozenInstanceError                       Traceback (most recent call last)
<ipython-input-36-78a209caadd2> in <module>
----> 1 pe.age =30

<string> in __setattr__(self, name, value)

FrozenInstanceError: cannot assign to field 'age'
```

```
pe.sex = "male"
```

```
---------------------------------------------------------------------------
FrozenInstanceError                       Traceback (most recent call last)
<ipython-input-37-847ec68cc6f5> in <module>
----> 1 pe.sex = "male"

<string> in __setattr__(self, name, value)

FrozenInstanceError: cannot assign to field 'sex'
```

이번에는 데이터 클래스를 사용할 때 3개의 속성과 하나의 함수를 정의했다.

```
@dataclass
class Product:
    '''Class for keeping track of an item in inventory.'''
    name: str
    unit_price: float
    quantity_on_hand: int = 0

    def total_cost(self) -> float:
        return self.unit_price * self.quantity_on_hand
```

이 클래스로 객체를 만들고 메소드를 호출하면 계산한 값을 반환한다.

```
i = Product("book",1000.0,10)
```

```
i.total_cost()
```

```
10000.0
```

기존 방식대로 클래스를 정의하면 모든 속성을 초기화 함수 **__init__** 내부에 정의한다. 속성이 많아지면 더 많은 것을 작성해야 해서 기존 방식으로는 불편한 점이 많다.

```
class Product_:
    def __init__(self, name: str, unit_price: float,
quantity_on_hand : int =0):
        self.name = name
        self.unit_price = unit_price
        self.quantity_on_hand = quantity_on_hand

    def total_cost(self) -> float:
        return self.unit_price * self.quantity_on_hand
```

객체를 생성하고 메소드를 호출해서 데이터 클래스로 클래스를 만든 후에 객체를 생성하면 기존의 방식과 동일하게 처리된다.

```
i_ = Product_("dahl",1000.0,10)
```

```
i_.total_cost()
```

```
10000.0
```

Chapter 15

특별한 내장 클래스 알아보기

파이썬에서 기본으로 사용하는 내장 모듈은 `__builtins__`이다. 내부에 내장 클래스와 내장 함수를 제공한다.

어떤 클래스인지, 그 클래스로 만든 객체가 있는지 확인해본다.

1 예약어로 관리되는 객체

먼저, 예약어로 지정된 객체는 어떤 것들이 있는지 확인해보자.

예제 1 None 객체 알아보기

아무것도 없는 객체를 나타내는 None은 예약어이다. 이 예약어를 빈 셀에 넣어 실행하면 아무 결과를 출력하지 않는다.

Type클래스로 어떤 클래스에서 만든 객체인지 확인하면 NoneType 클래스이다. 이 클래스는 하나의 객체만 만들어서 사용한다.

```
None                # 예약어 None을 빈 셀에 넣으면 아무것도 출력하지 않지만, 하나의 객체가 들어있다.
```

```
type(None)          # 이 객체를 생성한 클래스 확인.
```

```
NoneType            ← NoneType 클래스.
```

NoneType 클래스의 속성, 메소드와 최상위 클래스 object의 속성, 메소드의 차이를 비교해보자.

내장함수로 두 클래스의 속성과 메소드를 문자열 원소로 만든 리스트로 변환한 후에 set 클래스로 집합을 만든다. 두 집합의 차집합을 실행하면 __bool__을 하나 더 가진 것을 알 수 있다.

```
set(dir(None.__class__)) - set(dir(object))
```

```
{'__bool__'}
```

```
None.__bool__()           # None 객체의 __bool__ 메소드를 실행하면 항상 False.
```

```
False
```

```
bool(None)
```

```
False
```

예제 2 bool 클래스의 객체 알아보기

`True/False`도 예약어이다. 이 예약어에는 내장 클래스 `bool`로 만들어진 2개의 객체가 할당된다. 파이썬에 있는 다양한 객체를 논리값으로 평가하면 어떤 결과가 나오는지 알아보자.

정수, 실수, 복소수 클래스에 있는 `__bool__` 스페셜 메소드를 사용해서 '없다'라는 의미의 0을 평가하면 모두 `False`로 반환한다. '있다'는 의미는 모두 `True`다.

```
int.__bool__(0), float.__bool__(0.0), complex.__bool__(0+0j)
```

```
(False, False, False)        ← 숫자에서 아무것도 없다는 영(zero)은 전부 거짓.
```

또한, 문자열, 튜플(tuple), 리스트, 딕셔너리(dict)일 때 원소가 하나도 없는 상태일 때는 `False`를 반환하고, '있다'라는 의미일 때는 모두 `True`를 반환한다.

```
bool(''), bool(()), bool([]), bool({}), bool(set())
```

```
(False, False, False, False, False)   ← 문자열, 리스트, 딕셔너리 등의 원소가
                                        없다는 것도 전부 거짓.
```

이 2개의 예약어 `True`와 `False`가 들어있는 객체가 어떤 클래스로 만들어졌는지 메타 클래스로 확인하면 `bool` 클래스이다.

```
type(True)              # 예약어 True나 False를 생성한 클래스 확인.
```

```
bool
```

```
type(False)
```

```
bool
```

클래스 `bool`에서 상속한 클래스를 확인하는 속성은 `__bases__`이다. 이 속성을 조회하면 특이하게도 정수 `int` 클래스를 상속한다.

```
bool.  bases                # bool 클래스의 상속 관계를 __bases__ 속성으로 확인.
```

```
(int,)
```

2개의 클래스 내부의 속성과 메소드를 집합으로 변경해서 확인하면 차이가 없는 것을 알 수 있다. 또한, 논리값 True가 정수 클래스를 상속해서 만든 객체이므로 정수와의 덧셈 연산이 가능한지 확인하면 결과가 2이다. 숫자 객체와의 덧셈 연산이 가능하다는 것을 알 수 있다.

```
set(dir(bool)) - set(dir(int))
```

```
set()
```

```
True + 1                    # int 클래스를 상속해서 연산도 가능.
```

```
2
```

2 범위를 처리하는 클래스

순환문을 실행할 때 범위를 표시하는 클래스 **range**를 사용해서 객체를 만들었다. 이 클래스 이름은 예약어는 아니지만, 내장 모듈에 저장되어 있어서 언제든 사용할 수 있다. 또한, 슬라이스 검색에 사용하는 **slice** 클래스도 범위 클래스처럼 만들어 사용한다.

예제 슬라이스와 범위 클래스

slice와 **range**가 클래스인지 메타 클래스 **type**으로 확인한다. 클래스를 생성한 클래스인 메타 클래스를 출력하면 둘 모두 클래스라는 것을 알 수 있다.

범위와 슬라이스로 객체를 만들 때는 시작점과 종료점을 지정한다.

```
type(slice), type(range)        # range의 클래스 확인.
```

```
(type, type)
```

```
s = slice(0,1)                  # 색인 연산으로 슬라이스 객체 생성.
```

```
r = range(0,1)                  # 범위만 관리하는 range 객체 생성.
```

두 클래스가 **object** 클래스와의 속성과 메소드의 차이를 알아보기 위해 집합으로 만든 후, 차집합 연산으로 슬라이스와 범위만 가진 속성과 메소드를 확인한다.

슬라이스는 특별한 기능 없이 속성만 가지고 있지만, **range** 클래스는 반복형 객체의 특성 **__len__**, **__getitem__**이 있고, 반복자로 변경할 수 있는 **__iter__** 메소드도 가지고 있다.

```
set(dir(s)) - set(dir(object))
```

```
{'indices', 'start', 'step', 'stop'}
```

← 슬라이스 클래스는 object 클래스보다 4개의 속성이 더 구현되어 있다.

```
set(dir(r)) - set(dir(object))
```

```
{'__bool__',
 '__contains__',
 '__getitem__',
 '__iter__',
 '__len__',
 '__reversed__',
 'count',
 'index',
 'start',
 'step',
 'stop'}
```

← range 클래스는 반복형 클래스를 상속해서 스페셜 속성과 메소드가 더 구현되어 있다.

클래스 range을 사용해서 리스트 컴프리헨션을 만든다. 반복 가능하므로 이 클래스의 객체 내의 원소를 하나씩 꺼내서 리스트의 원소로 변환한다.

슬라이스로 만든 객체는 색인 연산에 넣어서 슬라이스 즉 리스트의 부분 집합을 만든다. 슬라이스 표기법인 콜론을 사용하는 것과 같은 결과를 확인할 수 있다.

```
ll = [x for x in range(5)] # range 객체를 리스트 컴프리헨션의 for에 직접 만들어 원소를 생성.
```

```
ll[s]                      # 이 리스트로 색인 연산에 슬라이스 객체를 넣어 원소 추출.
```

```
[0]
```

```
ll[0:1]                    # 슬라이스 표기법으로 색인 연산을 하면 슬라이스 객체를 사용하는 것과 같다.
```

```
[0]
```

Chapter **16**

최상위 클래스 object

모든 객체지향 언어는 클래스를 만들 때 최상위 클래스를 상속하는 구조로 되어 있다. 파이썬에서 최상위 클래스는 object이고, 클래스를 정의할 때 상속을 하지 않아도 이 클래스를 기본으로 상속해서 사용한다. 아무 일을 하지 않는 클래스를 정의해도 object 클래스를 상속한다.

최상위 클래스의 객체를 생성하는 스페셜 메소드를 사용해서 객체를 생성할 수 있다. 최상위 클래스에 어떤 속성과 메소드가 있는지 알아보자.

1. 클래스 내부 속성 알아보기
2. 클래스 내부 메소드 알아보기
3. 문서화를 doctesting으로 테스트하기

1 클래스 내부 속성 알아보기

objcet 클래스는 스페셜 속성과 스페셜 메소드만으로 구성된다. 이 클래스는 특별한 기능은 없고, 아무 속성이 없는 객체를 만드는 역할을 한다.

예제 **내부 속성 알아보기**

파이썬에서 제공하는 기본 클래스를 원소로 갖는 리스트를 정의한다. 최상위 클래스 object 내의 내장 클래스로 만든 객체를 가진 경우만 추출한다.

제어문에 있는 object.__getattribute__는 점 연산에 해당하는 스페셜 메소드이며, 인자로 클래스, 속성이나 메소드를 문자열로 넣고 조회하면 이름공간 내의 속성과 메소드를 조회할 수 있다.

리스트에 저장된 클래스와 동일한 속성을 찾으면 __class__, __doc__ 2개이다.

```
ll = [str,int,list,tuple,type(None),object,type]
```

리스트에 내장 클래스를 원소로 넣는다.

```
for i in dir(object) :
    if (type(object.__getattribute__(object,i)) in ll) :
        print(i)
```

```
__class__
__doc__
```

object 클래스에 있는 속성과 메소드를 확인해서 객체가 리스트 내의 클래스이면 출력.

최상위 클래스 object는 객체를 생성할 수 있지만, 객체 내부에는 일반 속성이 없다.

```
o = object()                # object 클래스로 객체를 만들 수 있다.
```

```
o                           # 객체를 확인.
```

```
<object at 0x1ffcd30>
```

객체가 가진 2개의 스페셜 속성을 조회하면 하나는 클래스 정보이고, 다른 하나는 문서화 정보이다.

```
o.__class__                    # 이 객체를 생성한 클래스 확인.
```

```
object
```

```
o.__doc__                      # 클래스의 설명 확인.
```

```
'The most base type'
```

2 클래스 내부 메소드 알아보기

최상위 클래스 **object**에 있는 스페셜 메소드가 어떤 기능을 수행하는지 간단히 알아보자.

예제 **내부 메소드 알아보기**

앞의 예제와 차이는 **not** 예약어를 **in** 앞에 작성해서 내장 클래스가 아닌 경우를 추출한다. 여러 개의 메소드가 출력되므로 5개를 한 줄에 출력한다.

```
count = 0
for i in dir(object) :
    if (type(object.__getattribute__(object,i)) not in ll) :
        print(i, end=", ")  # 내장 클래스가 아닌 경우에 출력한다. 함수나 메소드를 출력.
        count += 1
        if count % 5 == 0 :
            print()
```

```
__delattr__, __dir__, __eq__, __format__, __ge__,
__getattribute__, __gt__, __hash__, __init__, __init_subclass__,
__le__, __lt__, __ne__, __new__, __reduce__,
__reduce_ex__, __repr__, __setattr__, __sizeof__, __str__,
__subclasshook__,
```

파이썬 프로그램 언어 책에는 초기화 함수를 생성자라고 표시되어 있다. 하지만 실제 객체를 생성하는 생성자 함수는 **__new__**이다. 이를 조회하면 **builtin_function_or_method**인 것을 알 수 있다.

```
type(object.__new__)                # 클래스의 생성자 메소드 __new__를 확인.
```

```
builtin_function_or_method    ← 함수와 메소드가 가능한 구현체.
```

객체 정보를문자열 출력 메소드 `__str__`로 확인하면 함수는 `wrapper__descriptor`로 정의된 것을 알 수 있다. 이는 디스크립터 클래스의 객체로 만들어져서 특정 이름으로 접근하면 내부에서 특정 함수로 처리하는 방식을 말한다.

```
type(object.__str__)
```

```
wrapper_descriptor        ← __str__은 디스크립터로 구현.
```

3 문서화를 독테스팅(doctesting)으로 테스트하기

클래스, 함수 등은 문서화할 수 있다. 문서화 내에 다양한 예제를 작성해서 실행되는지 검토할 수 있다. 이런 문서화 방식으로 테스트하는 것을 독테스팅(doctesting)이라고 한다.

예제 16-3-1 독테스팅 처리 알아보기

문서화를 테스트하는 모듈 doctest를 import한다.

```
import doctest             # 문서화 내부에 특정 기능을 넣으면 테스트가 가능한 함수 등을 제공.
```

함수를 정의할 때 문서화 내부에 실제 실행하는 과정을 작성한다. 파이썬 인터프리터에 파이썬을 입력하는 실행모드(>>>) 다음에 함수 호출을 작성하고 그 다음 줄에 결과를 작성한다.

```
def add(x,y):
    '''
    >>> add(5,10)      # 함수를 정의할 때 문서화에 >>>와 함수 실행을 넣고, 다음 줄에 결괏값을 넣는다.
    15
    '''
    return x+y
```

문서화 테스트를 하기 위해 doctest 모듈에 있는 testmod 함수를 실행하면 테스트 결과는 정상으로 처리된다.

```
doctest.testmod()                          # 함수를 테스트 모드로 실행.
```

```
TestResults(failed=0, attempted=1)   ← 문서화 내부의 함수 정상적으로 실행.
```

예외를 발생하는 함수를 확인하기 위해 매개변수가 없는 함수를 정의한다. 문서화 내부에는 인자를 전달해서 실행된 결과를 작성했다.

```
def my_fun():                          # 아무 처리를 하지 않는 함수 정의.
    '''
    >>> my_fun(2,3)                    # 문서화에는 실행된 결과를 작성.
    6
    '''
    pass
```

이 함수에 대해 문서화 테스트를 실행하면 예외 처리 결과를 출력한다. 실제 아무것도 처리하지 않는 함수에 인자가 들어갔다는 예외를 표시한다.

```
doctest.testmod()                      # 문서화 테스트를 수행.
```

```
**********************************************************************
File "__main__", line 3, in __main__.my_fun
Failed example:
    my_fun(2,3)
Exception raised:
    Traceback (most recent call last):
      File "/Users/dahlmoon/anaconda/lib/python3.7/doctest.py", line 1329,
in __run
        compileflags, 1), test.globs)
      File "<doctest __main__.my_fun[0]>", line 1, in <module>
        my_fun(2,3)
    TypeError: my_fun() takes 0 positional arguments but 2 were given
**********************************************************************
1 items had failures:                  ← 예외를 표시.
   1 of   1 in __main__.my_fun
***Test Failed*** 1 failures.

TestResults(failed=1, attempted=2)
```

모듈을 하나 만들고 그 안에 하나의 함수를 정의한다. 이번에는 정상으로 처리하는 함수 호출을 문서화했다.

```
%%writefile add_.py
def add_(x,y):
    '''
    >>> add_(5,10)                              # 별도의 모듈로 생성.
    15
    '''
    return x + y
```

```
Overwriting add_.py
```

주피터 노트북에서 모듈을 실행하려면 쉘 명령어를 직접 입력해 처리할 수 있다. 쉘 명령어는 느낌표(!)를 붙이고 쉘 명령어를 입력한다. 실행하는 명령어를 직접 !python -m doctest 파일명 -v 입력하고 실행하면 테스팅한다. 정상 처리라서 특별한 메시지 결과가 없다.

모듈을 실행하는 명령어는 %run 다음에 파일명 입력해서 실행한다. 이 모듈을 실행하면 내부에 문서화 테스팅이 실행되어 결괏값을 출력한다.

```
!python -m doctest add_.py -v          # 파이썬 실행 명령으로 테스트.
```

```
Trying:
    add_(5,10)
Expecting:
    15
ok
1 items had no tests:
    add_                                ← 정상적인 결과.
1 items passed all tests:
   1 tests in add_.add_
1 tests in 2 items.
1 passed and 0 failed.
Test passed.
```

다른 모듈을 만든다. 이 모듈이 실행되면 모듈이 이름속성 __name__에 문자열로 __main__이 들어와서 제어문을 작성한다. 그 제어문 내부에 테스팅을 처리하는 함수를 직접 넣었다.

```
%%writefile Foo.py              # 모듈을 만들 때 모듈 내부에서 직접 테스트할 수 있도록 정의.
def foo(x):
    """
    >>> foo(5)
    5
    """
    return x

if __name__ in ("__main__", "__console__"):    # 제어문 내의 로직이
    import doctest                             처리되도록 구성.
    doctest.testmod(verbose=True)
```

```
Overwriting Foo.py
```

주피터 노트북에서 모듈을 실행하는 명령어는 `%run` 다음에 파일명 입력해서 실행한다. 이 모듈을 실행하면 내부에 문서화 테스팅이 실행되어 결괏값을 출력한다.

```
%run Foo.py                     # 주피터 노트북 명령으로 모듈을 실행.
```

```
Trying:
    foo(5)
Expecting:
    5
ok                              ← 모듈 내의 제어문이 실행되어 테스트 결과를 출력.
1 items had no tests:
    __main__
1 items passed all tests:
   1 tests in __main__.foo
1 tests in 2 items.
1 passed and 0 failed.
Test passed.
```

이번 모듈은 빈 클래스를 정의한 후 함수에서 이 클래스의 객체를 전달받아 리스트에 객체를 넣어서 반환하는 것이다.

객체의 레퍼런스는 그때마다 값이 달라서 고정하면 예외가 발생한다. 객체의 레퍼런스를 체크하지 않도록 주석에 `#doctest: + ELLIPSIS`를 작성했다. 내부 값에 생략기호(...)가 있을 때 체크하지 말라는 표시이다.

이 모듈도 실행하면 내부에서 문서화 테스트를 실행하도록 작성했다.

```
%%writefile unpredictable.py      # 객체를 생성할 때는 항상 새로운 레퍼런스를 만들어야 한다.
class MyClass(object):
    pass

def unpredictable(obj):
    """Returns a new list containing obj.

    >>> unpredictable(MyClass()) #doctest: +ELLIPSIS
    [<__main__.MyClass object at 0x...>]
    """
    return [obj]

if __name__ in ("__main__", "__console__"):
    import doctest
    doctest.testmod(verbose=True)
```

```
Overwriting unpredictable.py
```

이 모듈을 실행하면 예외없이 정상 처리를 표시한다.

```
%run  unpredictable.py                 # 테스트 실행.
```

```
Trying:
    unpredictable(MyClass()) #doctest: +ELLIPSIS
Expecting:
    [<__main__.MyClass object at 0x...>]
ok
2 items had no tests:                  ← 정상으로 처리.
    __main__
    __main__.MyClass
1 items passed all tests:
   1 tests in __main__.unpredictable
1 tests in 3 items.
1 passed and 0 failed.
Test passed.
```

생략 기호에 대한 의미를 생략한 후에 다른 모듈로 만든다.

```
%%writefile unpredictable__.py
class MyClass(object):
    pass

def unpredictable(obj):
    """Returns a new list containing obj.

    >>> unpredictable(MyClass())
    [<__main__.MyClass object at 0x...>]
    """
    return [obj]

if __name__ in ("__main__", "__console__"):
    import doctest
    doctest.testmod(verbose=True)
```

```
Overwriting unpredictable__.py
```

이 모듈을 실행하면 예외가 발생한다. 이유는 실제 객체에 대한 레퍼런스가 다르기 때문이다. 이처럼 유일한 객체의 레퍼런스 등을 점검하지 않으려면 주석으로 생략 기호를 넣어 처리해야 한다.

```
%run  unpredictable__.py                    # 테스트 실행.
```

```
Trying:
    unpredictable(MyClass())
Expecting:
    [<__main__.MyClass object at 0x...>]
**********************************************************************
File "/Users/dahlmoon/Documents/GitHub/python_book/책쓰기_토마토/파이썬 문법/실습자료/16장/unpredictable__.py", line 7, in __main__.unpredictable
Failed example:
    unpredictable(MyClass())
Expected:                                    ← 객체 레퍼런스를 체크해서 예외를 발생.
    [<__main__.MyClass object at 0x...>]
Got:
    [<__main__.MyClass object at 0x107cc32b0>]
2 items had no tests:
    __main__
    __main__.MyClass
**********************************************************************
```

```
1 items had failures:
   1 of   1 in __main__.unpredictable
1 tests in 3 items.
0 passed and 1 failed.
***Test Failed*** 1 failures.
```

Chapter 17

숫자 클래스 모듈 알아보기

파이썬에서 추가로 제공하는 유리수와 십진수 모듈에 있는 숫자 클래스의 처리를 알아보자.

1 유리수와 정밀한 숫자 계산하는 모듈 알아보기

수학에서는 자연수, 정수, 유리수, 무리수, 실수, 그리고 복소수로 숫자를 다룬다.

파이썬에서는 정수, 실수, 복소수가 기본이고, 유리수는 추가 모듈로 제공한다. 또한, 정밀한 계산을 위해 십진수를 모듈로 제공한다.

예제 1 유리수 처리하기

유리수는 분모와 분자로 구성된 숫자이다. 이런 유리수를 처리하는 모듈이 fractions이다. 이 내부에 유리수를 처리하는 클래스 Fraction을 import한다.

```
from fractions import Fraction        # 정수나 실수를 분자와 분모로 구성된 유리수로
                                      변환하는 모듈 사용.
```

Fraction 클래스 2개의 인자에 정수를 넣어 객체를 생성하고 객체를 조회하면 두 수를 약분해서 만들어진 것을 알 수 있다.

유리수는 분모와 분자의 값을 유지하므로 두 속성인 분모(denominator)와 분자(numerator)를 조회한다.

```
f = Fraction(16, -10)          # 유리수 객체는 분자, 분모를 인자로 전달해 생성.
```

```
f                              # 객체가 생성된 것을 확인.
```

```
Fraction(-8, 5)                ← 분자와 분모를 약분하고 음수 기호는 분자로 간다.
```

```
f.numerator, f.denominator     # 분자와 분모의 속성 확인.
```

```
(-8, 5)
```

수학 모듈인 math를 import하고 함수 from_float에 원주율 pi를 인자로 전달해 유리수로 변환한다. 분모와 분자를 확인하면 원주율에 가장 근접한 큰 수로 유리수를 만드는 것을 알 수 있다.

```
import math                                  # 수학 모듈 사용.
```

```
p = Fraction.from_float(math.pi)             # 원주율을 인자로 전달해서 유리수를 구한다.
```

```
p.numerator, p.denominator                   # 분모와 분자 확인.
```

```
(884279719003555, 281474976710656)     ← 가장 가까운 값을 구하는 정수로 만들어진다.
```

유리수의 특징은 정밀도를 축소해서 유리수를 만들 수 있다는 것이다. 분모와 분자의 수를 3자리로 축소하려면 메소드 limit_denominator에 1000을 인자로 전달한다. 유리수로 만들어진 값이 3자리 정수로 변경된 것을 알 수 있다.

```
l = Fraction.from_float(math.pi).limit_denominator(1000)
                            # 분모의 범위를 특정 자릿수까지 제한할 수 있다.
```

```
l                           # 분모를 제한한 자릿수보다 작은 값에서 가장 유사한 정수로 변환
```

```
Fraction(355, 113)
```

원주율처럼 자연상수 e도 from_float 함수로 유리수로 변환하면 아주 큰 정수로 분모와 분자가 만들어진다. 파이썬 유리수는 무리수도 유리수로 변환할 수 있다.

```
e = Fraction.from_float(math.e)              # 자연상수를 유리수로 변환.
```

```
e                                            # 가장 값이 유사한 정수로 분모와 분자를 만든다.
```

```
Fraction(6121026514868073, 2251799813685248)
```

이번에는 무리수 루트 2를 가져와 유리수로 가장 유사한 값을 표시한다.

```
q = Fraction.from_float(math.sqrt(2))    # 2의 제곱근을 구하고 이를 유리수로 변환.
```

```
q
```

```
Fraction(6369051672525773, 4503599627370496)
```

예제 2 십진수 처리하기

더욱 정밀한 수학 계산을 할 때는 더 큰 수를 처리하는 숫자 자료형이 필요하다. 이때는 **decimal** 모듈을 사용한다.

```
import decimal as dec        # 정밀도를 높이기 위해 십진수를 처리하는 모듈 사용.
```

먼저 십진수를 처리하는 모듈 **decimal**을 **import**한다.

모듈의 환경을 확인하기 위해 함수 **getcontext**를 실행하고 정밀도 처리 속성 **prec**을 확인한다.

```
con = dec.getcontext()        # 정밀도 확인.
```

```
con.prec                      # 정밀도 속성 확인.
```

```
28                            ← 소수점 28자리까지 계산.
```

정밀도를 6으로 축소한다. 두 개의 **Decimal** 객체를 만들어 나눗셈 하면 정밀도가 소수점 이하 6자리로 줄어든 것을 볼 수 있다.

```
con.prec = 6          # 정밀도를 6으로 조정(소수점 이하 6자리까지만 계산).
```

```
dec.Decimal(1) / dec.Decimal(7)
```

```
Decimal('0.142857')  ← 소수점 6자리까지 계산.
```

다시 정밀도를 28로 수정한 후에 나눗셈 계산하면 소수점 이하 28자리까지 계산하는 것을 볼 수 있다.

```
con.prec = 28                                # 정밀도를 28로 수정.
```

```
dec.Decimal(1) / dec.Decimal(7)              # 2개의 십진수를 만들어서 나눈다.
```

```
Decimal('0.1428571428571428571428571429') ← 소수점 28자리까지 계산.
```

수학 모듈을 `import`한 후에 원주율 `pi`과 자연상수 `e`를 `Decimal` 클래스의 객체로 만든다. 두 수의 정밀도를 확인하면 28자리까지 표시하는 것을 볼 수 있다.

```
import math
```

```
pi = dec.Decimal(math.pi)    # 십진수에 원주율 상수를 넣어서 계산.
```

```
pi
```

```
Decimal('3.141592653589793115997963468544185161590576171875')
                                   ㄴ소수점 28자리까지 계산.
```

```
e = dec.Decimal(math.e)      # 십진수에 자연상수를 넣어서 계산.
```

```
e
```

```
Decimal('2.718281828459045090795598298427648842334747314453125')
                                   ㄴ소수점 28자리까지 계산.
```

무리수 루트 2를 `float`로 계산한 것과 십진수로 계산한 정밀도 차이가 큰 것을 확인할 수 있다.

`Decimal` 클래스 내에 `sqrt` 메소드로 무리수를 계산할 수 있지만, 동일한 제곱 표기법을 사용해서 계산한 결과도 같다.

```
math.sqrt(2)      # 십진수에 자연상수를 넣어서 계산.
```

```
1.4142135623730951
```

```
dec.Decimal(2) ** dec.Decimal('0.5')  # 2의 제곱근을 계산하면 수학 모듈로 구한
                                        소수점 자릿수보다 더 정밀하게 계산
```

```
Decimal('1.414213562373095048801688724')
```

```
dec.Decimal(2).sqrt()                  # 제곱근을 구하는 메소드로 계산한다.
```

```
Decimal('1.414213562373095048801688724')
```

십진수를 처리할 때 특정 값을 절사나 절상하는 라운딩 처리가 가능하다. 이때 사용하는 메소드가 `quantize`이다. 이 메소드 내부에 기준 십진수를 넣고 절사인지 절상인지 `rounding` 매개변수의 인자로 전달해 처리한다.

```
dec.Decimal('7.325').quantize(Decimal('.01'), rounding=dec.
ROUND_DOWN)          # 특정 자릿수에서 절사(버림).
```

```
Decimal('7.32')
```

```
dec.Decimal('7.325').quantize(Decimal('.01'), rounding=dec.
ROUND_UP)            # 특정 자릿수에서 절상(올림).
```

```
Decimal('7.33')
```

수학 함수에 `ceil`과 `floor` 함수와 같은 결과가 나오도록 기준을 변경해서 다양한 라운딩 처리를 한다.

```
dec.Decimal('7.325').quantize(Decimal('1'), rounding=dec.
ROUND_UP)              # 소수점을 없애서 소수점 이하를 절상.
```

```
Decimal('8')
```

```
math.ceil(dec.Decimal('7.325'))
```

```
8
```

```
dec.Decimal('7.325').quantize(Decimal('1'), rounding=dec.
ROUND_DOWN)            # 소수점을 없애서 소수점 이하를 절사.
```

```
Decimal('7')
```

```
math.floor(dec.Decimal('7.325'))
```

```
7
```

정수로 소숫점 이하를 라운딩하는 나누기를 수행한 값을 출력한다. 십진수를 처리하는 경우 나눗셈을 처리하면 소숫점 이하를 라운딩해서 보여준다.

```
-7 // 4
```

```
-2
```

```
dec.Decimal(-7) // dec.Decimal(4) # 나머지를 버리는 나눗셈(//)을 하면 소수점 이하는 절사.
```

```
Decimal('-1')
```

2 연산자를 제공하는 모듈 알아보기

파이썬은 다양한 연산자를 함수로 제공하는 모듈도 있다. 이 모듈에서 제공하는 함수를 사용해서 연산을 처리해보자.

예제 연산자 모듈 이해하기

연산자와 같은 함수를 만들어 처리하는 모듈 `operator`를 `import`한다.

```
import operator as op                # 연산자를 함수로 만든 모듈 사용.
```

먼저 산술 연산자인 덧셈, 뺄셈, 곱셈, 2개의 나눗셈을 함수로 실행한다. 이항 연산자이므로 함수의 인자는 2개이다.

```
op.add(10,10), op.sub(10,10), op.mul(10,10)  # 덧셈(+), 뺄셈(-), 곱셈(*)
```

```
(20, 0, 100)
```

```
op.floordiv(10,10), op.truediv(10,10)   # 몫과 나머지를 구하는 나눗셈(/)과 몫만
                                           구하는 나눗셈(//).
```

```
(1, 1.0)
```

포함 관계를 처리하는 예약어 `in`을 함수 `contains`로 실행하면 논리값을 반환한다.

```
op.contains([1,2,3,4,5,10],10)     # 예약어 in을 구현한 contains 함수를 사용해서
                                     포함 관계 여부를 확인.
```

```
True
```

```
10 in [1,2,3,4,5,10]
```

```
True
```

선형 대수를 처리하는 파이썬 모듈 numpy를 import한다.

```
import numpy as np                    # 다차원 배열로 선형대수를 계산할 수 있는 모듈 사용.
```

3개의 원소를 가진 하나의 벡터를 배열로 만든다.

```
a = np.array([1,2,3])                 # 1차원 배열 생성.
```

벡터 곱이나 행렬 곱을 dot product 연산으로 처리한다. 함수 matmul로 벡터 곱을 계산하거나 벡터 곱을 처리하는 연산자 @로 계산해도 같고 넘파이 모듈이 dot 함수로 계산해도 같다.

벡터 곱은 벡터의 내적을 구하며 벡터의 내적이 같은 방향을 가지는지 확인할 때 사용한다.

```
op.matmul(a,a)                        # 두 배열의 내적을 구한다.
```

```
14
```

```
a @ a                                 # 연산자를 사용해서 구한다.
```

```
14
```

```
np.dot(a,a)                           # 넘파이 모듈이 닷 연산을 통해 내적을 구한다.
```

```
14
```

Chapter 18

문자열 클래스 알아보기

파이썬 문자열에는 유니코드 문자를 사용하는 문자열(str)과 아스키 문자를 사용하는 바이트 문자열(bytes)이 있다. 문자열의 특징은 객체로 만들어지고 나면 원소를 변경하거나 추가할 수 없다. 이 두 개의 객체는 암호화와 복호화를 통해 문자열 간의 정보를 변환할 수 있다.

1 유니코드 문자열 클래스와 바이트 문자열 클래스

문자열은 따옴표 안에 작성한다. 바이트 문자열은 문자열 앞에 b를 붙여서 구분한다.

예제 1 문자열 클래스

문자열 클래스(str)는 유니코드 문자 세트를 지원하므로 한글이나 영어로 문자열 객체를 생성할 수 있다.

```
s = str("문자열")                    # str 생성자를 사용해서 문자열 객체 생성.
```

```
s
```

```
'문자열'
```

영어 문자 세트만 사용하는 바이트 문자열을 생성할 때는 문자열 앞에 b를 붙여 바이트 문자열이라는 것을 분명히 해야 한다.

```
b = bytes(b"string")                 # bytes 생성자를 사용해서 바이트 문자열 객체 생성.
```

```
b
```

```
b'string'
```

2개의 문자열 클래스 내의 속성이나 메소드 차이는 유니코드 문자열을 처리할 경우 더 많은 메소드가 있다. 두 문자열 클래스로 변환을 처리하는 암호화(encode)와 복호화(decode) 메소드가 중요하다.

바이트 문자열은 대부분 16진수로 표시되어 관리하므로 변환하는 메소드가 있다는 것을 알 수 있다.

```
set(dir(str)) - set(dir(bytes))   # 문자열 클래스에만 있는 메소드 확인.
```

```
{'casefold',
 'encode',
 'format',
 'format_map',
 'isdecimal',
 'isidentifier',
 'isnumeric',
 'isprintable'}
```

```
set(dir(bytes)) - set(dir(str))   # 바이트 문자열에만 있는 메소드 확인.
```

```
{'decode', 'fromhex', 'hex'}
```

바이트 문자열을 리터럴 표기법으로 작성한 후에 **len** 함수로 길이를 확인하면 바이트 수를 계산한 것임을 알 수 있다. 이 바이트 문자열을 **hex** 메소드로 변환하면 16진수 값을 확인할 수 있다.

```
bb = b'Hello World!!!'   # 바이트 문자열을 리터럴 표기법으로 만들어서 변수에 할당.
```

```
len(bb)   # 바이트 문자열은 바이트 단위로 길이를 계산.
```

```
14
```

```
bb.hex()   # hex 값으로 변경하면 16진수 표시인 x를 제외한 숫자 값만 표시.
```

```
'48656c6c6f20576f726c64212121'
```

유니코드 문자열 객체를 만들어서 **len** 함수으로 확인하면 문자의 길이를 반환한다. 단어별로 대문자로 표시된 문자열에 **casefold** 메소드를 실행하면 대문자를 소문자로 변환해서 표시한다.

```
ss = 'Hello World!!!'   # 문자열을 리터럴 표기법으로 객체 생성.
```

```
len(ss)   # 문자열은 문자의 개수로 길이를 계산.
```

```
14
```

```
ss.casefold()                    # 단어의 첫 글자를 소문자로 바꿈.
```

```
'hello world!!!'
```

유니코드 문자열을 바이트로 변환하려면 encode 메소드로 암호화해서 변수에 할당한다. 이를 hex 확인도 가능하다. 바이트의 길이를 확인하면 영어 문자는 한 바이트로 변환되어 길이가 바뀌지 않는다.

```
ss_ = ss.encode()        # 문자열을 바이트 문자열로 바꾼다. 이를 암호화한다고 한다.
```

```
ss_.hex()
```

```
'48656c6c6f20576f726c64212121'
```

```
len(ss_)
```

```
14                       ← 영어는 한 바이트로 처리되어 바이트 문자열로 변환되도 길이가 같다.
```

한글로 문자열을 작성해고 길이를 구하면 5이다. 이 한글을 바이트로 변환하면 한 문자가 3바이트로 변환되어 전체 길이가 15로 증가한다.

```
sss = "안녕하세요"          # 한글 5개 문자로 문자열 생성.
```

```
len(sss)
```

```
5                        ← 문자열 길이를 확인하면 5개.
```

```
sss_ = sss.encode()      # 바이트 문자열로 변환.
```

```
sss_.hex()
```

```
'ec9588eb8595ed9598ec84b8ec9a94'
```

```
len(sss_)
```

```
15                       ← 한글 한 문자당 3바이트를 차지해서 15 출력.
```

예제 2 변경할 수 있는 문자열 클래스

직접 변경할 수 있는 바이트 문자열은 bytearray 클래스로 객체를 만들어 사용한다.

```
a= bytearray(bytes(b'python'))          # 바이트 문자열을 바이트 배열로 바꿀 수 있다.
```

```
a
```

```
bytearray(b'python')
```

변경할 수 있는 객체인지는 스페셜 메소드 __setitem__가 구현되었는지 확인하면 알 수 있다.

```
a.__setitem__                   # 바이트 배열은 변경이 가능한 __setitem__이 구현.
```

```
<method-wrapper '__setitem__' of bytearray object at 0x000001C5E4378730>
```

이 bytearray 객체의 첫 번째 원소를 확인하면 숫자로 출력한다. 한 바이트의 문자가 어떤 글자인지 확인하려면 함수 chr(문자를 확인하는 함수)에 인자로 전달해서 출력한다.

```
a[0]                # 바이트 배열의 첫 번째 원소 조회.
```

```
112                 ← 숫자로 보여준다.
```

```
chr(a[0])           # 바이트 배열의 원소를 조회해서 문자로 변환.
```

```
'p'
```

첫 번째 원소를 변경할 때도 숫자 값을 전달하므로 ord 함수에 문자열을 하나 전달해서 숫자로 변경한다. 변경된 사항을 조회하면 첫 번째 글자가 변경된 것을 볼 수 있다.

```
a[0] = ord('c')         # 바이트 배열을 갱신하려면 문자를 숫자로 변환해서 할당.
```

```
a
```

```
bytearray(b'cython')
```

2 유니코드 문자열과 바이트 문자열 인코딩 알아보기

유니코드 문자를 바이트 문자로 변환할 때 한글 인코딩의 기본은 utf-8 방식을 사용한다. 이 방식은 한글 한 글자를 3바이트로 변환한다. 또 다른 방식인 utf-16은 한글 한 글자를 2바이트로 변환해서 처리한다. 코딩이 어떻게 처리되는지 알아보자.

예제 **다양한 유니코드로 인코딩하기**

한글로 문자열을 만들고 바이트 문자열로 변환할 때 **encoding**으로 **utf-16**을 지정한다. 변환한 바이트 문자열을 16진수로 변환해 보면 앞에 **fffe**가 붙어서 **utf-16**으로 처리한 것을 알 수 있다.

13글자가 2바이트 단위로 변환되어 26개의 바이트라는 것을 알 수 있다.

```
sss = "안녕하세요, 파이썬입문"                    # 한글로 문자열 생성.
```

```
sss_1 = sss.encode(encoding='utf-16')   # 두 바이트로 변환하는 한글로 생성.
```

```
sss_1.hex()
```

```
'fffe48c555b158d538c194c62c0020000cd374c76cc385c738bb'
```

```
len(sss_1)
```

```
26    ← 한글이 12글자라 24바이트여야 하지만, fffe가 붙어서 26바이트로 변환.
```

같은 문자열을 인코딩할 때 **utf-16**에 바이트 오더를 빅 엔디언으로 처리했다. 이 규칙은 **uutf-16be**로 작성하면 암호화할 때 두 바이트 한글로 처리된다.

```
sss_2 = sss.encode(encoding='utf-16be')
```

* 유니코드로 변환할 때 big endian 처리하면 2바이트 코드가 추가되지 않는다.

```
sss_2.hex()
```

'c548b155d558c138c694002c0020d30cc774c36cc785bb38'

```
len(sss_2)
```

24

바이트 오더를 리틀 엔디엔(little endian)을 지정해서 인코딩하면 24바이트로 변환된 것을 알 수 있다.

```
sss_3 = sss.encode(encoding='utf-16le')
```

* 유니코드로 변환할 때 little endian 처리하면 2바이트 코드가 추가되지 않는다.

```
sss_3.hex()
```

'48c555b158d538c194c62c0020000cd374c76cc385c738bb'

```
len(sss_3)
```

24

유니코드 문자열을 암호화해서 바이트 문자열로 변환하듯이 바이트 문자열을 유니코드 문자열로 변환할 때도 인코딩을 정확히 인자로 전달해서 처리한다. 같은 인코딩을 사용하지 않으면 다른 언어로 변환되는 것을 알 수 있다.

```
sss_2.decode(encoding='utf-16be')    # 암호화된 것을 다시 복호화해서 문자열로 변형
                                       하려면 같은 인코딩 코드를 사용.
```

'안녕하세요, 파이썬입문'

```
sss_2.decode(encoding='utf-16le')    # 다른 인코딩 코드를 사용하면.
```

'郞喱壕蒲铆 \u2000\u0cd3瓔沟蕒琇'　← 다른 나라에서 등록한 문자열로 변경.

```
sss_3.decode(encoding='utf-16le')
```

'안녕하세요, 파이썬입문'

복호화할 때도 암호화할 때 사용한 인코딩 정보를 전달해야 한다.

```
sss_3.decode()                          # 인코딩 정보를 안 주면.
```

```
---------------------------------------------------------------------------
UnicodeDecodeError                        Traceback (most recent call last)
<ipython-input-16-c111e72e286a> in <module>
----> 1 sss_3.decode()
                                    ┌ utf-8로 처리.
UnicodeDecodeError: 'utf-8' codec can't decode byte 0xc5 in position 1: invalid continuation byte
```

Chapter **19**

배열 형태의 자료구조 알아보기

배열은 추상 클래스 Sequence를 상속받아 구현된 클래스이다.

파이썬 내장 클래스에서 배열은 문자열(str), 리스트(list), 튜플(tuple) 등을 제공한다. 이 배열의 특징은 모든 원소가 하나의 자료형으로 만들어진다는 것이다.

리스트나 튜플도 하나의 자료형을 선택하라면 아마도 object 클래스가 자료형일 것이다. 이 클래스의 객체는 파이썬에 있는 모든 객체를 원소로 만들 수 있다.

1 튜플(tuple)과 네임드 튜플(named tuple)

튜플은 변경할 수 없는 클래스이다. 객체를 생성한 후에 내부 원소를 변경, 삭제, 추가할 수 없다는 것이다. 튜플은 색인 연산을 통해 기존 원소를 조회만 할 수 있다.

이름으로 값을 조회할 수 있는 네임드 튜플(named tuple)도 알아보자.

예제 1 튜플(tuple) 알아보기

파이썬에서 튜플(tuple) 객체를 리터럴로 표기할 때 가장 중요한 것은 쉼표로 원소를 구분하는 것이다.

```
t = 1,2,3,4                    # 튜플은 괄호 없이 쉼표로 구분.
```

튜플 객체를 **tuple** 클래스로 만들 수 있다. 만들어진 2개의 튜플 객체를 비교하면 다른 객체이다. 튜플은 변경할 수 없는 객체라서 모든 원소가 같은 경우는 한 번 생성되면 같은 객체로 사용해야 하지만, 내부적으로 처리할 때는 다른 튜플 객체를 만들어 사용한다.

```
t1 = tuple((1,2,3,4))      # 튜플 클래스를 사용해서 생성자로 객체 생성.
```

```
t is t1                    # 변경할 수 없는 튜플.
```

```
False                      ←원소의 값이 같으면 같은 객체이지만 내부적으로는 별도의 객체 생성.
```

tuple 클래스에 인자로 위에서 정의한 튜플 객체를 전달해서 객체를 생성하면 새로운 튜플 객체가 만들어지지 않고 기존 튜플 객체를 반환한다.

변수에 할당된 튜플 객체가 같은 것인지 **is** 예약어로 확인하면 True가 나온다.

```
t2 = tuple(t)        # 같은 객체로 사용하려면 기존에 만든 튜플을 생성자로.
```

```
t is t2
```

```
True
```

튜플은 원소의 개수를 확인하는 count 메소드와 원소의 위치를 확인하는 index 메소드를 제공한다.

```
t.count(3)          # 원소 값의 개수를 count 메소드로 확인.
```

```
1
```

```
t.index(3)          # 인덱스 정보의 원소 조회(색인 연산으로 조회하는 것과 같다).
```

```
2
```

튜플 객체를 변경할 수 있으려면 색인 연산 스페셜 메소드인 __setitem__을 구현해야 한다. 이 메소드가 튜플 클래스에 있는지 확인하면 예외가 발생한다.

```
tuple.__setitem__
```

```
---------------------------------------------------------------------------
-----
AttributeError                            Traceback (most recent call last)
<ipython-input-12-320ea2c5e2bc> in <module>
----> 1 tuple.__setitem__
                    ┌ 튜플은 변경이 불가능하므로 __setitem__ 메소드가 구현되지 않는다.
AttributeError: type object 'tuple' has no attribute '__setitem__'
```

예제 2 네임드 튜플(named tuple) 알아보기

튜플은 인덱스로 원소에 접근한다. 튜플의 각 원소에 이름을 붙이고, 이 이름으로 원소에 접근할 수 있는 것이 네임드 튜플(named tuple)이다.

네임드 튜플을 사용하려면 여러 원소를 가진 collections 모듈을 import한다. 이 네임드 튜플 클래스를 생성하는 함수 nametuple을 확인한다.

```
import collections as cols        # 다양한 자료구조를 가진 모듈.
```

```
cols.namedtuple                    # 튜플의 원소를 이름으로 처리할 수 있는 함수.
```

```
<function collections.namedtuple(typename, field_names, *, rename=False, defaults=None, module=None)>
```

네임드 튜플을 만드는 함수에 클래스 이름과 필드 이름을 문자열로 작성한 후에 실행하면 새로운 네임드 튜플 클래스가 만들어진다.

```
NamedTuple = cols.namedtuple("NamedTuple","x,y,z")
```

튜플 클래스의 이름과 필드 이름을 문자열로 전달해서 튜플을 만드는 클래스 생성.

```
type(NamedTuple)        # 변수 확인.
```

```
type                    ←내부에 클래스가 만들어진 것을 알 수 있다.
```

네임드 튜플의 필드명으로 원소를 조회하는 방식을 알아보자.

튜플 클래스로 변수 x를 조회하면 property 객체로 출력한다.

```
NamedTuple.x
```

```
<property at 0x1caa7ecfa98>   ←객체의 속성을 접근하는 이름은 프로퍼티로 구성.
```

NamedTuple 클래스에 3개의 인자를 전달해 새로운 네임드 튜플 객체를 만들고, 객체 x를 조회하면 현재 지정된 값을 반환하는 것을 알 수 있다.

```
nt = NamedTuple(1,2,3)    ←네임드 튜플 객체 생성.
```

```
nt
```

```
NamedTuple(x=1, y=2, z=3) ←객체를 확인하면 필드에 값이 할당.
```

```
nt.x                      # 이름으로 접근.
```

```
1
```

다양한 타입을 지정할 수 있는 typing 모듈을 import한다. 이 모듈에 네임드 튜플을 만드는 클래스인 NamedTuple이 있고 클래스를 상속해 사용자 클래스를 만든다. 필요한 속성을 타입 힌트로 작성한다.

```
import typing          # 여러 타입을 지정하거나 네임드 튜플 클래스를 가진 모듈 사용.
```

```
class Point(typing.NamedTuple) :
    x : int          # 네임드 튜플 클래스를 상속해서 네임드 튜플 클래스를 생성하고, 타입을 타입 힌트로 지정.
    y : int
    z : int
```

Point 클래스에 정의된 타입 힌트는 속성 __annotations__를 조회한다. 속성이 순서를 가져야 하므로 순서에 따라 저장하는 OrderedDict 클래스의 객체로 만든다.

OrderedDict 클래스는 collections 모듈에 있다. 네임드 튜플이 만들어지면 속성에 접근하는 방식은 이름으로 접근하여 값을 반환하는 프로퍼티를 사용한다. 프로퍼티(property)에 관해서는 뒤에서 자세히 설명한다.

```
Point.__annotations__          # 필드 정보는 __annotations__ 속성에 들어있다.
```

```
OrderedDict([('x', int), ('y', int), ('z', int)])
```

```
Point.x                        # 필드 이름은 클래스의 프로퍼티로 정의.
```

```
<property at 0x1caa8249318>
```

네임드 튜플 클래스에 3개의 인자를 넣고 객체를 생성한 후에 변수 p에 저장한다. 변수 p를 조회하면 3개의 속성에 값이 지정된 것을 볼 수 있다.

```
p = Point(1,2,3)               # 네임드 튜플 객체 생성.
```

```
p
```

```
Point(x=1, y=2, z=3)
```

네임드 튜플의 값을 조회하는 방식은 이름으로 조회하거나 색인 연산 둘 다 가능하다.

```
p.x      # 이름으로 첫 번째 값 조회.
```

```
1        ← 튜플이라 색인 연산으로 첫 번째 원소를 조회할 수 있다.
```

```
p[0]
```

```
1        ← 튜플이라 색인 연산으로 첫 번째 원소를 조회할 수 있다.
```

네임드 튜플도 튜플 클래스를 상속해 만든 것이므로 네임드 튜플 객체와 생성 관계가 성립하는 것을 알 수 있다.

```
isinstance(p, tuple)
```

```
True
```
← 네임드 튜플 객체도 튜플 클래스와 생성 관계가 성립.

2 리스트(list)

파이썬에서 제공하는 대표적인 배열인 리스트를 알아보자. 리스트는 `object` 클래스를 자료형으로 인식해서 모든 파이썬 객체를 원소로 가질 수 있고 원소를 변경, 삭제, 추가할 수 있는 변경 가능한(Mutable) 클래스이다.

리스트로 객체를 만드는 방식은 대괄호([ ])를 사용해서 직접 원소를 나열하는 리터럴 표기법과 생성자를 사용해서 만드는 방식이 있다. 또한, 리스트는 다양한 메소드를 제공한다.

예제 리스트 알아보기

리터럴 표기법으로 리스트 객체를 하나 만들어 변수 `a`에 할당한다. 리스트 클래스에 리스트 객체를 인자로 전달해서 다른 객체를 만들어 변수 `a1`에 할당한다.

두 변수에 저장된 객체의 원소는 같지만, `is` 예약어로 리스트 객체의 레퍼런스를 비교하면 다른 객체이다.

```
a = [1,2,3,4]                # 리터럴 표기법으로 리스트 객체 생성.
```

```
a1 = list([1,2,3,4])         # 리스트 생성자로 리스트 객체 생성.
```

```
a is a1                      # 같은 객체인지 확인.
```

```
False                        ← 원소의 값은 같지만 다른 객체.
```

변수 `a`에 저장된 리스트 객체를 리스트 클래스에 인자로 전달해서 다른 객체를 하나 더 만들고 변수 `a`와 `a2`에 저장된 객체가 같은지 확인하면 False가 나온다. 변경할 수 있는 객체는 항상 새로운 객체를 만든다는 것을 알 수 있다.

```
a2 = list(a)          # 기존 리스트를 리스트 생성자에 넣고 객체 생성.
```

```
a is a2               # 같은 객체인지 확인.
```

```
False                 ← 다른 객체.
```

리스트 객체의 원소를 추가하는 메소드 append에 변수 a2를 전달하면 마지막 인덱스 다음 위치에 리스트 객체가 원소로 들어간다.

```
a.append(a2)          # 기존 객체에 리스트를 원소로 추가.
```

변수 a1에 색인 연산을 사용해 마지막 위치 인덱스를 지정해 변수 a2를 원소로 추가하면 기존에 만들어진 리스트 인덱스 범위를 벗어나서 처리할 수 없다는 예외가 발생한다. 예외가 발생하는 이유는 색인 연산으로는 새로운 원소를 추가할 수 없기 때문이다.

```
a
```

```
[1, 2, 3, 4, [1, 2, 3, 4]]
```

```
a1[5] = a2
```

```
---------------------------------------------------------------------------
-----
IndexError                                Traceback (most recent call last)
<ipython-input-8-fc7886d4064a> in <module>
----> 1 a1[5] = a2
      ┌ 새로운 인덱스에 값을 추가하면 인덱스 범위를 벗어나 예외가 발생.
IndexError: list assignment index out of range
```

리스트 객체의 원소를 삭제하는 pop 메소드와 remove 메소드가 있다. 변수 a에 있는 마지막 원소를 삭제한 후에 그 정보를 반환할 때는 pop 메소드를 사용한다. 변수 a에 있는 원소를 인자로 전달해서 삭제할 때는 remove 메소드를 사용한다.

```
a.pop()               # 마지막 인덱스의 원소를 삭제하고 반환.
```

```
[1, 2, 3, 4]
```

```
a
```

```
[1, 2, 3, 4]
```

```
a.remove(4)          # 값으로 주어진 리스트의 원소를 삭제(삭제한 값은 반환하지 않는다).
```

```
a
```

```
[1, 2, 3]
```

두 변수에 저장된 리스트 객체의 덧셈 연산을 실행하면 새로운 리스트 객체를 만든다. 기존 변수를 확인하면 변경이 없는 것을 알 수 있다.

```
a3 = a1 + a2        # 2개의 리스트를 결합해서 새로운 리스트 생성.
```

```
a3
```

```
[1, 2, 3, 4, 1, 2, 3, 4]
```

```
a1,a2               # 원본 리스트 객체는 덧셈 연산을 해도 변경되지 않는다.
```

```
([1, 2, 3, 4], [1, 2, 3, 4])
```

리스트를 전달을 받아 그 내부 원소를 기존 리스트에 넣을 때는 `extend` 메소드를 사용한다.

```
a1.extend(a2)       # 기존 리스트에 여러 원소를 추가하려면 extend 메소드에 리스트를
                      인자로 넣어 리스트 내의 원소를 모두 원소로 전환.
```

```
a1
```

```
[1, 2, 3, 4, 1, 2, 3, 4]
```

리스트 객체의 모든 원소를 삭제할 때는 `clear` 메소드를 사용한다.

```
a1.clear()          # 리스트 내의 모든 원소를 삭제해서 빈 리스트로 만들 때 사용.
```

```
a1
```

```
[]
```

인덱스 정보를 지정해서 원소를 추가할 때는 insert 메소드를 사용한다.

```
a1.insert(0,1)          # 특정 인덱스 위치에 원소를 삽입할 때 사용.
```

```
a1.insert(0,2)
```

```
a1
```

```
[2, 1]                  ← 빈 리스트에 두 번 삽입한 원소를 볼 수 있다.
```

3 얕은 복사(swallow copy)와 깊은 복사(deep copy)

리스트를 리스트 내의 원소로 저장하거나 딕셔너리(dict)를 딕셔너리(dict) 내의 원소로 저장할 수도 있다. 이렇게 중첩된 리스트나 딕셔너리를 복사해 새로운 객체를 만들 때, 내부의 리스트나 딕셔너리까지 전부 새로운 객체로 복사가 되지 않는 경우가 발생해서 내부의 리스트나 딕셔너리에 있는 원소를 갱신할 경우 원본도 같이 변경된다.

파이썬에서는 기본으로 얕은 복사(swallow copy)를 지원한다. 중첩된 리스트나 딕셔너리를 복사하려면 별도의 깊은 복사(deep copy)를 사용해야 한다.

예제 | 복사 알아보기

리스트를 하나 만든 후에 다른 변수에 할당하면 같은 객체 레퍼런스를 가진다. 이런 방식을 별칭(alias)이라고 한다.

```
a = [1,2,3,4]                # 리스트 객체 생성.
```

```
a1 = a                       # 새로운 변수에 기존 변수를 할당하면 동일한 객체의 레퍼런스가 복사.
                               (같은 객체를 2개의 변수에서 접근할 수 있다)
```

```
id(a), id(a1)                # 두 변수에 저장된 객체의 레퍼런스를 정수로 확인하면 같다.
```

```
(86988680, 86988680)
```

이 리스트를 copy 메소드로 복사하면 새로운 리스트 객체를 만든다. 변수에 저장된 두 리스트 객체의 레퍼런스를 비교하면 다른 것을 알 수 있다.

```
a2 = a.copy()                # 변수에 새로운 리스트 객체를 만들 때 copy 메소드를 사용.
```

```
a is a2                      # 같은지 확인.
```

```
False                        ← 두 변수에 있는 리스트 객체는 다른 객체.
```

```
id(a), id(a2)              # 객체의 레퍼런스 확인.
```

```
(86988680, 84044744)       ← 다른 결과.
```

중첩 리스트를 만들기 위해 append 메소드를 사용해 마지막 원소로 리스트를 추가한다.

```
a2 = [1,2,3,4,5]
```

```
a.append(a2)          # 리스트 내에 리스트를 원소로 가지도록 처리.
```

```
a
```

```
[1, 2, 3, 4, [1, 2, 3, 4, 5]]
```

새로운 복사본을 copy 메소드로 만든다. 복사된 객체를 확인하면 원본 객체와 같은 원소를 갖는다는 것을 알 수 있다.

```
a3 = a.copy()          # 리스트가 내포한 리스트를 복사해서 새로운 리스트 생성.
```

```
a3
```

```
[1, 2, 3, 4, [1, 2, 3, 4, 5]]
```

복사한 리스트 객체의 마지막 원소인 리스트의 첫 번째 원소를 갱신한다.

```
a3[4][0] = 999          # 리스트 내의 리스트 원소를 갱신.
```

원본과 사본을 확인하면 둘 다 변경된 것을 볼 수 있다. 이런 현상이 발생한 것은 일반적인 복사로 사본을 만들 때 중첩된 리스트는 복사하지 않기 때문이다.

```
a
```

```
[1, 2, 3, 4, [999, 2, 3, 4, 5]]  ← 원본도 같이 변경.
```

```
a3
```

```
[1, 2, 3, 4, [999, 2, 3, 4, 5]]
```

중첩된 리스트의 레퍼런스를 확인하면 같다. 이는 새로운 객체를 만들지 않고 단순하게 기존 것을 그대로 복사한 것임을 알 수 있다.

```
id(a[4]), id(a3[4])          # 2개의 리스트 내의 리스트 레퍼런스 확인.
(86688968, 86688968)         ← 동일.
```

중첩 리스트를 모두 새로 만들려면 별도의 깊은 복사 함수를 사용해야 한다. 깊은 복사가 있는 copy 모듈을 import해서 deepcopy 함수를 사용해서 복사한다.

deepcopy 함수로 복사하면 항상 사본으로 새로운 객체를 만든다.

```
import copy                  # 리스트 내에 리스트가 내포된 경우 내부의 리스트도 사본으로
                               만드는 함수를 가진 모듈 사용.
```

```
a4 = copy.deepcopy(a3)       # 깊은 복사를 통해 리스트를 내포한 리스트의 사본 생성.
```

```
a4 is a3
False
```

복사된 리스트 내의 리스트를 수정한다.

```
a4[4][1] = 888               # 내포된 리스트의 두 번째 원소 갱신.
```

두 리스트 객체를 확인하면 새로 복사된 리스트 내의 리스트 원소가 변경된다. 두 리스트 객체는 다른 객체인 것을 확인할 수 있다.

```
a4
[1, 2, 3, 4, [999, 888, 3, 4]]
```

```
a3
[1, 2, 3, 4, [999, 2, 3, 4]]   ← 원본 리스트 객체는 변경되지 않았다.
                                 이것은 새로운 사본이 만들어졌기 때문이다.
```

4 큐(Queue) 자료구조 만들어 보기

소프트웨어 시스템에서 가장 많이 사용하는 자료구조는 큐(Queue)이다. 큐는 먼저 들어온 원소를 순서대로 저장하고, 출력도 들어온 순서대로 처리한다. 이런 방식을 FIFO(First in First out)라고 한다.

예제 **큐(Queue) 처리**

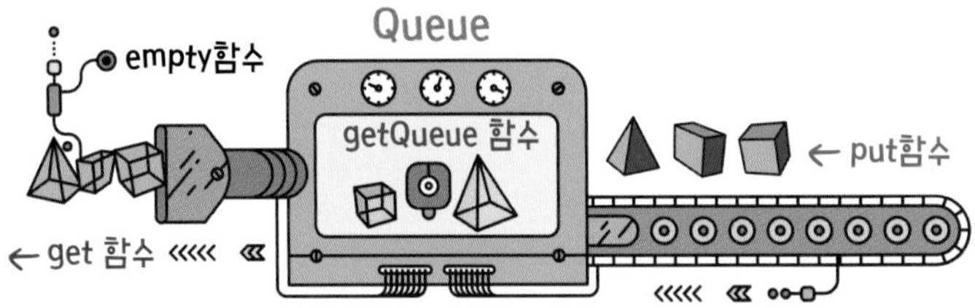

Queue 클래스를 만들려면 입력과 출력되는 데이터를 저장할 공간을 객체의 속성으로 만든다. 그리고 이 저장공간에 데이터를 저장하거나 빼는 부분을 메소드로 정의해야 한다. 먼저, Queue의 상태를 관리하는 2개의 메소드를 정의한다.

메소드는 객체가 만들어지면 상태를 확인하는 empty 함수와 Queue에 저장된 원소의 상태를 확인하는 getQueue 함수를 작성한다.

현재 원소들의 정보를 보여줄 때는 다른 리스트 객체를 만들어 반환한다. 객체에 저장된 원본은 공유하지 않아야 한다. 그 다음은 큐의 저장소에 데이터를 넣는 put 함수와 저장된 원소를 꺼내는 get 함수를 작성한다.

```
class Queue :                                   # 큐 객체는 하나의 속성만 가진다.
    def __init__(self) :
        self._list = []                         # 여러 원소를 저장하기 위해 빈 리스트로 할당한다.

    def empty(self) :
        return True if len(self._list) == 0 else False
                                              └ 큐에 원소가 없는 상태를 확인.
    def get(self) :                             # 큐에 저장된 원소가 있으면 마지막 인덱스를 꺼내어서 반환한다.
        if len(self._list) == 0 :
            return 0
        else :
            return self._list.pop(-1)

    def put(self,value) :                       # 원소를 저장할 때는 항상 0번 인덱스에 값을 저장.
        return self._list.insert(0,value)

    def getQueue(self) :                        # 큐의 상태를 사본을 만들어서 확인할 수 있도록 한다.
        return self._list.copy()
```

클래스 `Queue`로 하나의 객체를 만든다. `Queue` 객체는 저장소로 사용해서 현재 상태를 `empty`메소드로 확인한다. 아무런 값이 들어오지 않았다. 이 상태에서 특정 객체를 뽑아내는 `get` 메소드를 실행하면 정보가 없어 0을 반환한다.

```
q1 = Queue()                   # 큐 객체 생성.
```

```
q1.empty()                     # 큐의 상태 확인.
```

```
True
```

```
q1.get()                       # 빈 큐에서 원소를 꺼내도 예외는 없고 0을 반환.
```

```
0
```

Queue에 데이터 2개를 연속으로 put 메소드로 저장하고 getQueue로 상태를 조회한다. Queue 객체에 2개의 정보를 연속으로 넣는다. Queue 객체의 원소를 확인하면 2개의 원소가 들어간 것을 확인할 수 있다.

```
q1.put(1)          # 2개의 원소를 큐에 저장.
```

```
q1.put(2)
```

```
q1.getQueue()      # 현재 큐의 상태 확인.
```

```
[2, 1]             ← 처음 입력한 인덱스 숫자가 더 크다.
```

Queue는 한 방향으로 데이터가 흐른다. 저장된 데이터를 가져올 때 한 방향으로만 가져오는 메소드 get이 있다. 데이터를 하나씩 꺼내고 상태를 getQueue 메소드로 확인한다.

```
q1.get()           # 큐에서 하나의 원소를 꺼낸다.
```

```
1
```

```
q1.getQueue()
```

```
[2]                ← 마지막 인덱스에 만들어진 원소가 삭제된다.
```

```
q1.get()
```

```
2
```

```
q1.getQueue()
```

```
[]
```

Chapter 20

색인 검색과 정렬 알아보기

Sequence 클래스의 특징은 입력된 순서대로 원소를 저장하는 것이다. 같은 값이라도 들어온 순서대로 저장해 관리한다. 파이썬에 내장 클래스 중에 문자열(str), 튜플(tuple), 리스트(list) 등이 Sequence 클래스를 상속해 구현한 클래스이다.

순서를 가진다는 것은 원소마다 위치 레이블(label)인 인덱스(index)가 지정된다는 것이다. 이 인덱스로 검색하는 것이 색인 검색이다.

색인 검색은 하나의 인덱스만 받아서 하나의 원소를 조회하는 방식과 시작점, 종료점 등을 받아서 여러 개의 원소를 한꺼번에 조회하는 슬라이스 방식이 있다.

인덱스 순서대로 저장된 원소의 값을 기준으로 위치를 바꿔 다시 처리하는 정렬 방법도 알아보자.

1 색인 검색(Indexing)

색인 연산은 대괄호([ ]) 기호를 사용한다. 대괄호 안에 하나의 원소를 검색할 때는 정수를 사용한다. 여러 개의 원소를 조회할 때는 슬라이스 객체를 만들어 전달한다.

색인 연산을 하려면 인덱스가 어떻게 구성되는지 알아야 한다. 파이썬은 순방향과 역방향의 두 가지 인덱스를 제공한다. 순방향은 좌측에서 우측으로 처리하고, 인덱스는 0부터 시작하는 양수를 사용한다. 역방향은 우측에서 좌측으로 처리하고, 인덱스 정보는 -1부터 시작하는 음수를 사용한다.

예제 **하나의 원소를 인덱스로 검색하기**

0부터 5까지 6개의 원소를 가지는 리스트 객체를 만든다. 이 리스트 객체의 원소를 순방향으로 조회하려면 0과 양의 정수를 사용한다. 첫 번째 인덱스는 0부터 사용하므로 마지막 인덱스는 5이다.

```
a = [0,1,2,3,4,5]
```

```
a[0]                    # 색인 연산으로 인덱스 정보 전달.
```

```
0                       ← 하나의 원소가 조회.
```

```
a[5]
```

```
5
```

길이는 6이지만, 실제 인덱스는 0부터 5까지다. 이 범위를 벗어나는 6을 넣으면 예외가 발생한다. 인덱스 범위를 벗어났기 때문이다.

```
a[6]                                    # 인덱스는 0부터 시작하고 길이보다 -1이 작은 값까지.
```

```
---------------------------------------------------------------------------
IndexError                                Traceback (most recent call last)
<ipython-input-3-84c1e027215d> in <module>
----> 1 a[6]

IndexError: list index out of range    ← 6은 이 리스트의 인덱스 범위를 벗어난다.
```

연산을 함수로 만든 operator 모듈을 import한다. 조회하는 색인 연산은 getitem이다. 이 함수에 리스트 객체와 인덱스 5를 주고 조회하면 마지막 인덱스 원소를 출력한다.

```
import operator as op
```

```
op.getitem(a,5)          # 색인 연산 중 조회하는 함수를 사용할 때는 리스트와 인덱스 정보를 전달해서 조회.
```

```
5
```

색인 연산를 처리할 때 인덱스 범위를 벗어나면 예외가 발생한다. 예외를 발생시키지 않으려면 별도의 함수를 작성해서 인덱스 범위를 벗어나지 않도록 처리한다.

함수 getitem_을 정의한다. 매개변수는 리스트 등의 객체, 인덱스 정보, 인덱스 범위를 벗어난 경우 기본값으로 처리한다.

내부의 로직은 전달받은 인덱스 정보로 색인 연산을 수행하고 범위가 벗어난 경우 예외가 발생하면 try-except 함수로 예외를 잡은 후에 결과를 object로 반환한다.

```
def getitem_(obj,pos, default=object) :     # 인덱스를 검색하는 함수를 정의.
                      └ 인덱스 범위를 벗어날 때 예외 대신 반환 값으로 사용.
    try :
        result = op.getitem(obj, pos)
    except Exception as e :     # 인덱스 범위를 벗어나면 예외 default에 저장한 값을 결과로 처리.
        print(e)
        result = default
    return result
```

정상 인덱스 범위로 조회하면 값을 반환환다. 인덱스 범위를 초과해서 조회하면 예외 대신에 초깃값 정보를 받는다.

```
getitem_(a,5)                # 마지막 인덱스의 원소 검색.
```

```
5
```

```
getitem_(a,6)                # 인덱스 범위를 벗어나도 예외가 발생하지 않는다.
```

```
list index out of range
object                       ← default 값을 반환.
```

색인 연산으로 갱신하는 방법을 알아보자. 함수 **setitem**으로 하나의 원소를 갱신한다.

```
op.setitem(a,1,999)          # setitem 함수에 리스트, 인덱스, 변경 값을 전달해서 인덱스 원소를 변경.
```

```
a
```

```
[0, 999, 2, 3, 4, 5]
```

이 함수도 인덱스 범위를 초과하는 경우 새로운 인덱스가 추가되지 않고 예외가 발생한다.

```
op.setitem(a,6,100)                      # 인덱스 범위를 벗어나면 새로운 원소가 삽입된다.
```

```
---------------------------------------------------------------------------
IndexError                                Traceback (most recent call last)
<ipython-input-30-cb83fe2c1c9b> in <module>
----> 1 op.setitem(a,6,100)
                       └─ 변경하는 함수에서는 예외를 발생.
IndexError: list assignment index out of range
```

이 리스트에 6번째 인덱스 정보를 주고, 값에는 100을 지정한 **insert** 메소드를 사용한다. 맨 마지막 위치에 100이 추가된 것을 볼 수 있다.

```
a.insert(6, 100)             # 새로운 원소를 마지막 인덱스에 삽입.
```

```
a
```

```
[0, 999, 2, 3, 4, 5, 100]
```

역방향으로의 색인 연산은 음수를 사용한다. 맨 마지막 원소는 −1이고 처음에 해당하는 원소는 −7이다.

```
a[-1]                    # 역방향으로 인덱스를 검색할 수 있다.(이때는 음의 정수를 사용해서 검색)
```

```
100
```

```
a[-7]
```

```
0
```

2 슬라이스 검색(Slicing)

시퀀스 객체 내의 특정 범위를 부분으로 만드는 것을 슬라이스라고 한다. 색인 연산 내에 슬라이스 객체를 만들어서 부분을 조회할 수 있다.

슬라이스를 만들 때는 시작점, 종료점, 스텝(간격)을 지정한다. 슬라이스를 표기하는 방식은 색인 연산 내에 콜론으로 구분하거나 **slice** 클래스로 객체를 생성한다. 슬라이스도 순방향과 역방향으로 처리할 수 있다.

예제 부분 집합 검색하기

6개의 원소를 가진 리스트를 만든다.

```
a = [0,1,2,3,4,5]
```

모두 4개의 원소를 가진 새로운 리스트를 만든다. 슬라이스 표기법은 0부터 4까지의 정보를 콜론 사이에 넣으면 인덱스 0부터 3까지의 원소를 조회한다. 마지막 4는 조회하지 않는다.

```
a[0:4]                    # 리스트를 분할할 때는 슬라이스 검색을 한다.
```

```
[0, 1, 2, 3]
```

처음부터 검색할 경우는 0 대신 값을 넣지 않아도 되므로 콜론 다음에 종료점만 표시한다. 새로운 슬라이스 객체는 원본 객체와 다른 새로운 객체를 만든다.

만들어진 두 리스트 객체의 레퍼런스를 확인하면 다른 객체라는 것을 알 수 있다.

```
a1 = a[:5]                # 슬라이스 검색은 기존 리스트와 다른 리스트 생성.
```

```
a1 is a
```

```
False                     ← 두 리스트는 다른 객체.
```

슬라이스를 사용한 색인 연산이 새로운 객체를 만드는지 확인해보자. 첫 번째 원소를 갱신한 후에 원본을 검색하면 변경된 것이 없다는 것을 알 수 있다.

```
a1[0] = 999                # 새로 만든 부분 리스트의 첫 번째 인덱스 변경.
```

```
a
```

```
[0, 1, 2, 3, 4, 5] ← 원본은 변경되지 않는다.
```

```
a1                         # 슬라이스 검색으로 만든 첫 번째 원소의 값이 변경된다.
```

```
[999, 1, 2, 3, 4]
```

이번에는 슬라이스 클래스로 객체를 만든 후에 색인 연산으로 검색해본다. **`slice`** 클래스로 객체를 만들고, 첫 번째 인자 시작점을 None으로 지정했다. 0번째 인덱스부터 처리하라는 것이다.

```
s = slice(None,4)          # 시작점과 종료점을 인자로 넣어 슬라이스 객체 생성.
                           (종료점보다 -1인 인덱스까지만 부분집합 생성)
```

```
a2 = a1[s]                 # 색인 연산에 슬라이스 객체 전달.
```

```
a2                         # 새로운 리스트 객체 생성.
```

```
[999, 1, 2, 3]
```

인덱스 정보 하나를 넣어 색인 연산을 하면 인덱스 범위를 초과해서 예외가 발생하지만, 슬라이스 색인 연산에서는 인덱스 범위를 벗어나도 예외가 발생하지 않는다.

슬라이스 클래스로 인덱스 범위를 초과하는 10을 넣어서 객체를 만든다. 색인 연산에 넣고 슬라이스 검색을 처리하면 모든 리스트의 원소가 예외없이 다 들어온다.

```
s1 = slice(None, 10)       # 슬라이스는 기존 배열보다 크게 잡아도 된다.
```

```
a3 = a[s1]                 # 슬라이스 객체의 범위가 크면 기존 리스트 객체의 원소만 할당.
```

```
a3
```

```
[0, 1, 2, 3, 4, 5]
```

슬라이스 객체를 사용해서 갱신도 할 수 있다. 슬라이스 객체를 만들어 갱신할 때는 현재 인덱스 범위를 벗어나도 처리된다. 갱신되는 범위도 슬라이스 객체를 만들 때 만든 범위를 초과해도 갱신된다.

```
s2 = slice(None, 10)
```

```
a3[s2] = [9,8,7,6,5,4,3,2,1,0]
```

색인 연산에 슬라이스를 넣어 할당하면 기존 리스트의 범위를 벗어나도 생성된다.

```
a3
```

```
[9, 8, 7, 6, 5, 4, 3, 2, 1, 0]
```

```
a3[s2] = [9,8,7,6,5,4,3,2,1,0,3,4]
```

```
a3
```

```
[9, 8, 7, 6, 5, 4, 3, 2, 1, 0, 3, 4]
```

3 정렬(Sorting)

시퀀스 클래스로 만든 객체는 인덱스 순서로 값을 저장한다. 값을 기준으로 순서를 조정하려면 별도의 함수나 메소드를 사용해서 정렬해야 한다.

정렬에 사용하는 함수나 메소드가 어떻게 다른지 알아보자.

예제 **정렬하기**

문자열을 하나 만들고 이 문자열을 split 메소드를 사용해 공백을 기준으로 분리하면 리스트 객체가 만들어진다. 이 리스트를 정렬하기 위해 sorted 함수를 사용하면 새로운 리스트 객체를 만들어 변수에 할당한다.

정렬된 결과는 한글 자음과 모음 순서로 처리된다.

```
s = sorted("문자열을 정리하기".split()) # 문자열을 분리할 때는 split 메소드 사용.
```

* 정렬하는 함수를 사용하면 새로운 리스트 객체 생성.

```
s
```

```
['문자열을', '정리하기']
```

영어 한 문장을 3개의 따옴표로 작성한다.

```
ss = """
Python lists have a built-in list.sort() method that modifies
the list in- place.
"""
```

이번에는 정렬하는 기준을 별도로 매개변수 key에 함수나 메소드를 지정한다. 영어 문자를 split 메소드로 분리한다. 정렬을 처리하는 기준은 str.lower 메소드이므로 모든 영어 단어를 소문자로 변경한다.

영어는 대소문자를 구별해서 정렬하므로 조건을 맞추기 위해 모두 소문자로 변경한 것이다.

```
s = sorted(ss.split(),key=str.lower)    # 문자열을 분리한 후에 영어 소문자로 정렬
                                          기준을 변환해서 비교.
```

```
s
```

```
['a',
 'built-in',
 'have',
 'in-place.',
 'list',
 'list.sort()',
 'lists',
 'method',
 'modifies',
 'Python',
 'that',
 'the']
```

객체도 정렬할 수 있다. 클래스 **People**을 정의할 때 두 개의 속성을 넣었다. 클래스의 출력은 **__repr__**로 작성했다.

2개의 객체를 생성해서 리스트에 넣었다. 정렬 기준은 람다 함수로 정의해서 객체의 속성을 **age**로 분류하고 정렬된 결과를 보면 **age**가 작은 순서로 표시된 것을 알 수 있다.

```
class People:
    def __init__(self, name,age):              # 2개의 속성을 넣어 객체 생성.
        self.name = name
        self.age = age

    def __repr__(self):                        # 2개의 속성을 출력.
        return repr((self.name, self.age))
```

```
p = [People("abc",30), People("dahl",45) ]   # 리스트 내에 2개의 객체 생성.
```

```
sorted(p, key=lambda obj : obj.age)   # 객체의 age 속성으로 정렬하려면 람다 함수 사용.
```

```
[('abc', 30), ('dahl', 45)]
```

정렬하는 메소드를 알아보기 위해 리스트 객체를 하나 만든다.

객체를 정렬할 때 sort 메소드를 사용하면 기존 리스트 객체를 갱신한다. 역방향일 때는 reverse 메소드로 다시 정렬하면 객체 내부가 역방향으로 정렬된 것을 확인할 수 있다.

```
a = [0,5,2,7,4,3]
```

```
a.sort()                    # 메소드를 사용해 정렬하면 내부 값이 변경된다.
```

```
a
```

```
[0, 2, 3, 4, 5, 7]
```

```
a.reverse()                 # 역방향으로 정렬하면 리스트 내부 값이 역으로 변경된다.
```

```
a
```

```
[7, 5, 4, 3, 2, 0]
```

리스트 객체의 원소를 임의로 섞을 때는 random 모듈의 suffle 함수를 사용한다.

정렬된 리스트를 다시 임의로 섞어서 sort 메소드 매개변수 reverse를 True로 처리하면 역방향으로 정렬된다. 이는 reverse 메소드 처리와 같다.

```
import random               # 난수 처리하는 모듈 사용.
```

```
random.shuffle(a)           # 리스트의 원소를 무작위로 섞는다.
```

```
a
```

```
[0, 7, 4, 2, 5, 3]
```

```
a.sort(reverse=True)        # reverse=True으로 지정하면 역방향으로 정렬.
```

```
a
```

```
[7, 5, 4, 3, 2, 0]
```

4 함수를 메소드로 변환하기

함수를 정의해 사용할 때 함수의 처리 기능이 늘어날 수가 있다. 이때 함수를 클래스로 변환해서 메소드로 만들어 사용할 필요가 있다.

어떻게 함수를 클래스로 전환해서 메소드를 구성하는지 알아보자.

예제 색인 검색을 함수와 메소드로 만들기

연산자를 처리하는 모듈 operator를 import한다.

리스트 객체를 색인 검색하는 search 함수를 작성한다. 이 함수는 인덱스가 리스트의 길이보다 클 경우 마지막 원소를 검색하는 제어문을 추가했다.

```
import operator
```

```
def search(iterable, index) :                          # 인덱스 색인 연산을 함수로 작성.
    if len(iterable) <=  index :                       # 인덱스 범위 내에서만 처리.
        index = len(iterable) - 1

    return operator.getitem(iterable, index) # 색인 조회는 getitem 함수 사용.
```

리스트 객체를 하나 만들어 search 함수에 인자로 전달하고 인덱스 범위를 벗어난 4를 전달해서 실행한다. 예외 없이 마지막 원소를 검색해 준다.

```
l = [1,2,3,4]
```

```
search(l,4)                    # 리스트 범위를 벗어난 인덱스를 넣고 조회.
```

```
4      ← 마지막 원소를 반환
```

위에서 정의한 함수를 Search 클래스로 변환한다. 함수의 첫 번째 인자인 리스트를 클래스의 초기화 함수의 인자로 정의한다.

함수를 메소드로 변환할 때 첫 번째 매개변수는 self이고, 두 번째 매개변수는 index를 지정한다.

```
class Search :
    def __init__(self, iterable) :          # 클래스로 변환하려면 값을 관리하는 것을
        self._iterable = iterable               초기화 속성으로 받는다.

    def search(self, index) :               # self를 반드시 첫 번째 매개변수에 정의.
        if len(self._iterable) <=  index :
            index = len(self._iterable) - 1

        return operator.getitem(self._iterable, index)
```

Search 클래스의 객체를 생성할 때 리스트 객체를 전달한다. 객체가 생성되면 메소드에 인덱스 범위를 벗어난 4를 넣고 실행하면 마지막 원소를 출력한다.

```
s = Search(l)                   # 객체를 하나 생성.
```

```
s.search(4)                     # 이 객체를 사용해서 메소드에 접근하고 값을 넣어 검색.
```

4

Chapter 21

집합(set)과 딕셔너리(dict) 클래스

유일한 값을 키로 처리해 해시(hash)를 만들어 원소를 관리하는 자료구조를 알아보자. 해시 처리하는 클래스에는 집합(set, frozenset)과 딕셔너리(dict) 등이 있다.

내부 원소를 추가, 변경, 갱신하는 메소드도 알아보자.

1 딕셔너리(dict)

파이썬에서는 저장 도구로 딕셔너리를 많이 사용한다. 유일한 검색 기준을 키(key)로 저장하고, 키의 값은 내부적으로 해시로 변환된다.

해시 변환이 가능한 객체로는 변경할 수 없는 숫자나 문자열 등을 사용한다. 딕셔너리의 값으로 파이썬에서 생성하는 모든 객체가 가능하다.

예제 1 딕셔너리(dict) 알아보기

딕셔너리는 키와 값으로 구성된 자료구조이다.

키는 문자열로 작성하고 값은 정수로 넣었다. 키와 값을 구분할 때는 콜론을 사용한다. 만들어진 딕셔너리 객체의 클래스를 type 클래스로 확인하면 dict이다.

```
d = {'a': 1,'b':2}          # 키와 값을 쌍으로 딕셔너리 객체 생성.
```

```
print(type(d))              # 딕셔너리 객체를 생성한 클래스 확인.
```

```
<class 'dict'>
```

딕셔너리도 리터럴 표기법 외에 클래스로도 객체를 만들 수 있다. 기존에 만들어진 딕셔너리 객체를 딕셔너리에 인자로 전달해서 객체를 생성한다.

두 변수의 딕셔너리 객체 레퍼런스를 확인하면 두 객체가 다른 객체라는 것을 알 수 있다.

```
d1 = dict(d)          # 딕셔너리 생성자로 객체 생성.
```

```
d is d1
```

```
False
```

← 변경 가능한 객체로 기존 딕셔너리를 생성자에 넣어 객체를 만들면 항상 다른 객체 생성.

딕셔너리의 값을 갱신할 때는 키를 색인 연산에 넣어 조회한 후에 할당 연산자와 값을 지정한다. 두 변수에 저장된 딕셔너리는 내부 키와 값만 같지 다른 객체다. 변경한 객체만 값이 수정된다.

```
d['a'] = 30          # 색인 연산으로 값을 갱신.
```

```
d
```

```
{'a': 30, 'b': 2}
```

```
d1
```

```
{'a': 1, 'b': 2}  ← 사본은 원본과 달라서 갱신되는 것이 없다.
```

딕셔너리에서 키만 조회할 때는 keys 메소드를 사용한다. 순환문을 이용해서 내부의 키 값을 하나씩 출력한다.

```
for key in d1.keys() :    # 딕셔너리의 키만 조회할 때는 keys 메소드 사용.
    print(key)
```

```
a
b
```

딕셔너리에서 값을 조회할 때는 values 메소드를 사용한다.

```
for value in d1.values() :    # 값만 조회할 때는 values 메소드 사용.
    print(value)
```

```
1
2
```

딕셔너리에서 키와 값을 동시에 검색할 때는 items 메소드를 사용한다

```
for key,value in d1.items() :  # 키와 값을 쌍으로 조회하려면 items 메소드를 사용.
    print(key, value)
```

```
a 1
b 2
```

딕셔너리에서도 키가 없으면 색인 검색할 때 예외가 발생한다.

대안으로 **get** 메소드를 사용한다. 이때 두 번째 인자에 키가 없을 때 반환하는 값을 지정해야 한다.

```
d1['c']
```

```
---------------------------------------------------------------------------
KeyError                                  Traceback (most recent call last)
<ipython-input-11-60b2f2ae7442> in <module>
----> 1 d1['c']

KeyError: 'c'
```
← 없는 키를 조회하면 예외를 발생.

```
d1.get('c', "없음")
```
없는 키를 처리할 때는 get 메소드 사용. (없는 키가 있을 때 보여줄 값을 두 번째 인자로 넣는다)

```
'없음'
```

키가 없을 때 딕셔너리에 키와 값을 저장해 결과를 조회하고, 키가 있으면 조회할 수 있는 **setdefault** 메소드도 제공한다.

```
v2 = d1.setdefault('c',30)
```
없는 키를 세팅한 후에 조회할 때는 setdefault 메소드 사용.

```
v2
```

```
30
```

딕셔너리에 원소를 추가하려면 **update** 메소드를 사용한다.

```
d4 = dict([('가',1),('나',2)])
```
두 개의 원소를 가진 튜플로 리스트 원소를 만들면 딕셔너리 객체를 생성할 수 있다.

```
d1.update(d4)
```
딕셔너리에 원소를 추가하려면 update 메소드 사용.

```
d1
```

```
{'a': 1, 'b': 2, 'c': 30, '가': 1, '나': 2}
```

딕셔너리는 새로운 원소를 색인 연산으로 추가할 수 있다. 색인 연산에 없는 키를 넣고 값으로 딕셔너리를 추가하면 새로운 키와 값이 저장된다.

```
d5 = d.copy()                # 딕셔너리 사본도 copy 메소드로 생성.
```

```
d5['d4'] = d4                # 새로운 키를 추가할 때 색인 연산에 없는 키를 넣고 할당하면 새로운 키와 값이 생긴다.
```

```
d5
```

```
{'a': 30, 'b': 2, 'd4': {'가': 1, '나': 2}}
```

위에서 만든 중첩 딕셔너리를 복사해 사본을 만든다. 중첩 딕셔너리의 원소를 갱신하면 2개의 변수에 저장된 딕셔너리가 변경된 것을 알 수 있다. 일반적인 복사는 중첩 딕셔너리까지 새로운 객체로 만들지 않는다는 것을 알 수 있다.

```
d6 = d5.copy()               # 딕셔너리에 딕셔너리가 내포되어 사본 생성.
```

```
d6['d4']['가'] = 999          # 딕셔너리에 딕셔너리가 들어간 원소 변경.
```

```
d5
```

```
{'a': 30, 'b': 2, 'd4': {'가': 999, '나': 2}}  ← 원본과 사본이 변경.
```

```
d6
```

```
{'a': 30, 'b': 2, 'd4': {'가': 999, '나': 2}}
```

중첩 딕셔너리까지 새로운 객체로 만들려면 깊은 복사 함수가 있는 copy 모듈을 import한다.

깊은 복사 함수인 deepcopy에 중첩 딕셔너리 객체를 전달해 새로운 딕셔너리 사본을 만든다. 새로운 사본에 중첩 딕셔너리 원소를 갱신한 후에 확인하면 사본만 변경된다.

```
import copy
```

```
d7 =  copy.deepcopy(d6)            # 내포된 딕셔너리가 있을 때는 깊은 복사로 사본을 만들어서 복제.
```

```
d7['d4']['나'] = 100              # 사본에서 내부의 딕셔너리 원소를 갱신해도 원본은 변경되지 않는다.
```

```
d7
```

```
{'a': 30, 'b': 2, 'd4': {'가': 999, '나': 100}}
```

```
d6
```

```
{'a': 30, 'b': 2, 'd4': {'가': 999, '나': 2}}
```

예제 2 순서를 가지는 딕셔너리(dict) 알아보기

파이썬 딕셔너리 내의 원소들은 순서를 유지하지 않는다. 리스트처럼 순서를 지정할 필요가 있을 때는 `OrderedDict` 클래스를 사용한다.

다양한 자료구조와 추상 클래스를 가진 `collections` 모듈을 `import`하고 순서가 있는 딕셔너리 클래스 `OrederedDict`이 있는지 확인한다.

모든 딕셔너리 클래스는 추상 클래스 `Mapping`을 상속해서 구현한다. `OrderedDict` 클래스도 추상 클래스 `Mapping`을 상속했는지 확인하면 True를 출력한다.

```
import collections as cols
```

```
cols.OrderedDict          # 순서를 가진 딕셔너리가 필요할 때 이 클래스로 객체를 생성.
```

```
collections.OrderedDict
```

```
issubclass(cols.OrderedDict, cols.abc.Mapping)
```

```
True                      ← 모든 딕셔너리는 추상 클래스 Maping을 상속한다.
```

딕셔너리를 하나 만들어 OrderedDict 클래스의 객체를 만든다. 입력된 딕셔너리를 기준으로 순서를 정해서 보관한다.

```
d1 = {'a': 1,'b':2}
```

```
od = cols.OrderedDict(d1)                # 순서를 가지는 딕셔너리 객체 생성.
```

```
od
```

```
OrderedDict([('a', 1), ('b', 2)])  ← 순서대로 관리한다.
```

새로운 키와 값을 할당하면 마지막에 키와 값으로 저장된다. 새로운 원소는 마지막에 저장된다. 메소드 update를 사용할 때도 순서대로 원소가 저장된다.

```
od['c'] = 100                            # 새로운 키와 값을 추가.
```

```
od
```

```
OrderedDict([('a', 1), ('b', 2), ('c', 100)])  ← 추가하는 순서대로 관리.
```

```
od.update({'d':100})                     # 원소를 update 메소드로 추가하면 마지막에 추가.
```

```
od
```

```
OrderedDict([('a', 1), ('b', 2), ('c', 100), ('d', 100)])
```

2 집합(set)

수학의 집합처럼 원소는 유일해야 한다. 이 클래스에는 해시로 만든 키만 관리하고 변경할 수 있는 집합인 set과 변경할 수 없는 frozenset이 있다.

예제 1 집합 알아보기

리터럴 표기법으로 중괄호를 쓰고 내부에 원소만 할당해 만든 집합 객체를 변경할 수 없는 **frozenset**로 변환할 수 있다.

집합(set) 객체를 만들고 이를 **frozenset** 객체로 변환한다.

```
s = {1,2,3,4}                    # 집합은 해시로 구성하지만 키만 관리한다.
```

```
f = frozenset(s)                 # 변경할 수 없는 객체를 가진 집합도 있다.
```

```
type(s), type(f)
```

```
(set, frozenset)
```

집합에 원소를 추가할 때는 **add** 메소드에 인자를 전달해서 실행하면 원소가 추가된다.

```
s.add(5)             # 집합의 원소는 add로 추가.
```

집합 연산은 차집합도 집합으로 표시한다. 빈 집합인 공집합을 표기하는 방식은 **set( )**, **frozenset( )**로 표시한다.

```
s.difference(f), f.difference(s)          # 두 집합의 차집합을 구한다.
```

```
({5}, frozenset())
```

교집합, 합집합, 대칭 차집합 연산으로 실행 결과를 확인할 수 있다.

```
s.intersection(f), f.intersection(s)     # 두 집합의 교집합을 구한다.
```

```
({1, 2, 3, 4}, frozenset({1, 2, 3, 4}))
```

```
s.union(f), f.union(s)                   # 두 집합의 합집합을 구한다.
```

```
({1, 2, 3, 4, 5}, frozenset({1, 2, 3, 4, 5}))
```

```
s.symmetric_difference(f), f.symmetric_difference(s)
```

```
({5}, frozenset({5}))                    # 두 집합의 대칭 차집합을 구한다.
```

집합 연산 중에 두 집합에 대한 관계를 확인하는 메소드 **issubset**, **issuperset**가 있다. 부분집합은 **issubset**으로, 상위 집합은 **issuperset**로 확인한다.

```
s.issubset(f), f.issubset(s)             # 부분집합인지 확인.
```

```
(False, True)
```

```
s.issuperset(f), f.issuperset(s)         # 부분집합인지 확인.
```

```
(True, False)
```

2개의 집합 객체를 복사해서 원본과 사본을 비교하면 변경할 수 있는 경우는 새로운 객체를 만들지만, 변경할 수 없는 **frozenset**는 기존에 있는 원본의 레퍼런스를 전달한다.

```
f1 = f.copy()      # 변경할 수 없으므로 사본을 만들어도 기존 집합을 전달.
```

```
f1 is f
```

```
True
```

```
s1 = s.copy()      # 일반 집합은 변경할 수 있으므로 사본을 만들면 다른 객체 생성.
```

```
s1 is s
```

```
False
```

리터럴 표기법으로 같은 값을 여러 개 넣어서 집합을 만들어도 하나의 값만 가진 집합으로 만들어진다.

```
ss = {4,4,4,4,5,6,7} # 집합은 유일한 원소만 가지므로 같은 값이 여러 개 있어도 하나의 값만 원소로 처리.
```

```
ss
```

```
{4, 5, 6, 7}
```

집합도 변경할 수 있으므로 원소를 삭제할 수 있다. **discard**, **remove** 메소드로 원소를 삭제할 수 있다.

```
ss.discard(6)                    # 집합의 원소 삭제.
```

```
ss
```

```
{4, 5, 7}
```

```
ss.remove(4)                     # 집합의 원소 삭제.
```

```
ss
```

```
{5, 7}
```

두 메소드의 차이점은 없는 원소를 삭제할 때 **remove**는 예외가 발생하지만, **discard** 메소드는 예외가 발생하지 않는다.

```
ss.remove(4)
```

```
---------------------------------------------------------------------
-----
KeyError                          Traceback (most recent call last)
<ipython-input-32-ef2924624fa8> in <module>
----> 1 ss.remove(4)

KeyError: 4             ← 삭제할 원소가 없으면 예외 발생.
```

```
ss.discard(4)           # 삭제할 원소가 없어도 예외가 발생하지 않는다.
```

집합 연산에서 내부의 원소를 바꿀 때는 _update가 붙은 메소드를 사용한다.

차집합이나 교집합을 사용해 내부의 원소를 변경해보자.

```
f
```

```
frozenset({1, 2, 3, 4})
```

```
ss.difference_update(f)        # 차집합을 수행하고 내부의 원소 갱신.
```

```
ss
```

```
{5, 7}
```

```
ss.intersection_update(f)    # 교집합을 수행하고 내부의 원소 갱신.
```

```
ss
```

```
set()
```

공집합에 새로운 원소를 추가할 때는 update 메소드를 사용하고, 다시 교집합을 처리하면 자기 내부의 원소를 변경할 수 있다.

```
ss.update({3,4})
```

```
ss
```

```
{3, 4}
```

```
ss.intersection_update(f)
```

```
ss
```

```
{3, 4}
```

```
ss.symmetric_difference_update(f)    # 대칭 차집합을 수행하고 내부의 원소 갱신.
```

```
ss
```

```
{1, 2}
```

공집합이 발생하는지 확인할 때는 isdisjoint 메소드를 사용한다.

```
sss = {5,7}
```

```
f.isdisjoint(sss), sss.isdisjoint(f)          # 교집합 유무를 점검.
```

```
(True, True)
```

예제 2 멀티세트 처리 알아보기

같은 원소를 몇 개 가졌는지 멀티세트로 확인할 수 있다.

여러 자료구조를 가진 모듈 collections를 import하고, 그 내부에 있는 Counter 클래스를 확인한다. 클래스와 추상 클래스 Mapping과의 관계를 확인하면 상속 관계가 성립하는지 알 수 있다.

```
import collections as cols
```

```
cols.Counter
```

```
collections.Counter
```

```
issubclass(cols.Counter, cols.abc.Mapping)
```

```
True   ← 추상 클래스 Mapping을 상속한 것을 알 수 있다.
```

중복된 원소를 가진 리스트를 하나 만든다. 리스트를 Counter 클래스에 인자로 전달해서 객체를 만들면, 같은 원소는 키로 가고 같은 값의 개수는 값으로 간다.

딕셔너리와 처리하는 방식이 같아서 색인 연산으로 값을 조회할 수 있다.

```
l = [ 1,1,1,3,3,4,4,4]          # 같은 원소를 가진 리스트 생성.
```

```
c = cols.Counter(l)          # 멀티 세트 객체 생성.
```

```
c                                          # 같은 값을 키로 넣고 개수를 값으로 처리.
```

```
Counter({1: 3, 3: 2, 4: 3})
```

```
c[1]                                       # 색인 연산에 키로 조회.
```

```
3                                          ← 값을 알려준다.
```

이 클래스는 덧셈과 뺄셈 등의 연산을 수행할 수 있다. 키와 같은 개수를 가지고 연산을 처리한다.

```
d = c + c                  # 두 객체를 더해 새로운 변수에 할당.
```

```
d
```

```
Counter({1: 6, 3: 4, 4: 6})
```

```
e = d -c                   # 두 객체를 빼서 새로운 변수에 할당.
```

```
e
```

```
Counter({1: 3, 3: 2, 4: 3})
```

3 Heap 자료구조 처리하기

해시를 이용한 자료구조에는 딕셔너리 외에도 여러 개가 있다. 이 중에 힙(Heap)은 자료를 저장했다가 필요할 때마다 꺼내서 사용할 수 있는 구조이다.

예제 Heap 자료구조

Heap을 클래스로 정의한다. 먼저, `__init__` 초기화 함수를 정의하고, 값을 저장하는 속성을 빈 딕셔너리로 추가한다.

속성이 빈 상태를 관리하는 empty 함수와 저장된 값들이 있는지 getHeap 함수로 정의한다. 또한, 값을 넣고 빼는 push와 pop 함수를 작성한다.

```
class Heap :                                   # Heap 객체를 생성하고 빈 딕셔너리 할당.
    def __init__(self) :
        self._dict = {}

    def empty(self) :
        return True if len(self._dict) == 0 else False

    def pop(self, key) :                       # 저장소에서 원소를 하나 꺼낸다.
        if self._dict.get(key,0 ) :            # get 메소드를 사용해서 예외가 발생하지 않는다.
            return self._dict.pop(key)
        else :
            return 0

    def push(self,key,value) :                 # 원소를 추가하기 위해 setdefault 메소드를 사용.
        return self._dict.setdefault(key,value)

    def getHeap(self) :
        return self._dict.copy()               # 저장 상태를 조회하면 사본을 반환.
```

Heap 클래스로 빈 Heap 객체를 생성한다. 빈 객체인지 확인하기 위해 empty 메소드로 확인하면 True 값을 반환한다.

```
h1 = Heap()                          # 힙 객체 생성.
```

```
h1.empty()                           # 처음 상태 조회.
```

```
True
```

Heap을 딕셔너리로 저장하고 키와 값을 쌍으로 push 메소드에 전달해서 원소를 추가한다. Heap 내에 데이터가 어떻게 저장되었는지 확인하기 위해 getHeap 메소드를 실행한다.

```
h1.push("가을",100)              # 원소 추가.
```

```
100
```

```
h1.push("겨울",100)
```

```
100
```

```
h1.getHeap()                     # 저장된 상태 조회.
```

```
{'가을': 100, '겨울': 100}
```

내부의 원소를 꺼낼 때는 키를 pop 메소드의 인자로 전달해 원소를 꺼낸다. 상태를 확인하면 꺼낸 원소가 제거되어 하나의 원소만 남는다.

```
h1.pop("겨울")                   # 원소를 꺼낸다.
```

```
100
```

```
h1.getHeap()
```

```
{'가을': 100}
```

없는 키로 원소를 꺼내려고 하면 예외 대신 0을 반환한다. 다시 나머지 하나의 키를 주고 원소를 꺼내면 나머지 원소도 제거된다.

상태를 조회하면 빈 딕셔너리만 있는 것을 확인할 수 있다.

```
h1.pop("겨울")
```

```
0
```

```
h1.pop("가을")
```

```
100
```

```
h1.getHeap()
```

```
{}
```

Chapter 22

컴프리헨션 알아보기

파이썬에서는 리터럴 표기법으로 원소를 나열해 객체를 만드는데, 원소가 많으면 모두 나열하기 어렵다. 수학의 집합에서 특정 수식을 사용하는 방식이 있다. 이를 그대로 도입해서 간단한 표현식을 작성하는 것을 컴프리헨션(comprehension)이라고 한다.

리스트, 딕셔너리, 집합 클래스는 객체를 만들 때 컴프리헨션 방식을 사용해서 객체를 만든다.

어떻게 수식을 간단히 표시해 원소를 나열하는지 알아보자.

1 리스트 컴프리헨션(list comprehension)

리스트 객체를 만들 때 원소를 나열하는 리터럴 표기법을 사용할 수 있다. 객체의 원소가 많은 경우에는 대괄호 안에 표현식을 작성해 원소를 나열한다.

예제 **리스트 컴프리헨션 이해하기**

원소를 나열해서 리스트 객체를 하나 만든다.

map 클래스는 함수를 받아서 리스트의 원소를 변형할 수 있다. map 클래스에서 생산된 객체는 반복자로 실제 실행된 객체가 아니다.

리스트로 변환하려면 대괄호 안에 이 객체를 넣고 그 앞에 별표를 붙여서 처리해야 한다. 별표는 반복자 객체를 자동으로 순환시켜 모든 원소를 추출하는 기능을 한다.

```
l1 = [1,2,3,4,5]
```

```
m = map(lambda x : x* x, l1)    # 첫 번째 인자에는 하나의 원소를 받는 함수를 넣고,
                                  두 번째 인자에는 리스트를 전달.
```

```
m
```

```
<map at 0x50ea3c8>                ← map은 클래스로 객체를 만들어서 반환.
```

```
[*m]                              # map 객체에 별표를 붙이면 원소를 변환해서 값을 리스트 내에 표시.
```

```
[1, 4, 9, 16, 25]
```

위에서 클래스로 작성한 것을 컴프리헨션으로 간단히 작성할 수 있다.

대괄호 안에 순환문으로 표시해서 원소를 하나씩 꺼내서 계산을 수행한다. 변수에 할당하면 모든 원소를 나열한다. 이 변수를 조회하면 원소가 나열된 것을 확인할 수 있다.

```
lh = [x*x for x in l1]                # map 대신에 리스트 컴프리헨션으로 처리할 수 있다.
                                      (이때는 원소를 하나씩 처리하기 위해 인라인으로 for문 작성)
```

```
lh
```

```
[1, 4, 9, 16, 25]
```

내장 클래스 `filter`도 `map` 클래스처럼 함수와 리스트를 받고 리스트에서 필요한 것만 추출한다. 또한, 이 클래스도 반복자에서 반복자를 처리하는 객체를 만든다.

원소를 나열하려면 대괄호에 넣고 별표를 붙여서 원소를 꺼낸다.

```
f = filter(lambda x : x % 2 == 0, lh)     # filter도 클래스이다.
```

＊ 첫 번째 인자에는 필터링하는 함수를, 두 번째 인자에는 리스트를 넣는다.

```
f                                         # filter 클래스의 객체가 생성.
```

```
<filter at 0x50ead30>
```

```
[*f]                                      # 필터 객체에 별표를 붙이면.
```

```
[4, 16]                                   ← 해당 조건에 맞는 원소만 선택.
```

컴프리헨션 표기법으로 필터를 처리하려면 순환문 뒤에 제어문을 작성한다.

```
lh1 = [x*x for x in l1 if x % 2 == 0]   # 필터는 for문 다음에 if문을 사용해 정의.
```

```
lh1
```

```
[4, 16]                                   ← 리스트 컴프리헨션을 처리한 결과는 2개의 원소만 추출.
```

2 딕셔너리(dict)와 집합(set) 컴프리헨션

딕셔너리(dict)와 집합(set)도 리스트 컴프리헨션과 유사한 표기법을 사용한다. 집합과 딕셔너리는 중괄호를 사용해서 원소가 하나인지 쌍인지 구별한다.

예제 딕셔너리(dict)와 집합(set) 컴프리헨션

집합 객체를 하나 리터럴 표기법으로 작성하고 map을 사용해 원소를 변형한다.

```
s = {1,2,3,4,5}
```

```
m = map(lambda x : x* x, s)      # 집합을 map에 넣어 처리할 수도 있다.
```

```
{*m}                             # 집합에 map 객체를 넣어 별표를 붙이면
```

```
{1,2,3,4,5}                      ← 처리한 원소를 집합으로 표시.
```

2개의 원소를 가진 튜플(tuple)을 리스트에 원소로 넣어 객체를 하나 만든다.

```
ll = [('a',1),('b',2)]           # 순서 쌍으로 된 리스트 객체 생성.
```

하나의 값을 갱신하는 함수를 만든다.

```
def t(x) :                       # 함수 생성.
    x = list(x)                  # 인자로 전달된 튜플을 리스트로 변환.
    x[1] = x[1] * x[1]           # 첫 번째 원소를 곱해서 첫 번째 원소에 할당.
    x = tuple(x)                 # 다시 튜플로 변환.
    return x
```

람다 함수를 정의할 때 이 함수를 표현식에 넣어서 `map` 클래스에 인자로 전달한다. 변형된 것을 확인하면 함수가 실행되어 계산한 것을 확인할 수 있다.

```
d = map(lambda x : t(x) , l1)    # 리스트가 전달되면 함수의 변환을 람다 함수로 표시할 때
                                   정의된 함수를 표현식에 넣어서 실행.
```

```
[*d]                             # map 객체에 별표를 붙여 처리한 결과를 리스트로 생성.
```

```
[('a', 1), ('b', 4)]
```

딕셔너리 컴프리헨션으로 작성하면 간단한 표현식으로 원소를 생성할 수 있다.

```
{x:y*y for x,y in l1}            # 딕셔너리 컴프리헨션으로 두 값을 곱하도록 로직을 정하면
                                   별도의 함수가 없어도 처리 가능.
```

```
{'a': 1, 'b': 4}
```

3 컴프리헨션 처리할 때 주의할 점

컴프리헨션에 정의된 변수는 외부에서 사용할 수 없다. 컴프리헨션도 함수처럼 지역 이름공간을 사용하기 때문이다.

예제 1 컴프리헨션 지역변수

리스트 컴프리헨션을 작성해서 리스트를 생성한다.

리스트 컴프리헨션 내에 변수 x를 정의했는데, 이 변수는 외부에서 참조할 수 없어서 예외가 발생한 것이다.

```
ll = [x for x in range(10)]     # 리스트 컴프리헨션에 사용되는 변수는 지역 이름공간으로 처리.
```

```
ll
```

```
[0, 1, 2, 3, 4, 5, 6, 7, 8, 9]
```

```
x                               # 리스트 컴프리헨션에서 사용한 변수를 모듈에서 참조.
```

```
---------------------------------------------------------------------------
NameError                         Traceback (most recent call last)
<ipython-input-3-6fcf9dfbd479> in <module>
----> 1 x

NameError: name 'x' is not defined     ← 없는 변수.
```

컴프리헨션도 지역 이름공간을 가진다. 이를 조회하기 위해 `locals` 함수를 실행해서 지역 이름공간에 저장된 정보를 확인한다.

실제 x에 저장된 값이 최종값인 9로 출력된다. 이것은 모든 것을 다 실행한 후에 지역 이름공간을 출력하기 때문이다.

```
lll = [locals() for x in range(10)]          # 지역 이름공간을 locals 함수로 출력.
```

```
lll                                          # 출력된 값 확인.
```

```
[{'x': 9, '.0': <range_iterator at 0x4e31690>},
 {'x': 9, '.0': <range_iterator at 0x4e31690>},
 {'x': 9, '.0': <range_iterator at 0x4e31690>},
 {'x': 9, '.0': <range_iterator at 0x4e31690>},
 {'x': 9, '.0': <range_iterator at 0x4e31690>},
 {'x': 9, '.0': <range_iterator at 0x4e31690>},   ← 자동으로 순환 처리되어
 {'x': 9, '.0': <range_iterator at 0x4e31690>},     마지막 값만 출력.
 {'x': 9, '.0': <range_iterator at 0x4e31690>},
 {'x': 9, '.0': <range_iterator at 0x4e31690>},
 {'x': 9, '.0': <range_iterator at 0x4e31690>}]
```

예제 2 컴프리헨션 내에서 함수 처리

컴프리헨션 내에 함수 power를 정의해서 사용할 수 있다.

함수를 하나 정의하고 이름을 리터럴 표기법에 넣고 리스트 객체를 만든다. 이 객체를 조회하면 3개의 함수 객체만 저장된다.

```
def power(x) :                         # 함수를 하나 정의.
    return x * x                       # 원소를 받아서 같은 원소를 곱한다.
```

```
l = [ power for x in range(3)]         # 리스트 컴프리헨션에 함수 이름만 처리.
```

```
l
```

```
[<function __main__.power(x)>,
 <function __main__.power(x)>,         ← 실행된 결과가 아닌 함수만 출력.
 <function __main__.power(x)>]
```

```
l[0](3)                                # 저장된 함수를 색인 연산으로 조회한 후에 실행.
```

```
9                                      ← 함수가 실행되어 반환 값이 있다.
```

항상 컴프리헨션은 값을 처리한다. 함수를 사용할 경우에 함수를 실행해서 값을 반환하도록 만들어야 한다.

```
ll = [power(x) for x in range(3)]    # 리스트 컴프리헨션에서 원소 값으로 출력하려면
                                       함수를 실행하면 된다.
```

```
ll
```

```
[0, 1, 4]
```

4 동적으로 반복자 처리하기

앞에서 알아본 클래스 **map**, **filter**는 동적 객체 핸들러(handler)를 만들고 핸들러를 사용해서 내부의 값을 가져온다. 이런 방식의 처리를 지원하는 클래스가 반복자(Iterator) 클래스이다.

반복자 클래스로 객체를 생성한 후에 그 객체로 내부의 원소를 처리해야 한다.

예제 반복자 처리 알아보기

사용자 정의 반복자 클래스를 정의할 때는 초기화 함수에 반복되는 객체를 받아 저장한다.

반복자 객체를 반환하는 **__iter__** 함수를 정의한다. 반복자 객체에서는 자기 자신을 그대로 전달한다.

하나의 원소를 꺼내서 사용하려면 **__next__** 함수로 정의한다.

모든 원소를 처리하면 반복자 객체의 원소를 다 처리했다는 의미로 항상 `StopIterator` 예외가 발생하게 한다. 내부에 원소가 없다는 뜻이다.

```
class Iterator :                # 반복자 클래스를 정의할 때 2개의 함수(__iter__, __netx__)를 반드시 구현.
    def __init__(self, iterable) :     # 반복할 수 있는 객체를 받아서 객체 속성에 저장.
        self.iterable = iterable

    def __iter__(self) :               # 반복자 객체를 그대로 반환.
        return self

    def __next__(self) :               # 원소를 하나씩 조회하는 함수는 마지막을 항상
        if not self.iterable :           StopException으로 처리.
            raise StopIteration(" 데이터가 없습니다.")
        return self.iterable.pop(0)
```

반복자 객체를 하나 만들고 저장된 속성을 확인한다.

```
it = Iterator([1,2,3,4])          # 반복자 객체 생성.
```

```
it.iterable                       # 반복자 객체의 속성 확인.
```

```
[1, 2, 3, 4]
```

내장함수 **next**를 실행하면 반복자 원소를 하나씩 출력한다.

```
next(it), next(it), next(it),next(it)      # 4개의 원소를 next 함수로 꺼낸다.
```

```
(1, 2, 3, 4)
```

```
next(it)                                   # 5번째 원소 조회.
```

```
---------------------------------------------------------------------------
StopIteration                          Traceback (most recent call last)
<ipython-input-5-bc1ab118995a> in <module>
----> 1 next(it)

<ipython-input-1-ab9258bbd95c> in __next__(self)
      8     def __next__(self) :
      9         if not self.iterable :
---> 10             raise StopIteration(" 데이터가 없습니다.")
     11         return self.iterable.pop(0)
                                  ┌ 원소를 다 사용해서 StopIteration을 반환
StopIteration:  데이터가 없습니다.
```

다시 사용할 때는 새로운 반복자 객체를 만든다. 순환문에서 처리하면 모든 원소를 다 소진한 후에 예외가 발생하지 않는다.

```
it1 = Iterator([1,2,3,4,5])      # 새로운 반복자 객체를 생성.
```

```
for i in it1 :                   # 순환문으로 처리.
    print(i)
```

```
1
2
```

```
3
4
5
```
← 다 사용해도 예외가 발생하지 않는다.

제너레이터 표현식은 리터럴 표기법과 같지만, 반복자를 처리하므로 표현식이 실행되면 반복자인 제너레이터 객체를 만든다.

```
g = (x for x in range(1,5))    # 제너레이터 표현식은 리터럴 컴프리헨션과 거의 같은
                               표기법을 사용하지만 소괄호로 표시.
```

변수를 조회하면 제너레이터 객체 즉 핸들러가 들어가 있다.

```
g                              # 제너레이터 표현식을 작성하면 제너레이터 객체를 생성.
```

```
<generator object <genexpr> at 0x000001EC0486A7C8>
```

리스트 컴프리헨션을 작성하면 실제 정적인 원소를 자동으로 만드는 구조이다.

```
l = [x for x in range(1,5)]    # 리스트 컴프리헨션은 표현식을 실행해서 바로 원소로 바꿔준다.
```

```
l
```

```
[1, 2, 3, 4]
```

제너레이터 표현식은 새로운 핸들러를 만든 후에 이 핸들러로 원소를 하나씩 처리한다. 다 처리 후에 두 번째 사용하려면 원소를 추출하지 않는다.

```
for i in g :
    print(i)
```

```
1
2
3
4
```

```
for i in g :                   # 제너레이터 표현식도 반복자이므로 한번 사용하고 나면 다시 사용할 수 없다.
    print(i)                   (다시 사용하려면 제너레이터 객체를 만들어야 한다.)
```

Chapter 23

재귀 함수와 합성 함수 처리하기

자기 자신의 함수를 함수 내에서 호출하면 자기 함수가 연속적으로 호출되어 처리된다. 이것을 재귀 함수라 한다.

또한, 함수를 정의할 때 다른 함수를 매개변수로 받거나 다른 함수를 반환하는 처리하는 함수를 합성 함수라고 한다.

1 자기 자신을 반복하는 재귀 함수 처리하기

함수를 정의할 때 자기 자신을 호출해서 함수를 순환시키는 것을 재귀 함수라고 한다. 재귀 함수를 사용하면 별도의 순환문을 사용하지 않아도 반복해서 처리하는 효과가 있다.

파이썬에서는 재귀 함수를 구성해서 사용할 수 있지만, 재귀 함수를 무한정 사용할 수 없도록 제약을 두고 있다.

예제 **함수 재귀 호출 알아보기**

하나의 리스트를 받아서 함수를 재귀 호출해 처리하는 함수를 정의한다.

리스트의 원소를 하나씩 줄여서 자기 자신의 함수를 호출한다. 마지막 원소일 때는 재귀 순환을 종료하도록 제어문에서 최종값을 반환한다.

```
%%timeit                                  # 재귀 함수를 정의해서 실행 시간 확인.
def list_sum(l):

    if len(l) == 1:                       # 마지막 처리하는 로직을 넣어서 무한 순환을 방지.
        return l[0]

                                          # 처리하는 값을 줄이기 위해 첫 번째 원소는 head에,
    head, *tail = l                         나머지 원소들은 tail에 넣는다.
    return head + list_sum(tail)          # tail을 인자로 전달해서 자기 자신을 호출.

list_sum([1,2,3,4,5])
```

```
2.69 µs ± 328 ns per loop (mean ± std. dev. of 7 runs, 100000 loops each)
```

재귀 호출 없이 함수 내부에서 순환문으로 리스트의 원소를 처리한다. 재귀 호출보다 순환문을 만들어 사용하는 것이 더 성능이 좋다. 파이썬의 재귀 호출은 함수를 계속 만들어 처리하므로 많은 시간을 사용하기 때문이다.

```
%%timeit
def list_sum_(l):
    result = 0
    for i in l :
        result += i                # 모든 원소를 순환문으로 처리.
    return result


list_sum_([1,2,3,4,5])
```

```
571 ns ± 90.1 ns per loop (mean ± std. dev. of 7 runs, 1000000 loops each)
```

내장함수 sum에 리스트를 넣고 연산을 실행하면 위의 함수보다 더 빠르게 처리한다. 이는 내부적으로 처리하는 것이 순환문을 작성해서 처리하는 것보다 더 효율적이기 때문이다.

```
%%timeit                           # 내장함수를 사용해서 합을 계산.
sum([1,2,3,4,5])
```

```
342 ns ± 41 ns per loop (mean ± std. dev. of 7 runs, 1000000 loops each)
```

2 함수를 함수에 전달하는 합성 함수 처리하기

함수도 객체이므로 다른 객체처럼 인자로 전달해서 사용할 수 있다. 이런 함수 처리를 합성 함수라고 한다. 합성 함수는 함수를 인자로 전달받아 전달받은 함수를 내부에서 실행해 결괏값을 반환한다.

예제 **합성함수 알아보기**

간단하게 2개의 매개변수를 더하는 함수를 하나 정의한다.

```
def add(x,y) :                    # 함수를 정의.
    return x+y
```

수학 모듈 math를 import한다.

매개변수에 함수를 전달받아서 처리할 power 함수를 정의한다. 전달받은 함수를 내부에서 더한 후에 제곱을 처리할 숫자가 들어오면 제곱까지 처리된 결과를 반환한다.

```
import math
```

```
def power(func,*args,z=None) :        # 전달받는 함수와 인자를 매개변수로 정의.
    result = func(*args)              # 인자를 전달받아 실행.
    if z :
        result = math.pow(result,z)   # 키워드 인자가 들어오면 합한 값을 제곱한다.
    return result
```

합성함수에 함수를 인자로 전달해고 함수를 실행하면 두 인자를 더한 후에 제곱을 한 값을 계산한다.

```
power(add,1,2,z=2)            # 함수와 인자 그리고 제곱할 값을 전달해서 실행.
```

```
9.0
```

3 재귀 함수 실행 시 객체 이름공간 이용하기

함수가 정의되면 함수 내부에는 지역 이름공간이 생긴다. 함수는 객체이므로 객체 이름공간도 만들어진다. 즉 함수는 두 개의 이름공간을 가진다는 것이다. 함수를 정의해서 함수 객체를 만드는 것은 함수 객체의 이름공간을 사용할 수 있다는 뜻이다. 이 이름공간은 함수를 실행할 때 항상 공유해서 사용할 수 있다.

예제 순환문 없이 순환 돌리기

하나의 반복형 객체를 받는 재귀 호출 함수를 정의한다.

내부 로직은 반복형 객체가 리스트 객체가 아니면 처리할 수 없다는 문자열을 반환한다.

두 번째 제어문은 내장함수 `hasattr`을 이용해서 함수 객체의 이름공간에 `result` 속성이 있는지 확인한다. 없으면 `result` 속성을 만들어 빈 리스트를 할당한다.

세 번째 제어문은 매개변수 길이가 1인지를 확인하고, 함수 객체 속성에 마지막 원소를 추가한 후 None을 반환해서 함수를 종료한다.

함수의 실제 로직은 리스트의 원소를 하나씩 꺼내 함수 객체의 속성 `result`로 이동시킨다. 그다음에 `return`문에서 자기 자신의 함수에 리스트를 인자로 전달해 순환 처리한다.

```
def recusion(iterable) :                          # 하나의 매개변수를 가지는 재귀 함수 정의.

    if not isinstance(iterable, list) :           # 매개변수의 자료형 처리.
        return "처리할 수 없습니다."               # 리스트 클래스가 아니면 함수 종료.

    if not hasattr(recusion,"result") :           # 함수 객체에 속성이 있는지 확인.
        recusion.result = []                      # 없으면 속성을 추가하고 빈 리스트 할당.

    if len(iterable) == 1 :                       # 반복하는 원소의 길이가 1이면.
        recusion.result.append(iterable.pop())    # 마지막 원소를 함수 객체의
        return None                               속성에 추가하고 함수 종료.

    recusion.result.append(iterable.pop(0))       # 원소를 하나씩 객체의 속성에 추가.
    return recusion(iterable)                     # 자기 함수 호출.
```

4개의 원소를 가진 리스트를 함수에 전달해 실행한다. 결과를 확인하기 위해 이 함수의 속성 `result`를 조회한다. 인자로 전달한 리스트가 함수 객체 속성에 그대로 들어간 것을 볼 수 있다.

```
recusion([1,2,3,4])                  # 함수 실행.
```

```
recusion.result                      # 함수 객체의 속성 확인.
```

```
[1, 2, 3, 4]                         ← 함수 실행할 때 인자로 전달한 리스트가 들어있다.
```

문자열을 함수에 인자로 전달하면 리스트가 아니어서 첫 번째 제어문 조건을 만족하지 못해 종료한 것을 알 수 있다.

```
recusion("문자열 가능여부")           # 문자열을 넣고 함수 실행.
```

```
'처리할 수 없습니다.'                 ← 리스트가 아니므로 처리할 수 없다는 메시지 표시.
```

Chapter 24

함수를 표현식으로 처리하기

일반적인 함수는 함수를 정의한 후에 실행 연산자로 호출해서 실행한다. 다른 구조의 함수인 람다 표현식(lambda expression) 또는 람다 함수는 별도의 함수 정의 없이 함수를 작성하는 즉시 실행할 수 있다. 함수 표현식인 람다 함수를 어떻게 정의해서 사용하는지 알아보자.

1 람다(Lambda) 함수

람다(lambda) 함수는 예약어 **lambda**를 먼저 쓰고 그 다음에 매개변수, 콜론, 표현식 순으로 작성한다. 람다 표현식이라고 부르는 이유는 이름을 별도로 지정할 수 없고 표현식이 평가되면 그 결과를 그대로 반환하기 때문이다.

람다 함수도 하나의 객체이므로 **LambdaType** 클래스에 의해 생성된다.

예제 **람다 함수 정의와 실행**

람다 함수를 작성할 때는 **lambda** 예약어 다음에 매개변수 **x**, **y**를 정의하고 콜론 다음에 **x+y**인 표현식을 작성한다. 별도의 반환문이 없어서 표현식이 결과를 그대로 반환한다.

람다 함수를 괄호로 묶고 바로 호출 연산자 괄호에 2개의 인자 5, 5 넣어 함수를 실행하면 10을 반환한다.

```
(lambda x,y : x+y)(5,5)     # 2개의 매개변수를 정의하고, 매개변수를 합산.
```

```
10    ← 결과를 반환.
```

람다 함수도 객체이므로 변수에 할당할 수 있다.

람다 함수의 클래스를 확인하면 **LambdaType** 클래스라는 것을 알 수 있다.

```
lam = lambda x,y : x+y          # 이름이 없어 다시 사용하려면 변수에 저장.
```

```
import types
```

```
type(lam) == types.LambdaType   # 람다 함수도 객체이다(람다 함수를 만든 클래스 확인).
```

```
True
```

람다 함수는 '익명 함수' 즉 이름이 없는 함수이다. 람다 함수의 속성 `__name__`을 확인하면 이름이 없다는 의미로 <lambda>를 표시한다. 이름이 없다는 것은 이름공간에 바로 등록할 수 없다는 뜻이다.

```
lam.__name__                  # 익명 함수의 __name__ 속성 확인.
```

```
'<lambda>'                    ← 이름이 없다는 뜻으로 lamda를 표시.
```

람다 함수인 람다 표현식에서는 함수 호출은 표현식이라 올수 있지만 pass는 문장이므로 사용할 수 없다.

```
(lambda x,y : print(x,y))(5,5)          # 매개변수를 정의하고 콜론 다음에 표현식 작성.
```

```
5 5
```

```
(lambda x,y : pass)(5,5)                # 표현식에 문자를 넣으면 예외 발생.
```

```
  File "<ipython-input-8-b5df2a6b063e>", line 1
    (lambda x,y : pass)(5,5)
                     ^
SyntaxError: invalid syntax
```

2 람다 함수를 이용한 합성 함수 처리

람다 함수도 일반적인 함수와 같은 처리를 한다. 람다 함수의 인자로 람다 함수를 전달받아 합성 함수를 만들 수도 있다.

또한, 람다 함수 내에 람다 함수를 정의해서 클로저 환경도 구성할 수 있다.

예제 람다 함수로 합성 함수 만들기

리스트 객체를 하나 만든다.

첫 번째 람다 함수는 하나의 매개변수를 받고 같은 매개변수를 곱한 값을 구한다. 람다 함수를 재사용하기 위해 func 변수에 할당한다.

두 번째 람다 함수는 함수와 반복형 객체를 전달받아 리스트 컴프리헨션 내에서 리스트 원소에 전달받은 람다 함수를 적용한다.

람다 함수를 함수와 리스트를 인자로 넣어 바로 실행하면 결과를 확인할 수 있다.

```
l = [1,2,3,4]
```

```
func = lambda x : x*x # 람다 함수를 정의하고 재사용하기 위해 변수에 할당.
```

```
(lambda func,obj : [func(x) for x in obj])(func,l)
[1, 4, 9, 16]                # 람다 함수에 리스트 컴프리헨션을 작성하고, 그 안에 외부에서 정의된 람다 함수 실행.
```

람다 함수가 하나의 매개변수에 함수를 전달받고 이 함수를 그대로 반환한다. 이 람다 함수를 변수 c에 할당한다.

다시 위에서 정의한 func 함수를 인자로 전달받고 변수 c에 할당한다. 이 변수 c를 다시 호출하면 10×10을 계산한 값을 반환한다.

```
c = lambda func : func                # 람다 함수를 전달받아 람다 함수 반환.
```

```
c = c(func)                           # 반환된 람다 함수 실행.
```

```
c(10)                                 # 정의된 함수 실행.
```

```
100
```

람다 함수 내의 표현식에 람다 함수를 정의한다. 이는 외부함수를 정의하고 함수 내부에 내부 함수를 정의하는 방식과 같다. 이 람다 함수에 func에 정의한 함수를 인자로 전달하면, 함수는 내부에 저장되고 람다 함수를 다시 반환한다.

이 함수에 정수를 넣고 함수를 실행하면 같은 값을 곱해서 나온 결과와 같다.

```
b = (lambda func : lambda *args,**kwargs : func(*args,**kwargs ))
```

* 외부 람다 함수는 함수를 전달받는다. 반환되는 내부 람다 함수는 인자를 받고 전달받은 함수를 실행한다.

```
b = b(func)
```

```
b(10)
```

```
100
```

람다 함수도 하나의 매개변수를 받으면서 내부에 람다 함수를 가질 수 있고, 데코레이터를 새로 정의한 함수에 지정할 수 있다.

람다 함수로 하나의 함수를 받는 매개변수를 정의하고 변수에 할당한다. 실행 함수 바로 위에 @함수명을 표기해서 데코레이터 처리하고, 실행 함수를 호출해서 결과를 반환받으면 된다.

```
d = (lambda func : lambda *args,**kwargs : func(*args,**kwargs ))
```

```
@d                        # 위에서 정의한 람다 함수를 데코레이터 처리할 수도 있다.
def add(x,y) :            # 데코레이터 처리하면 실행 함수가 저장되고, 내부 함수가 반환된다.
    return x + y
```

```
add(10,1110)              # 실행 함수에 인자를 넣어 실행.
```

```
1120
```

이번에는 함수의 인자를 분리해 부분 함수를 만들어 처리한다. 외부 람다 함수는 `lambda` 다음에 하나의 인자를 받도록 매개변수를 정의한다.

표현식을 작성할 때 다른 람다 함수를 정의한다. 첫 번째 람다 함수를 실행하면 내부에 정의된 람다 함수가 반환되고, 두 번째 호출하면 결괏값을 표시해준다.

```
p = lambda x : lambda y : x+y        # 인자를 분리해서 받을 때는 외부 람다 함수와
                                       내부 람다 함수에 인자를 분리.
```

```
p = p(10)                            # 내부 람다 함수에서 마지막 로직 처리 실행.
```

```
p(20)
```

```
30
```

Chapter 25

함수 안에 함수 정의하기

보통 함수는 모듈에 정의하지만, 함수를 함수 내부에 정의해서 사용할 수도 있다.

함수 안에 함수를 정의하면 외부에 있는 함수를 외부 함수(outer function), 내부에 정의된 함수를 내부 함수(inner function) 또는 내포 함수(nested function)라고 한다. 이렇게 정의된 함수 간에 계층을 구성하면 이름공간도 계층에 맞춰 공유된다.

1 외부 함수 안에 내부 함수 정의

함수 안에 함수를 정의해서 처리하는 방법을 알아보자.

예제 **외부 함수와 내부 함수 알아보기**

기준이 되는 함수를 외부 함수라고 한다. 이 외부 함수의 이름은 `outer`이고 2개의 매개변수를 받는다. 내부 함수 `inner`는 아무런 매개변수가 없고 외부 함수의 두 매개변수를 더해서 반환한다. 이 외부 함수를 호출할 때 인자 5, 5를 전달해 실행하면 10이라는 결과가 나온다.

외부 함수와 내부 함수를 구분해서 작성한 것을 살펴보면 외부 함수는 매개변수와 반환값을 처리하고, 내부 함수는 실제 기능을 처리하는 구성으로 된 것을 알 수 있다.

```
def outer(x,y) :                    # 함수 안에 함수를 정의.
    def inner() :                   # 함수 안에 정의한 내부 함수.
        return x+y                  # 내부 함수에서 외부 함수에 들어온 매개변수 처리.
    return inner()                  # 내부 함수를 실행해서 결과 반환.
```

```
outer(5,5)
```

```
10
```

외부 함수와 내부 함수의 지역 이름공간이 어떻게 만들어지고 공유하는지 알아보자.

함수 정의와 같지만, 각 함수에 지역 이름공간을 확인하기 위해 `locals` 함수를 실행해서 출력한다. 함수의 실행 순서에 맞춰 외부 함수의 이름공간이 먼저 출력되고 2개의 매개변수와 내부 함수가 지역 이름공간에 있는 것을 알 수 있다.

내부 함수의 이름공간은 외부 함수의 매개변수가 지역 이름공간에 들어간 것을 알 수 있다.

```python
def outer(x,y) :                              # 외부 함수는 매개변수만, 내부 함수는 로직 처리.
    def inner() :
        print("inner local", locals()) # 내부 함수의 지역 이름공간 확인.
        return x+y
    print("outer local", locals())            # 외부 함수의 지역 이름공간 확인.
    return inner()
```

```python
outer(5,5)
```

```
outer local {'inner': <function outer.<locals>.inner at 0x0000000005057510>
, 'y': 5, 'x': 5}
inner local {'y': 5, 'x': 5}

10
```

2 함수 이름공간의 스코프(scope) 이해하기

모듈은 전역 이름공간을 가지고 있어서 모듈 내부에 작성된 함수나 클래스가 이름공간에 정의된 변수를 참조할 수 있다. 모듈에 정의된 함수는 지역 이름공간을 가지고 있어서 이 함수 내부에 또 함수를 정의하면 지역 이름공간이 만들어진다.

이렇게 이름공간에 있는 변수를 참조하여 범위를 정하는 규칙을 스코프(scope)라고 한다. 스코프에 따라 변수를 참조할 수 있어 규칙을 벗어나면 예외가 발생한다.

예제 1 지역변수를 할당 없이 처리

함수 `func`를 정의할 때 매개변수는 `x`, `y` 2개이고 내부에 변수 `result`에 더한다. 모두 3개의 지역변수가 만들어진다.

```
def func(x,y) :                    # 2개의 매개변수를 정의.
    result = result + x + y        # 할당문은 지역 이름공간에 있는지 확인하고,
    return result                    오른쪽 표현식부터 실행하도록 구성.
```

함수에 2개의 인자를 넣고 실행하면 예외가 발생한다. 함수 내부에 정의된 `result` 지역변수가 두 매개변수와 더할 때 변숫값을 가져오지 못해서 예외가 발생하는 것이다.

예외 메시지를 보면 `result`를 변수에 할당하지 않고 내부적으로 인식해 `result`를 지역 이름공간에서만 찾기 때문이다.

```
func(5,5)                    # 함수 실행.
```

```
---------------------------------------------------------------------------
UnboundLocalError                         Traceback (most recent call last)
<ipython-input-2-1725793ac4bf> in <module>
----> 1 func(5,5)
```

```
<ipython-input-1-fa3c65c31eef> in func(x, y)
      1 def func(x,y) :
----> 2     result = result + x + y
      3     return result

UnboundLocalError: local variable 'result' referenced before assignment
```

변수를 사용하려면 먼저 변수에 값을 할당해야 한다. 그다음에 이 변수를 참조하거나 할당한다.

```
def func1(x,y) :
    result = 0
    result = result + x + y
    return result
```

```
func1(5,5)
```

```
10
```

예제 2 전역변수 이용하기

전역변수(global variable)는 모듈에 정의되어 전역 이름공간에 저장되는 변수를 말한다. 전역변수 `result`를 할당하고 위에서 작성한 함수와 같은 로직을 그대로 작성해 실행하면 같은 예외가 발생한다.

표현식에 있는 `result`가 전역 이름공간에 있어서 참조할 것 같지만, 실제는 참조하지 못한다. 이유는 함수 내부에 같은 이름의 변수가 할당되어서 지역 이름공간을 먼저 찾기 때문이다.

```
result = 0                          # 함수 안에서 사용할 전역변수 정의.
```

```
def func1(x,y) :
    result = result + x + y         # 전역변수를 처리하도록 정의.
    return result
```

```
func1(5,5)
```

```
---------------------------------------------------------------------------
UnboundLocalError                         Traceback (most recent call last)
<ipython-input-5-25832ab58298> in <module>
----> 1 func1(5,5)

<ipython-input-4-54f5919e1d45> in func1(x, y)
      1 def func1(x,y) :
----> 2     result = result + x + y
      3     return result

UnboundLocalError: local variable 'result' referenced before assignment
```

└ result 변수를 함수 내에 할당해서 먼저 지역 이름공간을 참조하는 방식으로 구조화되어 전역변수를 호출할 수 없다(지역 이름공간에 없어서 예외 발생).

이런 문제를 해결하기 위해서는 사용하는 변수가 어느 이름공간에 있는지 먼저 지정해야 한다. 이때 예약어 **global**과 전역변수 이름을 먼저 선언해서 전역변수를 참조할 수 있도록 만들어야 한다. 함수를 실행하면 예외 없이 결과를 반환한다.

```
def func1(x,y) :
    global result          # 전역 이름공간에 있는 변수를 사용하려면 예약어 global을 변수 앞에 지정.
    result = result + x + y
    return result
```

```
func1(5,5)
```

```
10
```

예제 3 지역 이름공간이 계층화된 경우 참조 알아보기

내부 함수에 같은 이름의 변수를 계산하고 그 이름의 변수에 할당한다.

```
def outer() :
    def inner() :          # 내부 함수일 때도 할당 연산이 작동되면 항상 함수 내의 지역 이름공간을 먼저 참조.
        x = x + 1
        return x
    return inner()
```

함수를 실행하면 지역변수 x가 없다고 나온다. 변수 할당 없이 같은 변수에 특정 값을 계산한 결과를 할당하면 항상 지역 이름공간에 변수가 있는지 확인해서 발생하는 문제이다.

```
outer()
```

```
---------------------------------------------------------------------------
-----
UnboundLocalError                         Traceback (most recent call last)
<ipython-input-9-0811df1b6f71> in <module>
----> 1 outer()

<ipython-input-8-b638369c273b> in outer()
      3         x = x + 1
      4         return x
----> 5     return inner()

<ipython-input-8-b638369c273b> in inner()
      1 def outer() :
      2     def inner() :
----> 3         x = x + 1
      4         return x
      5     return inner()
```

내부 함수의 변수가 이름공간에 생기기 전에 참조해서 예외 발생.

```
UnboundLocalError: local variable 'x' referenced before assignment
```

이 문제를 해결하려면 먼저 내부 함수에 지역변수 x를 할당해야 한다.

```
def outer1() :
    def inner1() :
        x = 0
        x = x + 1        # 내부 함수에 변수를 사용하려면 먼저 변수를 할당한 후에 사용.
        return x
    return inner1()
```

```
outer1()
```

```
1
```

이번에는 외부 함수에 변수 x를 할당했다. 내부 함수에도 변수 x를 사용했다.

```
def outer2() :
    x = 0                    # 외부 함수에 변수 할당
    def inner1() :
        x = x + 1            # 같은 변수를 사용해서 먼저 내부 함수의 지역 이름공간 참조.
        return x
    return inner1()
```

내부 함수에서 외부 함수 x를 참조하지 못하는 이유는 내부 함수에 있는 할당문에 사용한 변수 x가 지역 이름공간에 없기 때문이다.

```
outer2()
```

```
---------------------------------------------------------------------------
UnboundLocalError                         Traceback (most recent call last)
<ipython-input-13-7ebefbd8e443> in <module>
----> 1 outer2()

<ipython-input-12-e6a17f830227> in outer2()
      4         x = x + 1
      5         return x
----> 6     return inner1()

<ipython-input-12-e6a17f830227> in inner1()
      2     x = 0
      3     def inner1() :
----> 4         x = x + 1
      5         return x
      6     return inner1()
                                         ┌ 변수가 이름공간에 없어서 예외 발생.
UnboundLocalError: local variable 'x' referenced before assignment
```

이런 문제를 해결하려면 외부 함수에 선언된 변수 x를 내부 함수에서 사용한다는 표시인 예약어 nonlocal을 변수 이름 앞에 정의해야 한다.

```
def outer3() :
    x = 0
    def inner3() :           # 할당 연산을 하기 전에 변수가 어느 이름공간에 있는지 확인한 후,
        nonlocal x           #   외부 함수에 있는 경우 예약어 nonlocal 사용
        x = x + 1
```

```
        return x
    return inner3()
```

```
outer3()
```

```
1
```

외부 함수 변수 x에 빈 리스트를 할당하고 내부 함수 변수 x에 원소를 추가하고 할당한다.

```
def outer4() :
    x = []                  # 외부 함수 변수에 변경할 수 있는 리스트 할당.
    def inner3() :
        x= x.append(5)      # 내부 함수에서 직접 참조해서 메소드로 원소를 추가하고 변수에 할당.
        return x
    return inner3()
```

내부 함수에 할당문이 있으면 먼저 할당될 변수를 인식해서 예외가 발생하는 것이다.

```
outer4()
```

```
---------------------------------------------------------------------------
-----
UnboundLocalError                         Traceback (most recent call last)
<ipython-input-17-fb8bb40fca05> in <module>
----> 1 outer4()

<ipython-input-16-815fa2cef8c9> in outer4()
      4         x= x.append(5)
      5         return x
----> 6     return inner3()

<ipython-input-16-815fa2cef8c9> in inner3()
      2     x = []
      3     def inner3() :
----> 4         x= x.append(5)
      5         return x
      6     return inner3()

UnboundLocalError: local variable 'x' referenced before assignment
```

내부 함수의 변수 할당은 지역 이름공간에서 참조하는 것을 알 수 있다.

변경할 수 있는 리스트는 어디서나 객체를 추가할 수 있다. 그래서 내부 함수의 변수 할당을 없애면 리스트 객체에 원소를 추가한 값을 반환한다.

```
def outer5() :
    x = []
    def inner3() :
        x.append(5)          # 같은 변수에 할당하지 않고 리스트 객체가 저장된 변수를 직접 사용.
        return x
    return inner3()
```

```
outer5()
```

```
[5]
```

3 클로저(closure) 환경 알아보기

외부 함수 내에 내부 함수를 작성하고, 내부 함수를 외부로 반환할 때 내부함수에서 외부함수의 지역변수를 계속 사용하는 환경이 클로저(closure)다.

클로저 환경의 핵심은 내부 함수에서 사용하는 외부 함수의 변수인 자유 변수(free variable)다.

예제 클로저(closure) 환경 알아보기

외부 함수에서의 반환은 내부 함수이다.

내부 함수의 기능은 외부 함수의 매개변수 x와 내부함수의 매개변수 y를 더한 값을 반환한다. 이 함수에 인자 5를 전달해서 실행한 후에 변수에 할당한다.

```
def outer(x) :                  # 외부 함수 매개변수 x를 정의.
    def inner(y) :              # 내부 함수 매개변수 y를 정의.
        return x +y             # x와 y를 합산.
    return inner                # 내부 함수를 외부로 반환.
```

```
a = outer(5)
```

변수 a에 내부 함수가 저장되었는지 `__name__` 속성으로 확인한다. 함수 이름이 내부 함수 이름인 `inner`이다.

클로저 환경이 구성되면 자유 변수에 대한 정보가 속성 `__closure__`에 저장된다. 튜플(tuple)로 구성하는 이유는 자유 변수가 여러 개가 생길 수 있기 때문이다. 현재는 하나의 자유 변수만 있어 하나의 자유 변수에 대한 정보를 관리한다.

첫 번째 튜플(tuple)을 읽고 내부의 속성 `cell_contents`를 확인하면 외부 함수를 호출할 때 전달된 5가 출력된다.

```
a.__name__                          # 이름 속성 확인.
```

```
'inner'                             ← 내부 함수.
```

```
a.__closure__                       # 클로저 환경은 속성 __closure__를 확인.
```

```
(<cell at 0x0000000005050678: int object at 0x000000005C4380D0>,)
```

```
a.__closure__[0].cell_contents      # 내부에 저장된 것을 확인.
```

```
5                                   ← 외부 함수에 전달된 인자가 출력.
```

내부 함수를 실행하면 자유 변수와 내부 함수를 실행할 때 전달한 값이 합산되어 결과를 반환한다.

```
a(10)        # 함수를 실행하면 내부 함수가 작동.
```

```
15
```

4 부분함수 처리하기

함수의 인자를 구분해 처리하는 것을 부분함수(partial function)라고 한다. 부분함수는 외부 함수와 내부 함수를 사용해서 처리한다.

함수의 실행은 정의한 후에 호출해서 실행하는 경우와, 최종 인자가 전달될 때까지 기다린 후에 실행하는 경우가 있다. 이때 부분함수를 사용한다.

예제	부분함수 처리하기

부분함수도 외부함수와 내부함수를 정의해서 처리한다. 두 매개변수의 덧셈을 처리할 때 전달되는 인자를 분리해서 외부 함수와 내부 함수에 매개변수를 하나씩만 정의했다.

부분함수를 호출한 후에 내부 함수를 호출해야 실제 덧셈이 처리되는 구조이다.

```
def outer(x) :                  # 외부 함수 정의.
    def inner(y) :              # 내부 함수 정의.
        return x +y             # 외부 함수의 매개변수인 자유 변수를 사용.
    return inner                # 내부 함수 반환
```

```
inner = outer(5)                # 외부 함수를 호출하면 내부 함수 반환.
```

```
inner(10)                       # 함수 호출
```

```
15                              ← 내부 함수에 인자를 전달받아 결과 반환.
```

3개의 매개변수를 함수마다 분리해서 받는 부분함수로 처리하면 내부 함수의 반환이 두 번 발생해야 한다.

내부 함수 안에 또 내부 함수를 정의했다. 외부 함수가 밖에 있는 내부 함수를 반환하고, 내부 함수는 안에 있는 내부 함수를 반환한 후에 계산되는 구조이다. 내부 함수들이 반환된 변수에서 `__name__` 속성을 확인하면 내부에 정의된 함수 이름을 확인할 수 있다.

최종 내부 함수가 실행되면 결과를 반환한다.

```
def outer1(x) :          # 3개의 매개변수를 외부 함수, 내부 함수, 내부 함수의 내부 함수로 분리할 수 있다.
    def inner1(y) :
        def inner2(z) :
            return x + y + z
        return inner2
    return inner1
```

```
inner1 = outer1(5)       # 외부 함수를 실행해서 내부 함수 반환.
```

```
inner1.__name__          # 함수 이름 확인.
```

```
'inner1'                 ← 내부 함수의 이름 출력
```

```
inner2 = inner1(10)      # 내부 함수를 실행하면 내부 함수 내의 내부 함수 반환.
```

```
inner2.__name__          # 함수 이름 확인.
```

```
'inner2'                 ← 내부 함수 내의 내부 함수 이름 확인.
```

```
inner2(99)               # 다시 함수 실행.
```

```
114                      ← 결과 반환.
```

5 커링(currying) 처리하기

부분함수를 다른 말로 커링(currying)이라고 한다. 커링을 처리할 수 있는 2개의 대표적인 모듈을 사용해 부분함수를 알아보자.

예제 **부분함수를 모듈로 처리하기**

함수를 처리할 때 많이 사용되는 모듈 `functools`를 `import`하고 3개의 매개변수를 처리하는 함수를 정의한다.

`functolls` 모듈에 부분함수를 처리하는 `partial` 클래스에 함수 이름과 2개의 인자를 전달해서 부분함수를 만들고 함수 이름과 같은 변수에 할당한다.

변수를 호출하고 나머지 인자를 전달해 실행하면 함수가 실행되어 결과를 반환한다.

```
import functools as fs                # 함수를 처리하는 모듈 사용.
```

```
def add(x,y,z) :                      # 3개의 매개변수 정의.
    return x+y+z                      # 매개변수를 합산하는 함수 정의.
```

```
add = fs.partial(add,1,2)             # 부분함수를 처리하기 위해 함수와 2개의 인자 전달.
```

```
add(3)                                # 나머지 하나의 인자를 전달해서 실행.
6                                     ← add 함수가 실행되어 결과 반환.
```

부분함수를 처리하는 또 다른 모듈은 `pymonad`이다. 이 모듈은 추가로 설치해야 한다. 주피터 노트북에서 설치 명령 `!pip install pymonad`를 빈 셀에 입력해서 실행한다.

설치한 후에 `from pymonad import curry`로 `curry`를 `import`하고 실행 함수에 데코레이터를 처리하면 부분함수가 만들어진다.

실행 함수에 3개의 매개변수가 있어 함수를 먼저 실행하고 변수에 할당한 후에 두 번 더 실행하면 결괏값이 반환된다.

```
from pymonad  import curry            # 부분 함수를 처리하는 curry 사용.
```

```
@curry                                # 실행 함수에 부분 함수를 데코레이터 처리.
def f(x, y, z):
    return x + y + z
```

```
cu = f(1)                             # 인자를 전달해 실행하면 내부 처리 함수 반환.
```

```
cu = cu(2)                            # 두 번째 인자를 넣어서 함수 실행.
```

```
cu = cu(3)                            # 세 번째 인자를 넣어서 함수 실행.
```

```
cu
```

```
6                                     ← 계산된 결과 확인.
```

Chapter 26

함수 객체의 속성 사용하기

함수 정의문을 작성하는 것은 함수 객체를 만드는 것이다. 함수도 객체이므로 다른 객체처럼 이름공간이 있다.

함수는 호출해서 실행할 때마다 지역 이름공간을 만들고, 함수가 종료되면 지역 이름공간은 사라진다. 한편 함수 객체의 이름공간은 함수가 호출될 때마다 유지되므로 함수를 호출할 때 실행되는 함수는 모두 사용할 수 있다.

1. 함수 객체에 속성 추가하기
2. 실행되는 함수 정보 공유하기
3. 멀티 디스패치 처리하기

1 함수 객체에 속성 추가하기

함수를 정의하고 객체 이름공간에 속성을 추가한다. 이를 검색해서 사용하는 방법을 알아보자.

예제 함수 객체의 이름공간 사용하기

함수를 정의할 때 내부 함수 이름에 점 연산을 사용해서 속성을 추가할 수 있다. 이번에 정의하는 함수는 반환 값을 함수 객체의 속성에 저장한다.

함수 정의할 때 속성 **sum**을 추가하지 않아서 빈 셀에 초기화를 먼저 수행한 후에 함수 객체 이름공간을 **__dict__**로 확인하면 하나의 속성이 들어있다.

```
def func(x,y) :
    func.sum = func.sum +x+y        # 함수 이름에 점 연산으로 속성을 정의하면 함수 객체에
                                      속성이 추가된다.
    return x+y
```

```
func.sum = 0                          # 외부에서 함수 속성에 초깃값 정의
```

```
func.__dict__                         # 함수 객체의 이름공간 확인.
```

```
{'sum': 0}                            ← 속성에 0이 할당.
```

함수를 실행하면 반환 값이 나온다. 함수 객체의 이름공간을 확인하면 함수 호출한 결과가 변한 것을 볼 수 있다.

다시 한번 함수를 호출했다. 함수 객체 이름공간을 확인하면 첫 번째 실행한 값과 두 번째 실행한 값이 합산된 것을 알 수 있다.

```
func(1,5)                   # 함수 실행.
```

```
6                           ← 처리한 값 반환.
```

```
func.__dict__                          # 함수 속성 확인.
```

```
{'sum': 6}                             ← 계산 결과 저장.
```

```
func(15,5)                             # 다시 함수 호출.
```

```
20
```

```
func.__dict__                          # 함수 객체의 이름공간 확인.
```

```
{'sum': 26}                            ← 함수가 2번 실행된 결과를 합산해서 관리.
```

이번에는 함수내부에 함수객체의 속성이 있으면 속성을 초기화하지 않도록 정의한다. 이때 내장함수 **hasattr**을 사용해서 함수객체의 속성유무를 확인하고 없으면 속성을 할당한다.

정의된 함수를 실행하면 반환 값이 나온다. 함수 객체의 이름공간을 확인하면 함수가 실행되어 반환 값을 합산한 것을 알 수 있다.

```
def func1(x,y) :
    if not hasattr(func1,'sum') :      # 객체의 속성을 함수 내부에 정의하기 위해
        func1.sum = 0                  #   hasattr로 속성을 확인하고 없으면 속성 할당.

    func1.sum = func1.sum +x+y
    return x+y
```

```
func1(5,5)                             # 함수 실행.
```

```
10
```

```
func1.__dict__                         # 함수 객체의 이름공간 확인.
```

```
{'sum':10}                             ← 계산된 결과 확인.
```

2 실행되는 함수 정보 공유하기

함수의 객체 이름공간에 속성을 추가해서 반복되는 계산이 있을 때 전에 처리한 결과를 메모리에 저장해서 매번 다시 검색해 실행하지 않도록 해서 실행 속도를 빠르게 하는 기술이 패턴 메모이제이션(memorization)이다.

예제 메모이제이션 알아보기

팩토리얼은 특정 숫자가 주어지면 그 숫자를 연속으로 곱하는 것이다. 함수 정의는 재귀 함수로 작성한다. 함수가 0이나 1로 종료될 때에는 값을 항상 1로 반환 처리해서 무한 순환을 방지해야 한다.

```
def fact(n) :                      # 특정한 수를 받아 연속으로 곱셈하는 팩토리얼 함수 정의.
    if (n == 0) or (n==1) :        # 마지막 값을 반환하고 재귀 호출 종료.
        return 1

    return n * fact(n-1)           # 재귀 호출 실행
```

팩토리얼 함수를 2번 호출했다. 두 번 다 같은 재귀 처리를 수행한다. 첫 번째 함수의 실행으로 재귀 처리 결과를 보관했으면, 두 번째 함수는 재귀 처리할 필요가 없었을 것이다.

```
fact(10)                           # 함수를 실행할 때마다 모든 값을 다시 계산.
```

```
3628800
```

```
fact(10)
```

```
3628800
```

팩토리얼 함수를 처리할 때 이전에 실행된 값을 저장하도록 수정한다.

함수 객체의 이름공간에 딕셔너리(dict)를 이용해서 숫자가 주어질 때 계산 결과를 저장하고, 매개변수로 들어온 값이 함수 객체 이름공간에 있는지 확인하고 없으면 팩토리얼 함수를 호출해서 저장한다.

최종값은 항상 함수 객체 이름공간을 확인해서 반환한다.

```
def factorial(k):
    if not hasattr(factorial,'_memo') :          # 계산한 값을 저장하도록 속성 정의
        factorial._memo = {1:1}

    if k not in factorial._memo:          # 계산한 결과가 없으면, 먼저 함수 속성에 팩토리얼을
        factorial._memo[k] = k * factorial(k-1)          계산해서 할당.
    return factorial._memo.setdefault(k,1)   # 계산한 결과가 있으면 조회.
```

5의 값을 인자로 전달해 함수를 실행해서 결과가 함수 객체에 저장되었는지 속성 _memo로 확인하면 각 계산되는 수에 따른 팩토리얼 값이 들어있다.

```
factorial(5)
```

```
120
```

```
factorial._memo                    # 팩토리얼 실행.
```

```
{1: 1, 2: 2, 3: 6, 4: 24, 5: 120} ← 계산한 값들이 딕셔너리에 들어가 있다.
```

기존에 계산된 인자를 전달해서 팩토리얼을 실행하면 함수 객체 이름공간에 저장되어 있어서 재귀 호출을 하지 않고 단순히 검색 결과만 반환한다.

```
factorial(3)                    # 다시 함수 호출(앞에서 실행한 것보다 작은 수를 인자로 전달).
```

```
6
```

```
factorial._memo
```

```
{1: 1, 2: 2, 3: 6, 4: 24, 5: 120} ← 기존 결과가 있어서 검색한 후에 결과 반환.
```

메모이제이션 처리도 외부 함수와 내부 함수를 정의해서 만들 수 있다. 외부 함수는 함수 객체의 이름공간에 저장할 영역만 관리하고, 내부 함수는 메모이제이션에 값이 있으면 검색해서 반환하고 없으면 실행된 값을 저장한다.

최종 결과는 저장된 값을 조회해서 반환한다. 위에서 만든 `fact` 함수를 외부 함수에 전달해서 내부 함수를 반환했다.

```
def memoize(func) :                              # 외부 함수에서 다른 함수를 전달받는다.
    memoize.cache = {}                           # 외부 함수 객체 속성 생성.

    def inner(x) :                               # 내부 함수로 인자를 받는다.

        if x not in memoize.cache :              # 저장된 값이 없으면 객체 속성에 저장하도록
            print(" 계산함")                        함수를 실행해서 속성에 저장.
            for i in range(0,x+1) :
                if i  not in memoize.cache :
                    memoize.cache[i] = func(i)

        return memoize.cache[x]                  # 저장된 값이 있으면 검색해서 반환.
    return inner
```

```
a = memoize(fact)                  # 메모이제이션만 처리하는 함수에 팩토리얼 계산하는 함수 전달.
```

내부 함수에 인자로 5을 전달해 실행하고, 외부 함수 객체의 이름공간을 확인하면 숫자별로 팩토리얼 계산된 결과가 저장된 것을 알 수 있다. 다시 더 큰 수를 계산하고 결과를 확인하면 없는 숫자나 팩토리얼 계산된 것도 저장된다.

호출했던 숫자를 인자로 전달하면 기존 함수 객체의 이름공간을 검색해서 반환한다.

```
a(5)                        # 내부 함수를 실행하면 전달된 팩토리얼 함수가 실행.
```

```
 계산함

120
```

```
memoize.__dict__            # 실행된 결과를 보관하는 함수의 객체 속성 확인.
```

```
{'cache': {0: 1, 1: 1, 2: 2, 3: 6, 4: 24, 5: 120}}
```

```
a(6)                                    # 기존에 실행한 것보다 큰 수를 전달해서 함수 실행.
```

계산함

720

```
memoize.__dict__                        # 더 큰 값에 대한 결과 저장.
```

{'cache': {0: 1, 1: 1, 2: 2, 3: 6, 4: 24, 5: 120, 6: 720}}

```
a(5)                                    # 다시 함수 실행.
```

120 ← 저장된 값에서 검색할 수 있어서 계산하지 않고 검색만 한다.

functools 모듈에서 제공하는 메모이제이션인 lru_cache 함수를 사용해서 팩토리얼 함수를 데코레이터 처리한다. 실행 함수는 팩토리얼 계산하는 방법만 정의되어 있다.

실제 함수의 객체 이름공간에 대해서는 별도의 정의가 없지만, 데코레이터한 함수가 그 부분을 처리한다.

```
import functools                        # 메모이제이션 처리를 위해 사용.

@functools.lru_cache(maxsize=None)      # 팩토리얼을 구하는 실행 함수에 메모이제이션을
def fact(n) :                             처리하는 lru_cache로 데코레이터 처리.
    if (n == 0) or (n==1) :
        return 1

    return n * fact(n-1)
```

실행 함수에 10을 전달해서 팩토리얼 계산을 처리한다. 그 다음에 더 작은 수로 팩토리얼 계산하면 기존에 계산된 것을 검색해서 처리한다.

cache_info 메소드를 사용해서 내부에 정의된 것을 확인하면 메모리에 저장된 정보를 볼 수 있다. 모두 10개가 만들어졌고 그 안에서 2개를 검색한 것을 알 수 있다.

```
fact(10)                      # 함수 실행.
```

3628800

```
fact(5)
```

```
120
```

```
fact.cache_info()                    # 메모이제이션 처리된 결과를 조회.
```

```
CacheInfo(hits=2, misses=10, maxsize=None, currsize=10)
```

└ 2개가 저장.

데코레이터로 처리하면 스페셜 속성인 __wrapped__에 함수가 전달되어 내부에 보관된다. 이 속성을 실행하면 팩토리얼 계산이 된다.

```
fact.__dict__                        # 객체의 이름공간 확인.
```

```
{'__module__': '__main__',
 '__name__': 'fact',
 '__qualname__': 'fact',
 '__doc__': None,
 '__annotations__': {},
 '__wrapped__': <function __main__.fact(n)>}
```

```
fact.__wrapped__(5)                  # 실행 함수는 __wrapped__에 저장되어 있다.
```

```
120
```

3 멀티 디스패치 처리하기

파이썬은 함수를 이름으로만 검색해서 매개변수가 다를 경우 작성할 수가 없다. 이런 경우 별도의 모듈을 사용해서 여러 개의 매개변수도 같은 함수 이름으로 처리할 수 있도록 지원한다.

멀티 디스패치(multipled dispatch)로 여러 함수를 정의하면 내부에 저장했다가 매개변수가 같으면 저장된 함수를 실행해서 결과를 반환하는 것이다.

예제 같은 이름으로 여러 함수를 지정해서 사용하기

하나의 이름으로 여러 함수를 정의해서 사용하기 위해서는 `multipledispatch` 모듈을 사용한다.

모듈에서 `dispatch` 함수를 `import`해서 하나의 객체를 만들어 함수를 등록한다.

```
from multipledispatch import dispatch
```

먼저 실행 함수 이름을 `join`이라 하고 2개의 매개변수를 정의했다. 매개변수에 들어오는 값은 정수이다. 이를 데코레이터로 처리하면 `join` 이름을 가진 곳에 함수를 등록할 수 있다.

함수에 정수 인자를 넣어 실행하면 두 인자를 합산한 결과를 반환한다.

```
@dispatch(int, int)          # 두 매개변수에 정수가 들어가도록 데코레이터 처리.
def join(x, y):
    print(" int + int ")
    return x + y
```

```
join(10,10)                  # 정수를 넣어 함수 실행.
```

```
 int + int
20
```

매개변수는 같지만 자료형이 다른 join 함수를 추가로 등록한다. 실수와 정수를 넣어 실행하면 실수의 합이 계산된다.

```
@dispatch(float, int)      # 두 매개변수에 하나는 실수, 다른 하나는 정수가 들어가도록 데코레이터 처리.
def join(x, y):
    print(' float + int ')
    return x + y
```

```
join(10.2,10)              # 실수와 정수를 넣어 함수 실행.
```

```
 float + int

20.2
```

2개의 함수가 어떻게 등록되었는지 join의 자료형을 확인하면 Dispatcher 클래스의 객체라는 것을 알 수 있다. 객체 안에 저장된 함수를 확인하려면 funcs 속성을 조회한다.

매개변수의 자료형은 키로, 값은 함수로 한다. 2개의 함수가 별도의 키에 각각 저장된 것을 알 수 있다. 저장된 함수를 색인 검색자로 조회하면 함수 객체만 조회할 수 있다.

```
type(join)                 # 데코레이터 처리한 객체의 클래스 확인.
```

```
multipledispatch.dispatcher.Dispatcher
```

```
join.name
```

```
'join'                     ← 객체 이름과 함수 이름이 같다.
```

```
join.funcs                 # 같은 이름의 함수를 데코레이터 매개변수를 키로, 값을 실행 함수로 등록.
```

```
{(int, int): <function __main__.join(x, y)>,
 (float, int): <function __main__.join(x, y)>}
```

```
join.funcs[(int, int)]     # 키를 조회.
```

```
<function __main__.join(x, y)> ← 작성한 실행 함수.
```

```
join.funcs[(float, int)]   # 키를 조회.
```

```
<function __main__.join(x, y)> ← 작성한 실행 함수.
```

이번에는 다른 이름으로 함수를 정의한다. 이 함수를 기존 멀티 디스패치를 처리하는 객체에 추가한다. 이때 add 메소드를 키 값으로 하고 자료형 값에는 방금 정의한 함수를 전달한다.

함수가 어떻게 저장되었는지 funcs 속성으로 확인하면 add 메소드로 추가한 것도 등록된 것을 볼 수 있다.

새로 등록된 함수를 join으로 실행하기 위해 2개의 실수로 전달해서 실행하면 새로 추가된 함수가 실행된다.

```
def float_add(x,y) :                    # 이름은 다르지만, 두 매개변수를 실수로 계산하는 함수 정의.
    print(' float + float ')
    return x+y
```

```
join.add((float, float), float_add) # add 메소드로 함수를 추가.
```

```
join.funcs                              # 새로운 함수가 추가.
```

```
{(int, int): <function __main__.join(x, y)>,
 (float, int): <function __main__.join(x, y)>,
 (float, float): <function __main__.float_add(x, y)>}
```

```
join(10.34, 11.34)                      # 두 인자에 실수를 넣으면
```

```
 float + float                          ← 방금 등록된 함수가 실행.

21.68
```

매개변수 3개를 지정한 함수도 등록할 수 있다. join을 사용해서 호출하면 자동으로 매개변수에 맞는 함수가 실행된다.

이름이 다른 함수도 등록된다는 것이 좀 불합리할 것 같지만, 같은 이름으로 항상 처리하므로 실제 같은 함수가 처리되는 구조이다. 그러므로 필요에 따라 함수를 하나로 묶어서 처리할 수 있다.

```
def fadd(x,y,z) :                       # 3개의 인자를 받는 함수 정의.
    print(' float + float + float')
    return x+y+z
```

```
join.add((float, float,float), fadd) # 같은 함수에 추가로 등록할 수 있다.
```

```
join(10.1,99.2,88.3)                  # 같은 함수 이름에 3개의 인자를 넣어 실행.
```

```
 float + float + float                ← 방금 등록된 함수가 실행.
197.6
```

Chapter 27

함수를 사용한 데코레이터 알아보기

함수를 정의한 후에 함수의 추가 기능을 작성하려면 기존 함수를 수정해야 한다.

함수를 작성할 때 특정한 기능만 함수에 구현하고, 다른 기능은 다른 함수를 작성해서 추가할 수도 있다. 이런 처리 방식을 데코레이터(decorator)라고 한다.

1 함수 데코레이터 정의

함수를 정의해서 전달된 함수를 저장한 후에 실행될 때 내부에 저장된 함수를 실행하는 구조가 데코레이터이다. 어떻게 함수 데코레이터를 구성하는지 알아보자.

예제	데코레이터 처리 알아보기

데코레이터를 만들 때 중요한 것은 데코레이터를 처리하는 함수를 정의하는 것이다. 데코레이터 함수는 항상 하나의 인자를 받는다. 이 인자에 함수를 전달받는다.

데코레이터 대상이 되는 함수를 하나 더 작성한다. 이 함수를 실행 함수라고 한다.

```
def decorator(func) :                  # 전달받은 함수를 씌우는 데코레이터 함수 정의..
    return func                        # 함수를 받아서 그대로 반환
```

```
def exefunc(x,y) :
    return x+y                         # 매개변수를 받아서 더하는 함수.
```

데코레이터 함수에 실행 함수를 전달해서 실행하면 인자로 전달된 함수가 변수에 할당된다. 데코레이터 기본 처리를 이해하기 위해 전달된 함수를 그대로 반환했다.

실행 함수와 같은 이름으로 변수를 지정했다. 이 변수에 저장된 함수를 실행하면 인자로 전달된 함수의 실행 결과와 같다.

```
exefunc = decorator(exefunc)           # 함수를 인자로 받아서 다시 변수에 저장.
```

```
exefunc(10,10)                         # 함수 실행.
```

```
20    ←두 인자를 더한다.
```

이번에는 @ 표기법을 사용해서 전달될 함수 위에 데코레이터를 처리하면 데코레이터 처리한다.

```
@decorator                          # 데코레이터 표기법은 실행 함수 바로 위에 @과 데코레이터 함수 표기.
def exefunc(x,y) :
    return x*y
```

데코레이터 처리가 되면 실행함수의 이름으로 사용한다. 하지만 이 실행함수 이름은 사실 실행함수가 아니다.

```
exefunc(10,10)
```

```
100
```

데코레이터 함수에 내부 함수를 정의하고 이 함수를 반환한다. 전달된 실행 함수는 데코레이터 함수 내부에 보관된다.

```
def decorator_1(func) :             # 전달되는 함수는 내부에 저장하고 데코레이터 내부 함수를 반환.
    def inner() :                   # 전달받은 실행 함수를 실행한 후, 결과 반환.
        return func()
    return inner
```

데코레이터 함수를 실행 함수 바로 위에 `@decorator_1`로 데코레이팅 처리한다.

```
@decorator_1                        # 실행 함수에 데코레이터 처리.
def func_1() :
    return "실행함수 실행"
```

실행 함수와 같은 이름으로 함수를 실행하면 실행 함수 내에 반환값이 처리된다.

```
func_1()                            # 실행 함수 실행.
```

```
'실행함수 실행'
```

데코레이터 처리를 위해 내부 함수를 만들어서 외부로 전달한다. 이런 환경을 클로저라고 한다. 데코레이터의 클로저는 전달된 함수로 `__closure__` 속성에 실행 함수가 저장된다.

```
func_1.__closure__[0].cell_contents        # 데코레이터는 기본으로 클로저를 구성.
```

```
<function __main__.func_1()>
```

* 외부 함수의 매개변수에는 실행 함수가 전달되며, 이 실행함수는 자유 변수로 처리된다.

데코레이터의 특징은 실행 함수를 함수 객체와 매개변수 처리 2개로 분리하는 구조이다. 따라서, 데코레이터를 실행하면 함수 객체가 전달된 후에 내부 함수에 이 함수의 인자들이 전달된다.

이런 데코레이터 구조를 만들기 위해 데코에이터 함수의 외부 함수는 함수 객체만 받는다. 내부 함수 객체를 반환하는 이유는 실행 함수의 인자를 전달받으려는 것이다.

```
def decorator_2(func) :                 # 데코레이터 함수 정의.
    def inner(*args, **kwargs) :        # 내부 함수로 인자를 받고, 내부에서 실행 함수를 실행.
        return func(*args, **kwargs)
    return inner
```

데코레이터로 실행 함수를 데코레이팅 처리한다. 실행 함수는 정수나 문자열이 들어오면 해당 값을 정수나 문자열로 변환 처리한다.

```
@decorator_2                            # 실행 함수에 데코레이터 처리.
def func_2(data_type, n) :              # 실행 함수는 특정 자료형과 값이 들어오면,
    data_ = {'int':int,'str':str}         해당 자료형의 객체로 변환
    return data_[data_type](n)
```

실행 함수를 호출해서 실행하면 실제 내부 함수에 인자가 전달된다. 이 인자를 클로저 환경에 저장된 실행 함수에 전달해서 실행하면 최종 결괏값이 나온다.

```
func_2('str','100')                     # 문자열 자료형 처리.
```

```
'100'
```

```
func_2('int','100')                     # 정수 자료형 처리.
```

```
100
```

2 실행 함수 메타 정보 유지하기

데코레이터 처리하면 내부 함수가 반환되고 기존 실행 함수가 내부에 저장된다. 데코레이팅된 실행 함수가 바로 실행되는 것이 아니라 내부 함수가 실행된다. 그래서 실행 함수의 메타 정보도 내부 함수에 세팅되지 않아서 필요한 시점에 수정해야 한다.

예제 1 실행 함수 메타 정보 확인하기

데코레이터 함수를 하나 정의하고 전달받은 실행 함수를 내부 함수 내에서 실행한다.

```
def decorator(func) :                              # 데코레이터 함수를 정의하고, 실행 함수를 전달받는다.
    def inner(*args, **kwargs) :                   # 내부 함수는 실행 함수의 인자를 받는다.
        return func(*args, **kwargs) # 실행 함수를 실행해서 결과 반환.
    return inner
```

2개의 다른 실행 함수에 데코레이터 처리한다.

```
@decorator                 # 실행 함수에 데코레이터 처리
def func(x,y) :
    return x+y
```

```
@decorator                 # 하나의 데코레이터 함수에 여러 실행 함수를 데코레이터 처리할 수 있다.
def add(x,y) :
    return x+y
```

두 실행 함수를 각각 실행하면 두 매개변수의 덧셈을 처리한 결과와 같다.

```
func(5,5)                  # 실행 함수 실행.
```

```
10      ← 결과를 반환.
```

```
add(5,5)                    # 실행 함수 실행.
```

```
10        ← 결과를 반환.
```

두 실행 함수 func, add의 속성을 __name__으로 데코레이터 내부의 이름을 확인하면 둘 다 데코레이터 내부의 함수라는 것을 알 수 있다.

```
func.__name__, add.__name__              # 실행 함수 이름 확인.
```

```
('inner', 'inner')                       ← 내부 함수 반환.
```

```
func.__qualname__, add.__qualname__      # 세부적인 이름 확인.
```

```
('decorator.<locals>.inner', 'decorator.<locals>.inner')
                                         └ 데코레이터 함수의 내부 함수.
```

실행 함수의 메타 정보를 내부 함수의 메타 정보에 할당할 수 있다.

모듈인 functools를 import한다. 내부 함수 바로 위에 fuctools.wraps 함수를 데코레이터 처리하고, 매개변수로 func를 전달해서 inner 함수에 있는 메타 정보를 갱신한다.

```
import functools as fs       # 실행 함수의 정보가 전달되지 않아 함수 처리할 때 사용하는 모듈 사용.
```

```
def decorator_1(func) :      # 내부 함수에 데코레이터 처리해서 실행 함수의 메타 정보를
    @fs.wraps(func)            내부 함수의 메타 정보로 변경.
    def inner(*args, **kwargs) :
        return func(*args, **kwargs)
    return inner
```

실행 함수 위에 데코레이터 처리한다. 이 실행 함수를 실행하면 두 변수의 합을 계산한다.

```
@decorator_1                 # 실행 함수에 테코레이터 처리.
def func_1(x,y) :

    return x+y
```

```
func_1(5,5)                  # 반환되는 내부 함수를 실행.
```

```
10                           ← 내부의 실행 함수가 처리된다.
```

실행 함수에서 속성 __name__을 확인하면 inner가 아닌 실행 함수의 이름으로 변경된 것을 알 수 있다.

```
func_1.__name__                    # 함수 이름 확인.
```

```
'func_1'                           ←전달된 실행 함수의 이름으로 변경.
```

```
func_1.__qualname__
```

```
'func_1'
```

예제 2 모듈이 다를 때 실행 함수 메타 정보 확인하기

별도의 모듈에 데코레이터 함수를 작성하는 방식은 같다.

```
%%writefile dec.py                 # 데코레이터 함수를 다른 모듈로 작성.

import functools as fs

def decorator_2(func) :
    @fs.wraps(func)                # 전달된 실행 함수의 메타 정보를 내부 함수의 메타 정보로 변경.
    def inner(*args, **kwargs) :
        return func(*args, **kwargs)
    return inner
```

```
Overwriting dec.py
```

데코레이터 함수가 만들어진 모듈을 import한다.

```
import dec          # 데코레이터 처리를 위해 모듈 사용.
```

실행 함수 add를 작성하고 다른 모듈의 데코레이터 함수를 사용해서 데코레이팅 처리한다.

```
@dec.decorator_2    # 실행 함수에 데코레이터 처리하기 위해 다른 모듈의 데코레이터 함수로 데코레이터 처리.
def add(x,y) :
    return x+y
```

실행 함수에 인자를 전달해서 실행하면, 실행 함수의 로직인 두 매개변수를 더한 값을 반환한다.

```
add(5,5)          # 실행 함수 실행.
```

```
10                ← 두 인자를 더한 값 반환.
```

실행 함수가 구현된 모듈을 확인하면 현재 모듈인 __main__이다. 하지만 함수의 전역 이름공간을 확인하면 현재 작성된 모듈이 아닌 데코레이터 함수가 정의된 모듈이라는 것을 알 수 있다.

```
add.__module__                    # 실행 함수의 모듈 속성 확인.
```

```
'__main__'                        ← 현재 작성된 모듈 이름 출력.
```

```
add.__globals__['decorator_2']    # 반환되는 함수가 내부 함수이므로 전역 이름공간은
                                    실제 데코레이터가 작성된 모듈을 가리킨다.
```

```
<function dec.decorator_2(func)>  ← 실행 함수에서 전역 이름공간을 확인하면 모듈 dec이
                                    전역 이름공간 참조.
```

다른 모듈을 하나 더 정의하고 데코레이터 함수를 정의한다. 위 모듈과 차이는 메타 정보를 갱신하지 않았다. 이 모듈을 import한다.

```
%%writefile dec20.py                # 새로운 모듈을 만들어서 데코레이터를 만든다
                                      (실행 함수의 메타 정보를 갱신하지 않는다).

def decorator_20(func) :
    def inner(*args, **kwargs) :
        return func(*args, **kwargs)
    return inner
```

```
Writing dec20.py
```

```
import dec20                        # 데코레이터 함수를 사용하기 위해 모듈 사용.
```

실행 함수 add에 데코레이팅 처리한 후, 실행 함수의 모듈을 확인하면 데코레이터 함수가 작성된 모듈인 것을 알 수 있다.

메타 정보를 바꾸지 않으면 실제 예외 등이 발생할 때 현재 실행되는 모듈 등의 정보를 제대로 알 수 없다.

```
@dec20.decorator_20                # 데코레이터 처리.
def add(x,y) :
    return x+y
```

```
add.__module__                     # 모듈의 이름 확인.
```

```
'dec20'                            ← 함수가 작성된 모듈 이름 출력.
```

```
add.__globals__['decorator_20']    # 함수는 항상 작성된 모듈의 전역 이름공간을
                                     속성 __globals__에 갖고 다닌다.
```

```
<function dec20.decorator_20(func)>
```

데코레이터 함수를 정의할 때 메타 정보를 직접 갱신해서 처리하면 함수의 이름, 문서화, 모듈, 어노테이션 등을 갱신해야 한다.

```
def decorator_30(func) :
    def inner(*args, **kwargs) :
        return func(*args, **kwargs)

    inner.__name__        = func.__name__          # 갱신 가능한 메타 정보 확인
    inner.__qualname__    = func.__qualname__        (functools.wrap를 사용할 때
    inner.__doc__         = func.__doc__             갱신되는 메타 정보).
    inner.__module__      = func.__module__
    inner.__annotations__ = func.__annotations__   # 실행 함수의 타입 힌트
    return inner                                     갱신.
```

실행 함수에 데코레이팅한 후, 실행 함수의 어노테이션 속성을 확인하면 실행 함수에서 정의된 어노테이션이 전달된 것을 확인할 수 있다. 또한, 함수의 이름을 확인해도 내부 함수가 아닌 실행 함수의 이름이다. 메타 정보를 교체하는 것이지 실제 실행함수가 다시 밖에 전달되는 구조는 아니기 때문이다.

```
@decorator_30
def multiply(x:int,y:int) -> int : # 매개변수에 타입 힌트를 지정했고, 반환 값도 int로
                                    타입 힌트를 지정했다(주석처럼 사용).
    return x * y
```

```
multiply.__annotations__                    # 실행 함수의 타입 힌트를 갱신한 결과를 보여준다.
```

```
{'x': int, 'y': int, 'return': int}
```

```
multiply.__name__                           # 실행 함수 이름도 변경.
```

```
'multiply'
```

3 데코레이터 매개변수 받기

데코레이터 함수를 정의할 때 데코레이터 함수에서 처리할 매개변수를 추가로 받아서 처리할 수 있다. 데코레이터 단계를 하나 더 구조화해서 처리하고 외부 함수 내에 내부 함수를 정의하고, 그 안에 또 다른 내부 함수가 정의되는 구조이다.

복잡한 구조가 만들어져서 이해하기 어렵게 보이지만, 실제 데코레이터를 처리하는 방식은 같다.

예제 1 **데코레이터 함수에 매개변수 추가하기**

데코레이터를 만드는 함수 계층이 밖에 하나 더 만들어져서 매개변수를 먼저 받는다. 내부는 일반적인 데코레이터를 처리하는 구조와 같다.

```
def decorator(para) :              # 내부적인 기능을 처리하는 매개변수를 추가하는 함수를 외부 함수로 정의.
    def decorator_(func) :         # 데코레이터를 처리하는 함수가 내부 함수, 실행하는 내부 함수도
                                     그 내부 함수로 정의되어 3개의 계층을 구성.
        def inner(*args, **kwargs) : # 내부 함수가 실행 함수의 인자를 받을 수 있도록
                                       가변 위치 인자와 가변 키워드 인자 구성.
            return func(*args, **kwargs)        # 실행 함수의 인자를
                  전달할 때는 가변 위치 인자와 가변 키워드 인자 순으로 처리하기 위해 unpacking 처리.
        return inner               # 내부 함수 반환.
    print(para)                    # 데코레이터에 매개변수를 그대로 출력.
    return decorator_              # 계층이 하나 더 생겨서 데코레이터를 처리하는 함수도 반환.
```

실행 함수에 데코레이팅을 하면 매개변수를 전달하고, 매개변수를 전달받으면 `print` 함수로 출력해서 데코레이팅 될때 자동으로 출력된다. 이 실행 함수에 인자를 넣고 실행하면 결괏값이 출력된다.

```
@decorator("파라미터 넣기")    # 데코레이터 매개변수를 받고 데코레이터를 처리.
def func(x,y) :
    return x+y
```

```
파라미터 넣기                  ← 자동으로 내부 함수까지 반환.
```

```
func(10,1)                                  # 실행 함수에 인자를 넣고 실행.
11                                          ← 결과가 나온다.
```

데코레이터 함수에 매개변수를 전달하는 절차를 하나씩 알아보자.

데코레이터 함수에 매개변수에 맞는 인자를 전달해서 변수에 할당하고 변수를 확인하면, 데코레이팅 처리가 가능한 함수가 반환된 것을 알 수 있다.

함수에 실행 함수를 인자로 전달하면 같은 변수에 실행 함수를 인자로 넣은 결과를 반환한다. 변수에 할당된 함수의 이름을 확인하면 내부 함수라는 것을 알 수 있다.

내부 함수의 인자를 전달해서 실행 함수를 실행시키면 결괏값이 원래 실행 함수의 처리와 같은 것을 알 수 있다.

```
def func(x,y) :                             # 별도로 함수 정의.
    return x+y
```

```
func_ = decorator("파라미터 넣기")          # 위의 데코레이터 함수에 매개변수를 넣고 실행.
파라미터 넣기                               ← 내부함수가 반환
```

```
func_
<function __main__.decorator.<locals>.decorator_(func)>
```

```
func_ = func_(func)                         # 실행 함수를 전달받아 내부 함수 반환.
```

```
func_.__name__
'inner'
```

```
func_(10,10)                                # 내부 함수에 인자를 받아 실행 함수를 호출.
20                                          ← 실행 값 반환.
```

예제 2 데코레이터 함수의 매개변수 활용하기

데코레이터는 실행 함수에 특정 기능을 추가할 경우에 많이 사용된다. 기존에 만들어진 기능을 다시 수정하는 것보다 기능을 추가해서 작성하는 방식이 더 권장된다. 파이썬에서 이런 기법을 데코레이터로 처리한다.

데코레이터 함수에 매개변수 2개를 정의한다. 매개변수는 실행 함수의 인자에 대한 자료형을 체크한다. 데코레이터 함수 내부에 타입을 체크하는 함수를 추가로 정의한다.

함수 `inner`가 반환된 후에 실제 인자를 받으면 저장된 실행 함수를 실행하기 전에 매개변수의 자료형을 확인하고, 예외가 발생하지 않으면 정상적인 함수가 실행되어 반환 값을 전달한다.

```
def typecheck(para1,para2) :          # 2개의 매개변수를 받아 실행 함수의 매개변수 타입을
                                        점검하는 데코레이터 함수 정의.
    def typeproc(x,y) :               # 내부 함수를 정의해서 데코레이터에 전달된 매개변수 처리.
        if not (type(x) == para1 and type(y) == para2) :
            raise TypeError(" 타입을 확인하세요 ")

    def decorator_(func) :            # 실행 함수를 호출하기 전에 매개변수를 점검하는 함수 실행.
        def inner(*args, **kwargs) :  # 실행 함수를 호출하기 전에 매개변수를
            typeproc(*args, **kwargs)   점검하는 함수 실행

            return func(*args, **kwargs)
        return inner
    print(para1,para2)
    return decorator_
```

실행 함수를 데코레이팅 처리할 때 정수 자료형만 처리되도록 했다. 실행 함수를 호출할 때 정수 인자를 전달하면 자료형 체크할 때 예외가 발생하지 않는다.

```
@typecheck(int,int)                   # 두 매개변수의 자료형을 인자로 전달하고 데코레이터 처리.
def add(x,y) :
    return x+y
```

```
<class 'int'> <class 'int'>
```

```
add(10,10)                            # 2개의 정수를 인자로 전달하면 타입을 점검한 후에 계산.
```

```
20
```

실행 함수를 처리할 때 다른 자료형을 넣으면 예외가 발생한다. 이처럼 특정 함수 내에 로직으로 추가하는 것보다 공통으로 사용할 수 있는 데코레이터에 기능을 작성하고 필요할 때마다 실행 함수에 데코레이팅을 처리해서 기능을 추가하는 것이 더 편리하다.

```
add(10,10.1)                    # 하나를 실수로 전달.
```

```
---------------------------------------------------------------------------
TypeError                                 Traceback (most recent call last)
<ipython-input-76-fa6dd40d1c06> in <module>
----> 1 add(10,10.1)

<ipython-input-73-6e728fb6619f> in inner(*args, **kwargs)
      6     def decorator_(func) :
      7         def inner(*args, **kwargs) :
----> 8             typeproc(*args, **kwargs)
      9
     10             return func(*args, **kwargs)

<ipython-input-73-6e728fb6619f> in typeproc(x, y)
      2     def typeproc(x,y) :
      3         if not (type(x) == para1 and type(y) == para2) :
----> 4             raise TypeError(" 타입을 확인하세요 ")
      5
      6     def decorator_(func) :
                                            ← 둘 다 정수가 아니므로 예외 처리.
TypeError:  타입을 확인하세요
```

4 데코레이터로 클래스 갱신하기

데코레이터의 특징을 잘 이해하면 다양한 기능을 추가할 수 있다. 데코레이터는 함수 하나를 받고 이 함수 대신 클래스를 받아서 내부를 갱신할 수 있다.

이번에는 클래스 내의 공통 기능을 추가하는 방법을 알아보자.

예제 공통 기능 처리하기

클래스에 함수를 정의한다.

초기화 함수를 클래스 밖에 정의한다. 대신 초기화 함수의 처리 규칙인 `self`를 사용하는 방식은 따라야 한다.

```
def __init__(self,name,age) :     # 객체를 받는 self와 이 객체에 들어갈 속성에 할당된 값인
                                    name, age를 매개변수로 초기화 함수를 외부에 정의.
    self._name = name               # 두 속성 이름에 밑줄을 붙여 보호 속성으로 만든 후에 값 할당.
    self._age = age
```

디스크립터 클래스를 정의하는 것은 객체의 속성에 접근하는 역할을 디스크립터 객체가 대행하는 것이다. 디스크립터 클래스에 스페셜 메소드 `__get__`, `__set__` 등을 작성해야 하고 이름으로 접근하면 실제 객체의 속성을 자동으로 호출해서 사용할 수 있다.

추가된 `__set_name__` 기능은 클래스 속성에 디스크립터 객체를 할당하면 변수 이름을 가져와 자동으로 디스크립터 객체에 이름을 저장하고, 이름을 객체의 속성에 사용하는 보호 속성으로 만든다.이름으로 조회하거나 갱신할 때 속성이 이름을 자동으로 참조해서 처리한다.

`__get__` 메소드에는 3개의 매개변수가 들어간다. 첫 번째 `self`는 디스크립터 객체가 들어가고, 두 번째 `other`는 디스크립터 객체를 속성에 배정한 클래스의 객체가 들어간다. 세 번째 `owner`에는 클래스 이름이 들어간다.

내부 로직을 보면 객체의 이름공간에 있는 속성을 조회한다.

```
class Descriptor :                                  # 디스크립터 클래스 정의.
    def __set_name__(self,Owner,name) :             # 정의된 속성 이름을 가져와 자동으로
        self._name = "_" + name                       객체의 속성 이름으로 보관

    def __get__(self, other, owner) :               # 속성 이름으로 접근하면 이름공간을
        return other.__dict__[self._name]             확인해서 저장된 이름으로 값을 가져온다.

    def __set__(self,other, value) :                # 값을 갱신하면 이름공간에 저장된 이름 확인.
        other.__dict__[self._name] = value # 있으면 갱신하고 없으면 만든다.
```

__set__ 메소드는 갱신하는 값을 **value**에 받아 객체의 이름공간에 있는 속성을 조회해서 값을 갱신한다.

```
def decorator(cls) :                      # 클라이언트 클래스에 초기화 함수를 추가하는 함수 정의.
    cls.__init__ = __init__               # 초기화 함수를 __init__에 할당.

    return cls                            # 클래스 반환.
```

새로운 클래스를 정의할 때 클래스 속성 **name**, **age**를 선언하고 디스크립터 객체를 할당한다. 디스크립터 객체는 항상 클래스 속성으로 정의해야 한다.

파이썬에서는 객체나 클래스가 접근할 때 **__set__** 메소드가 정의된 디스크립터 속성을 가장 먼저 참조한다. 이 디스크립터는 이름으로 접근하면 해당되는 메소드가 호출되어 결과를 반환하는 구조이다.

```
@decorator                                # 클래스를 데코레이터 처리.
class Klass:                              # 데코레이팅을 처리할 클래스에는 클래스 속성 두 개 생성.
    name = Descriptor()                     (속성에는 디스크립터 객체를 할당)
    age = Descriptor()
```

클래스에 초기화 함수를 정의하지 않았지만, 데코레이팅 처리하면서 초기화 함수가 들어있다.

클래스로 객체를 생성할 때 2개의 인자를 전달해서 객체를 예외 없이 만든다. 객체의 속성으로 직접 접근해 조회할 수도 있지만, 디스크립터로 만든 속성을 이름으로 접근해서 객체의 속성을 조회한다.

```
k = Klass("이름",45)          # 객체 생성.
```

```
k._name, k._age               # 이름에 밑줄을 하나 붙여 보호 속성으로 생성(직접 속성을 접근해서 조회 가능).
```

```
('이름', 45)
```

```
k.name, k.age                 # 디스크립터 속성으로 정의된 것은 속성의 이름으로 조회.
```

```
('이름', 45)                  ← 디스크립터 클래스의 __get__이 실행되어 객체의 속성 조회.
```

Chapter 28

모듈(module) 작성 알아보기

파이썬 프로그램을 관리하는 기본 단위는 모듈이다. 각 모듈에는 변수, 함수, 클래스 등을 작성한다.

프로그램을 많이 작성할 때는 각 모듈을 분리해 모듈별로 관리하는 체계를 만들어서 관리한다. 모듈이 많아지면 이를 패키지로 분리해서 더 다양한 모듈을 만들어서 관리한다.

이번 장에서는 간단한 모듈과 패키지를 관리하는 방식을 알아본다.

1 모듈 클래스 알아보기

패키지 내에 있는 모듈이나 타 패키지에 있는 모듈을 직접 접근해서 사용하려면 그 모듈이 있는 위치를 알고 현재 작성하는 곳에 `import` 처리를 해야 한다.

예제 | **기존 모듈에 대해 알아보기**

파이썬이 제공하는 모듈 구조 알아보자.

파이썬에서 빌트인 모듈을 제외한 모듈을 사용하려면 모듈을 `import`해서 사용한다. 파이썬 내부에서 사용하는 다양한 클래스를 관리하는 `types` 모듈을 사용하려면 `import`한다.

```
import types                    # 파이썬 내부에 작성된 클래스를 관리하는 모듈.
```

수학 함수들을 관리하는 모듈 `math`를 `import`한다. 모듈 자료형을 메타 클래스로 확인하면 모듈 클래스라는 것을 알 수 있다.

`types` 모듈에 있는 모듈 클래스 `ModuleType`을 가져와서 확인하면 True이다.

```
import math                           #수학 함수들이 작성되어 있는 모듈.
```

```
print(type(math))                     # 모듈 확인.
```

```
<class 'module'>                      ← 클래스
```

```
type(math) == types.ModuleType        # 클래스는 types 모듈의 ModuleType 클래스.
```

```
True
```

모듈 `math`와 `types.ModuleType`과의 상속 관계는 `issubclass` 함수로 확인하고, 생성 관계는 `isinstance` 함수로 확인할 수 있다. 함수의 처리된 결과를 보면 둘 다 참이다.

```
issubclass(type(math), types.ModuleType)
```

```
True    ← math 클래스와 ModuleType 클래스는 같아서 상속 관계도 성립.
```

```
isinstance(math, types.ModuleType)    # 수학 모듈은 클래스이고, import하면 객체 생성.
```

```
True    ← 클래스와의 생성 관계가 성립하는지 확인.
```

파이썬에서 모듈은 한 번만 **import**하면 된다. 이는 같은 모듈은 싱글턴 객체로 사용하기 때문이다. 수학 모듈을 다시 **import**하면서 별칭을 **ma**로 지정한다. 위에서 **import**한 것과 비교하면 같은 레퍼런스를 가진 것을 알 수 있다. 두 번 **import**해도 내부에 관리하는 객체는 하나라는 것을 알 수 있다.

```
import math as ma    # 별칭으로 이름을 주어도 한 모듈의 객체 레퍼런스만 관리.
```

```
ma is math    # 두 객체의 레퍼런스 확인.
```

```
True    ← 같음(모듈을 import하면 하나의 객체 생성).
```

2 모듈 생성과 실행하기

모듈을 만들 때 types 모듈의 ModuleType 클래스를 상속해서 작성된 것을 확인해 보자.

예제 1 모듈을 클래스로 정의해서 처리하기

모듈을 클래스로 정의한다. 이때 모듈 클래스인 types 모듈에 ModuleType 클래스를 상속하고 함수는 정적 메소드로 정의한다. 함수를 정적 메소드로 정의하는 이유는 이름으로 접근하면 함수 객체를 반환하기 때문이다. 클래스에는 하나의 클래스 속성만 정의한다.

```
from types import ModuleType          # 상위의 모듈 클래스 사용.

class MyModule(ModuleType):           # 모듈을 클래스로 정의하기 위해 ModuleType 정의.
    def __repr__(self):               # 이 클래스를 실행 창에서 출력하면 문자열로 출력.
        return 'MyModule'

    @staticmethod
    def func(a, b):                   # 모듈에서 사용하는 함수를 정적 메소드로 정의.
        return a,b

    class Person :                    # 클래스 정의.
        name = "모듈 내의 클래스"
```

만들어진 모듈을 빈 셀에 이름을 넣고 실행하면 일반적인 클래스와 같이 출력한다. 이름공간을 확인하면 func, Person, __repr__이 정의된 것을 확인할 수 있다.

```
MyModule                              # 실행 창에서 모듈 조회.
```

```
__main__.MyModule                     ← 이름 출력.
```

```
MyModule.__dict__                    # 모듈 클래스의 이름공간 확인.
```

```
mappingproxy({'__module__': '__main__',
              '__repr__': <function __main__.MyModule.__repr__(self)>,
              'func': <staticmethod at 0x4e4bac8>,
              'Person': __main__.MyModule.Person,    ← 정적 메소드, 클래스가 정의.
              '__doc__': None})
```

정적 메소드를 이름으로 접근하면 함수가 반환되고 바로 실행하면 함수 실행 결과를 확인할 수 있다.

클래스로 객체를 만들어서 클래스 속성을 참조하면 저장된 값을 반환한다.

```
MyModule.func(5,5)                   # 함수 호출.
```

```
(5, 5)                               ← 정의된 함수 실행.
```

```
p = MyModule.Person()                # 모듈 내의 클래스로 객체 생성.
```

```
p.name                               # 객체로 클래스 속성 조회.
```

```
'모듈 내의 클래스'
```

예제 2 모듈을 파일로 정의해서 처리하기

보통 모듈은 하나의 파일로 작성한다. 주티터 노트북 명령어인 %%writefile에 파일 이름과 확장자 py를 붙여서 모듈을 만들면 다른 파이썬 개발 툴과 같은 모듈이 만들어진다.

```
%%writefile math_.py

import math                          # 수학 모듈 사용.

pi = math.pi                         # 원주율을 별도의 변수에 할당.

fsum = math.fsum                     # fsum 함수를 변수 fsum에 할당.

class People :                       # 클래스를 하나 정의.
    name = "클래스 속성"
```

```
Writing math_.py
```

모듈을 사용할 때는 반드시 모듈을 import한다.

파일로 만들어진 모듈도 하나의 클래스로 만들어진다. 모듈을 사용하려면 객체로 로딩되므로 클래스 정보를 type으로 조회해서 ModuleType 클래스와 같은 클래스인지 확인하면 참이다.

```
import math_                          # 모듈 사용.
```

```
import types                          # 클래스들을 가진 모듈 사용.
```

```
type(math_) == types.ModuleType       # 모듈의 클래스와 실제 ModuleType 확인.
```

```
True
```

모듈 math_에 정의된 pi 변수를 조회하면 math.pi와 같은 값이다.

```
math_.pi                    # 변수 조회.
```

```
3.141592653589793
```

새로 만들어진 모듈의 이름공간을 dir 함수로 출력해보면 모듈에 정의한 변수, 함수, 클래스를 확인할 수 있다.

```
dir(math_)                  # 모듈 내의 이름공간 확인.
```

```
['People',
 '__builtins__',
 '__cached__',
 '__doc__',
 '__file__',                ← 모듈에 정의한 변수와 클래스가 정의.
 '__loader__',
 '__name__',
 '__package__',
 '__spec__',
 'fsum',
 'math',
 'pi']
```

함수 **fsum**을 확인하면 **math** 모듈에 정의된 함수라는 것을 알 수 있다. 리스트를 인자로 전달해서 실행하면 계산된 결과를 실수로 출력한다.

클래스로 객체를 만든 후에 객체를 사용해서 클래스 속성을 조회할 수도 있다.

```
math_.fsum                          # 모듈에 할당된 변수 확인.
<function math.fsum>                ← 함수 할당.
```

```
math.fsum([1,2,3,4,5])              # 인자를 전달해서 실행.
15.0                                ← 값을 계산.
```

```
p = math_.People()                  # 클래스로 객체 생성.
```

```
p.name
'클래스 속성'
```

함수나 클래스가 어느 모듈에 만들어져 있는지 확인하면 처음에 만들어진 모듈 이름을 알 수 있다.

```
math_.People.__module__             # 클래스가 속한 모듈 확인.
'math_'
```

```
math_.fsum.__module__               # 함수가 만들어진 모듈 확인.
'math'                              ← 처음에 작성된 math 모듈.
```

3 모듈을 셸로 실행하기

모듈을 작성하고 실행해서 다양한 결과를 얻을 수 있다. 보통 모듈을 쉘(shell)로 실행하면 파이썬 명령이 실행된다.

주피터 노트북 명령어인 `%run`으로 파이썬 모듈을 실행할 수 있다.

예제 1 모듈을 작성하고 실행하기

모듈 `main`을 생성하고 내부에 함수 `add`와 클래스 `python`을 정의한다.

모듈을 실행하기 위해서는 이 모듈을 실행할 환경을 구성해야 한다. 모듈 내에 제어문을 사용해서 모듈이 호출되면 모듈 이름이 `__main__` 문자열로 변경된 것을 확인한 후에 내부의 로직을 실행한다.

제어문 안에는 함수를 실행하거나 클래스로 객체를 생성해서 버전을 출력하는 로직이 있다.

```
%%writefile main.py
""" 메인 모듈입니다. """

def add(x,y) :                                    # 함수 정의.
    return x+y

class Python :                                    # 클래스 정의.
    def __init__(self, version) :
        self.version = version

    def getVersion(self) :
        return self.version

if __name__ == '__main__' :
    print("함수 add  실행 ", add(10,10))          # 제어문 내부의 로직이 처리.
    p = Python('3.7')
    print(" 파이썬 객체 생성", p, p.getVersion())

else :
    print("import 처리된 모듈 ")                   # import해 사용하면 else문이 실행.
```

```
Overwriting main.py
```

모듈이 작성되면 주피터 노트북으로 현재 디렉토리에 모듈이 있는지 확인할 수 있다. 이때 명령어는 **%ls**이다. 이 명령어를 실행하면 윈도우즈 환경에 정보를 출력하는 것을 볼 수 있다.

```
%ls
```

```
 C 드라이브의 볼륨: OS
 볼륨 일련 번호: 4663-F4E6

 C:\Users\John\Documents\GitHub\python_book\책쓰기_토마토\파이썬
 문법\실습자료\28장 디렉터리

2019-02-01  오후 08:59    <DIR>          .
2019-02-01  오후 08:59    <DIR>          ..
2019-02-01  오후 08:31    <DIR>          .ipynb_checkpoints
2019-02-01  오후 08:53    <DIR>          __pycache__
2019-02-01  오후 07:45             3,157 chapter_28_1.ipynb
2019-02-01  오후 07:45             7,860 chapter_28_2.ipynb
2019-02-01  오후 08:59             3,976 chapter_28_3.ipynb
2019-02-01  오후 09:00               436 main.py
2019-02-01  오후 07:45               100 math_.py
               5개 파일              15,529 바이트
               4개 디렉터리  86,710,128,640 바이트 남음
```

주피터 노트북 명령어 **%run**으로 현재 작성된 모듈을 실행한다. 모듈 이름이 **__main__**이 참인 조건에 해당해서 내부에 있는 로직을 실행한다.

쉘 명령어 앞에 느낌표를 붙여 주피터 노트북 내에서도 쉘 명령어를 실행할 수 있다.

```
%run ./main.py                # 현재 모듈 파일을 %run 명령어로 실행.
```

```
함수 add  실행  20
 파이썬 객체 생성 <__main__.Python object at 0x0000018CEF554B38> 3.7
```

```
!python ./main.py             # 쉘에서는 느낌표 파이썬 실행 명령으로 실행.
```

```
함수 add  실행  20
 파이썬 객체 생성 <__main__.Python object at 0x0000028E241EB4A8> 3.7
```

이 모듈을 다른 모듈에서 사용하기 위해 import하면 모듈이 이름이 __main__이 아닌 자기 모듈이 이름이 된다. 이 모듈을 사용하면 제어문 else가 실행되어 print 함수가 실행되는 것을 알 수 있다.

```
import main
```

```
import 처리된 모듈
```

```
main.__name__
```

```
'main'
```

예제 2 모듈에 정의된 전역변수 참조하기

모듈을 만들어서 사용할 때 가장 중요한 것은 모듈 단위로 전역 이름공간이 만들어진다는 것이다. 이 이름공간에 있는 것만 모듈을 import할 때 사용할 수 있다.

모듈에는 변수 z와 함수 add를 정의하고 이 모듈을 import한 후에 함수 add를 실행해서 결과를 받았다.

```
%%writefile main_1.py
""" 메인 1  모듈입니다. """

z = 100                          # 모듈에 변수 정의.

def add(x,y) :                   # 함수 정의.
    return x+y+z
```

```
Writing main_1.py
```

```
import main_1                    # 모듈 사용.
```

```
main_1.add(5,5)                  # 모듈 내의 함수 실행.
```

```
110
```

현재 모듈 변수 z에 999를 할당한 후에 main_1.add 함수를 실행해도 변수 z는 원래 모듈에 있는 함수를 사용한다.

대신 main_1.z를 갱신하고 나서 다시 함수를 실행하면 함수의 실행된 결과가 변경된다. 이런 이유는 함수는 항상 자기를 만든 모듈의 전역 이름공간을 가지고 있다가 자기의 모듈의 값이 변경되면 전역 이름공간의 값을 참조해서 함수를 처리하기 때문이다.

다른 모듈의 함수를 사용할 때 항상 인자로 전달해서 처리하는 방식으로 함수를 작성하는 것이 좋다는 것을 알 수 있다.

```
z = 999                        # 현재 모듈에 변수 z 정의.
```

```
main_1.add.__module__          # 함수가 속한 모듈 확인.
```

```
'main_1'                       ← 함수가 작성된 모듈의 이름.
```

```
main_1.add(5,5)                # 모듈 내의 함수를 실행하면 그 모듈 내의 z 변수를 사용
                                 (현재 모듈에서 정의한 변수 z는 사용하지 않는다).
```

```
110
```

```
main_1.z = 777                 # 직접 변숫값을 변경하려면 import한 모듈 z 변경.
```

```
main_1.add(5,5)                # 다시 함수를 실행하면 함수가 속한 모듈의 z 변수의 값이 변경되어 새로운 값이 계산.
```

```
787
```

Chapter 29

클래스를 생성하는 메타 클래스

메타 클래스는 객체의 자료형을 조회할 때 많이 사용한다. 이번에는 이 메타 클래스의 본래 기능인 클래스를 생성하는 방식을 알아보자.

1 메타 클래스(meta class)

클래스를 생성하는 메타 클래스인 type 클래스를 제공한다. 메타 클래스를 어떻게 사용하는지 알아보자.

예제 **메타 클래스 알아보기**

먼저 메타 클래스가 클래스인지 확인한다.

```
print(type)                    # 파이썬 메타 클래스는 type.
```

```
<class 'type'>                 ← 확인하면 클래스.
```

메타 클래스는 파이썬 내부에 클래스를 생성하는 역할을 한다. 다시 말하면 파이썬 내의 모든 클래스는 메타 클래스로 만들어진다는 것이다.

정수 클래스 `int`와 최상위 클래스 `object`를 메타 클래스가 생성했는지 `isinstance`로 확인한다. 메타 클래스와의 생성 관계가 모두 True인 것을 알 수 있다.

```
isinstance(int, type)          # 메타 클래스는 모든 클래스를 생성하므로 정수 클래스와의 생성 관계 확인.
```

```
True
```

```
isinstance(object, type)       # 최상위 클래스도 메타 클래스로 생성한 클래스.
```

```
True
```

예약어 `class`를 사용해서 클래스를 하나 정의한다. 이 클래스도 메타 클래스와 생성 관계가 성립하는지 확인하면 True이다. 클래스 정의문으로 클래스를 만드는 것은 곧 메타 클래스로 클래스를 만드는 것과 같다는 뜻이다.

```
class InvolvedParty :                    # 사용자 클래스 정의.
    pass
```

```
isinstance(InvolvedParty, type)          # 사용자 클래스도 메타 클래스로 생성한 클래스.
```

```
True
```

메타 클래스로 직접 클래스를 만들어보자.

메타 클래스의 첫 번째 인자는 클래스 이름이라 문자열로 작성한다. 두 번째 인자는 상속하는 클래스이다. 최상위 클래스만 상속해서 `object` 클래스만 튜플로 정의한다. 그 다음에 이름공간을 딕셔너리로 지정하면 새로운 클래스가 하나 만들어진다.

이 클래스와 메타 클래스 간의 생성 관계도 확인한다.

```
IP = type("IP",(object,), {})            # 메타 클래스로 클래스 생성 가능.
```

* 첫 번째 인자에 클래스 이름, 두 번째 인자에 상속 관계, 세 번째 이름에 이름공간을 넣고 실행하면 클래스가 생성

```
IP                                       # 변수 확인.
```

```
__main__.IP                              ← 클래스가 저장된 것을 알 수 있다.
```

```
isinstance(IP,type)                      # 메타 클래스가 클래스를 생성해서 생성 관계 성립.
```

```
True
```

메타 클래스로 생성한 클래스의 이름공간을 확인하면 사용자 정의로 만든 클래스와 같은 속성이 출력된다.

```
IP.__dict__                              # 클래스의 이름공간 확인.
```

```
mappingproxy({'__module__': '__main__',
              '__dict__': <attribute '__dict__' of 'IP' objects>,
              '__weakref__': <attribute '__weakref__' of 'IP' objects>,
              '__doc__': None})
```

```
InvolvedParty.__dict__              # 예약어로 만든 클래스의 이름공간 확인.
```

```
mappingproxy({'__module__': '__main__',
              '__dict__': <attribute '__dict__' of 'InvolvedParty' objects>,
              '__weakref__': <attribute '__weakref__' of 'InvolvedParty' obj
ects>,
              '__doc__': None})
```

메타 클래스로 만든 클래스 IP로 객체를 생성한 후에 이 객체의 클래스를 확인한다. 일반 클래스 정의로 만든 것과 같은 객체를 만든다.

```
ip = IP()                     # 객체 생성.
```

```
type(ip)
```

```
__main__.IP
```

```
type(IP)                      # type으로 클래스를 만든 클래스 확인.
```

```
type                          ← 메타 클래스.
```

2 사용자 메타 클래스

메타 클래스를 확장해서 사용자 메타 클래스도 만들 수 있다. 큰 프로젝트에 파이썬을 사용할 경우 별도의 메타 클래스를 정의한 후에 클래스들을 정의해서 사용하는 것이 좋다.

어떻게 메타 클래스를 확장하는지 알아보자.

예제 **사용자 메타 클래스 알아보기**

사용자 메타 클래스를 정의할 때는 `type` 메타 클래스를 상속받는다. 메타 클래스와 상속 관계를 확인해보자.

```
class UserMeta(type) :          # 메타 클래스를 상속해서 사용자 정의 메타 클래스 생성.
    pass                        # 사용자 정의 메타 클래스에는 추가 기능을 정의하지 않는다.
```

```
issubclass(UserMeta, type)      # 상속 관계 확인.
```

```
True
```

클래스를 정의할 때 다른 메타클래스를 지정할 수 있다. 지정하는 방식은 상속관계를 정의하는 괄호에 `metaclass` 매개변수에 사용자 정의 메타클래스를 지정합니다.

2개의 메타 클래스와의 생성 관계를 확인하면 전부 참이다.

```
class InvolvedParty(metaclass=UserMeta) :  # 사용자 정의 클래스에 메타 클래스 변경.
    pass
```

```
isinstance(InvolvedParty, type)# 기본 메타 클래스를 상속했으므로 메타 클래스와 생성 관계 성립.
```

```
True
```

```
isinstance(InvolvedParty, UserMeta)        # 사용자 메타 클래스와 생성 관계도 성립.
```

```
True
```

사용자 메타 클래스로도 새로운 클래스를 만들 수 있다. 메타 클래스 type을 상속받아서 다양한 메소드를 그대로 사용할 수 있기 때문이다.

```
IP = UserMeta("IP",(object,),{}) # 사용자 메타 클래스로 새로운 클래스 정의.
```

```
IP                                # type 메타 클래스로 클래스를 생성한 것과 같이 클래스 생성.
```

```
__main__.IP
```

```
isinstance(IP,type)               # 새로 만든 클래스도 type 클래스와 생성 관계 성립.
```

```
True
```

```
isinstance(IP,UserMeta)
```

```
True
```

3 클래스의 이름공간 접근 기준 알아보기

객체는 자기를 만든 클래스와 상속한 클래스를 기준으로 이름공간에 접근해서 속성이나 메소드를 실행한다.

클래스도 하나의 객체이므로 클래스를 만든 메타 클래스의 상속 관계를 확인해서 속성이나 메소드에 접근할 수 있다. 생성 관계를 먼저 확인한 후에 상속 관계를 사용해서 이름공간에 접근한다.

예제 | **클래스 이름공간 접근 알아보기**

사용자 클래스가 메타 클래스의 스페셜 메소드를 사용하는지 알아보자.

사용자 메타 클래스를 하나 만들 때 점 연산인 `__getattribute__`를 재정의(overriding)한다. 이 메소드는 실제 메타 클래스의 `__getattribute__` 메소드를 그대로 사용하고 호출될 때 `print` 함수가 실행한다.

```
class UserMeta(type) :                              # 사용자 메타 클래스 정의.
    def __getattribute__(self,name) :               # 클래스 이름으로 속성이나 메소드에 접근하는
                                                      점 연산에 대한 스페셜 메소드 정의.

        print("사용자 메타 클래스 접근",super())     # 메소드가 언제 호출되는지
                                                      확인하기 위해 출력.

        return super().__getattribute__(name)       # type 클래스의 스페셜 메소드로
                                                      이름공간 참조.
```

사용자 클래스를 정의할 때 메타 클래스를 사용자 정의 메타 클래스로 지정한다. 사용자 정의 클래스 내에는 초기화 함수와 점 연산을 처리하는 스페셜 메소드 `__getattribute__`를 정의했다.

```
class InvolvedParty(metaclass=UserMeta):  # 클래스를 정의할 때 메타 클래스를
                                           사용자 정의 메타클래스로 변경.
    name = "IP"

    def __init__(self,name) :              # 객체 속성을 초기화하는 함수 정의.
        self.name = name                   # 객체 속성의 이름도 클래스 속성과 같다.

    def __getattribute__(self,name) :      # 객체가 내부의 속성과 메소드에 접근하는
                                             점 연산자를 정의.
        print(" 인스턴스 접근 ",super())    # 메소드가 언제 호출되는지 확인하기 위해
                                             print 함수로 출력.
        return super().__getattribute__(name)
    # super 클래스의 객체를 만들고, 상속한 클래스에 정의된 점 연산을 사용해 속성이나 메소드에 접근.
```

클래스 이름으로 클래스 속성을 접근하면 자기 클래스 내부에 정의된 `__getattribute__`를 사용하지 않고, 메타 클래스에 정의한 `__getattribute__`를 접근하는 것을 알 수 있다. 스페셜 메소드는 항상 자기를 생성한 클래스에 있는 메소드를 참조해서 사용하기 때문이다.

```
InvolvedParty.name        # 클래스로 클래스 속성에 접근하면 메타 클래스의 점 연산이 실행.
```

```
사용자 메타 클래스 접근 <super: <class 'UserMeta'>, <UserMeta object>>
'IP'
```

클래스 이름으로 `mro` 메소드를 실행하면 내부적으로 여러 번 점 연산를 실행한다. 이런 이유는 상속한 클래스를 접근할 때마다 사용자 메타 클래스의 점 연산 스페셜 메소드가 실행되기 때문이다.

```
InvolvedParty.mro()
```

```
사용자 메타 클래스 접근 <super: <class 'UserMeta'>, <UserMeta object>>
사용자 메타 클래스 접근 <super: <class 'UserMeta'>, <UserMeta object>>
사용자 메타 클래스 접근 <super: <class 'UserMeta'>, <UserMeta object>>
사용자 메타 클래스 접근 <super: <class 'UserMeta'>, <UserMeta object>>

[__main__.InvolvedParty, object]
```

* 클래스에서 상속 관계를 확인해도 점 연산을 사용하므로 내부적인 점 연산자를 출력한다.
* 결과는 자기 자신과 최상위 클래스 object만 나온다.

클래스로 객체를 만들고 객체 속성에 접근한다. 객체가 사용하는 점 연산은 클래스에 정의된 `__getattribute__`가 실행된다.

```
i = InvolvedParty("DahlMoon")   # 객체 생성.
```

```
i.name                          # 객체의 속성에 접근할 때는 클래스에 정의된 점 연산으로 접근.
```

```
 인스턴스 접근  <super: <class 'InvolvedParty'>, <InvolvedParty object>>

'DahlMoon'
```

4 데코레이터 함수 내에 내부 클래스 사용하기

앞에서 데코레이터로 초기화 함수를 클래스에 추가해서 실행해봤다. 이번에는 데코레이터로 클래스의 객체를 생성하는 방식을 만들어본다.

함수 내에 클래스를 정의하고 이 클래스의 생성자를 수정해서 데코레이팅된 클래스의 객체를 처리하여 반환하도록 수정한다. 함수 안에 클래스를 정의하는 것이 어렵게 생각되지만, 데코레이터로 함수나 클래스의 다양한 기능을 추가하는 연습이 필요하다. 데코레이터로 클래스 내의 객체를 생성하는 방식을 알아본다.

예제 **데코레이터 함수 내에 클래스 정의해서 처리하기**

데코레이터 함수를 정의할 때 내부 함수 대신 클래스로 정의한다. 이 클래스가 하는 일은 데코레이터 처리한 클래스를 내부에 저장한다. 이 클래스로 객체를 생성하면 `__new__` 생성자에서 내부에 저장된 클래스를 기준으로 객체를 만든다.

초기화 함수의 매개변수 `self`에는 데코레이터로 저장된 클래스의 객체가 할당된다. 이 `self`에 할당된 객체를 기준으로 이름공간에 속성을 추가한다.

```
def decorator(cls) :                          # 클래스를 매개변수로 받는 데코레이터 함수 정의.
    class Decoator :                          # 내부 함수 대신 내부 클래스를 정의.
        def __new__(cls, *args) :  # 클래스의 생성자를 정의.(클래스를 첫 번째 인자로)
            self = object.__new__(cls) # 최상위 클래스의 생성자를 사용해서 객체 생성.
            print(" __new__ self ", self)
            return self                       # 만들어진 객체 반환.

        def __init__(self,*args) :            # 객체가 생성된 후에 객체의 속성을 추가.
            print("__init__",self)
            self.__class__ = cls              # 이 클래스가 아닌 전달받은 클래스로 객체의
                                                클래스 이름을 수정.
            cls.__init__(self,*args)          # 전달받은 클래스의 초기화 함수 실행.

    return Decoator                           # 내부 클래스를 전달.
```

Person 클래스 2개의 초기화 함수에는 2개의 속성을 추가했다. 이 Person 클래스를 decorator 함수로 데코레이터 처리한다.

```
@decorator                                  # 클래스에 데코레이터 처리.
class Person :                              # 클래스에는 초기화 함수를 사용해서 2개의 속성 할당.
    def __init__(self, name, age) :
        self.name = name
        self.age = age
```

Person으로 확인하면 데코레이터 함수 내부에 정의된 Decorator 클래스가 반환된 것을 알 수 있다. 이 클래스에 2개의 인자를 전달해 객체를 만든다.

```
Person.__name__     # 클래스 이름 확인.
```

```
'Decoator'          ← 데코레이터 함수 내부에 정의된 클래스.
```

```
p = Person("dahl",30)
```

```
 __new__ self <__main__.decorator.<locals>.Decoator object at 0x110ec0fd0>
__init__ <__main__.decorator.<locals>.Decoator object at 0x110ec0fd0>
```

* 객체를 생성하면 생성자가 먼저 실행되고, 그다음에 초기화가 실행된다(객체를 생성할 때는 항상 같다).

객체를 확인하면 반환된 Decorator 클래스의 객체가 아닌 데코레이팅 처리된 클래스 Person으로 생성한 객체인 것을 알 수 있다.

```
p                        # 객체 확인.
```

```
<__main__.Person at 0x110ec0fd0>
                         ↑
                         └ Person 클래스의 객체(데코레이터 클래스의 객체가 아니다).
```

```
type(p)                  # 클래스 확인.
```

```
__main__.Person          ← Person
```

```
isinstance(p, type(p))
```

```
True
```

```
p.__dict__
```

```
{'name': 'dahl', 'age': 30}
```

Chapter 30

객체의 생명주기

객체 지향의 핵심은 클래스를 만드는 것이 아니고, 객체를 만들어 프로그램을 실행하는 환경을 구성하는 것이다. 그러므로 객체가 언제 생성되고 언제 소멸해야 하는지 명확하게 이해하고 있어야 한다.

객체의 생명주기를 어떻게 사용하는지 알아보자.

1 생성자, 초기화, 소멸자 처리 알아보기

객체의 생명주기는 생성자와 초기화로 객체를 만들고, 객체를 다 사용하면 소멸자로 객체를 삭제하는 것이다. 생성자와 소멸자 등의 처리를 알아보자.

예제 생성자 및 초기화 이해하기

클래스로 객체를 만들 때 사용하는 것이 생성자 함수 `__new__`이다. 초기화 함수 `__init__`은 생성자를 통해 객체를 만든 후에 속성을 추가할 때 사용한다.

클래스 정의할 때 생성자인 `__new__` 함수 내에 상위 클래스의 `__new__`를 기준으로 아무런 속성이 없는 객체를 하나 생성한다. `super().__new__`로 실행하면 최상위 클래스 `object`의 `__new__`가 실행되어 속성이 없는 빈 객체를 만든다. 그 다음에 초기화를 작성하여 객체의 속성을 추가한다.

생성자 함수의 매개변수를 `*args`, `**kwargs`로 지정하는 초기화 함수의 매개변수를 항상 같은 인자를 전달받기 때문이다.

```
class Agreement :                              # 클래스 정의.
    def __new__(cls,*args,**kwagrs) :          # 생성자 작성.
        return super().__new__(cls)            # 생성자는 객체를 만들어서 반환
                            # object 클래스의 __new__에 현재 클래스를 인자로 전달해서 객체를 생성.
    def __init__(self,name,age) :              # 초기화 함수 정의.(객체의 속성 2개 생성)
        self.name =  name
        self.age = age
```

초기화 함수에 정의된 속성은 `name`, `age` 두 가지이다. 이 인자를 전달해서 객체를 생성하면 객체의 이름공간에 2개의 속성이 만들어진다.

```
a = Agreement("Dahl",35)          # 초기화 함수에 맞는 2개의 인자 전달.
```

```
a.__dict__                                # 객체의 이름공간 확인.
```

```
{'name': 'Dahl', 'age': 35}     ← 2개의 속성 생성.
```

```
type(a)                                   # 객체의 클래스 확인.
```

```
__main__.Agreement
```

생성자와 초기화가 언제 호출되는지 알아보기 위해 사용자 메타 클래스를 정의한다. 사용자 메타 클래스의 **__call__**에는 사용자 정의 클래스에 정의된 **__new__**와 **__init__**을 차례대로 호출해서 실행한 후에 객체를 반환한다.

```
class Meta(type) :                                 # 사용자 메타 클래스 생성.
    def __call__(self,*args,**kwargs) :            # 호출하면 메타 클래스의 __call__ 실행.
        print(" 메타 클래스 call 호출 ")
        instance = self.__new__(self,*args, **kwargs)
                                                   # 사용자 정의 클래스의 생성자 호출.
        instance.__init__(*args, **kwargs)         # 사용자 정의 클래스의 초기화 호출.
        return instance
                                                   # 생성된 객체 반환.
```

사용자 정의 클래스의 최상위 클래스 **object**에 있는 **__new__**와 **__init__**을 재정의한다. 재정의하면 **object** 클래스의 생성자와 초기화 함수를 사용하지 않는다.

```
class Cond(metaclass=Meta) :            # 사용자 정의 클래스 작성(메타 클래스를 Meta로 정의).
    def __new__(cls,*args,**kwagrs) :   # 메타 클래스 __call__에서 호출할 생성자
        return super().__new__(cls)       함수 정의.

    def __init__(self,title,condition ) : # 메타 클래스 __call__에서 호출할
        self.title =  title                 초기화 함수 정의.
        self.condition = condition
```

사용자 클래스 이름과 호출 연산을 실행하면 사용자 메타 클래스의 **__call__**을 실행해서 내부에 정의된 **print** 함수의 반환 결과가 출력된다. 이런 결과를 보면 사용자 클래스로 객체를 만드는 것은 메타 클래스의 **__call__**을 호출해서 사용하는 것을 알 수 있다.

```
a = Cond("가입연령","0세 이상")  # 사용자 클래스로 객체 생성.
```

```
메타 클래스 call 호출        ← 메타 클래스의 __call__이 실행되어 내부에 정의한 print 함수 실행.
```

객체 내부의 이름공간 속성을 확인하면 클래스에 정의된 초기화 함수 내에 속성이 만들어진 것을 알 수 있다.

```
a                           # 객체 조회.
```

```
<__main__.Cond at 0x186ba0d0128>
```

```
a.__dict__
```

```
{'title': '가입연령', 'condition': '0세 이상'}
```

이번에 클래스를 정의할 때는 객체의 생명주기인 생성자, 초기화 외에 소멸자까지 추가했다. 이 클래스로 객체를 생성한다

```
class Cond_(metaclass=Meta) :                         # 다른 사용자 정의 클래스 생성.
    def __new__(cls,*args,**kwagrs) :
        return super().__new__(cls)

    def __init__(self,title,condition ) :
        self.title =  title
        self.condition = condition

    def __del__(self) :                               # 객체를 삭제하는 소멸자 생성.
        del self
```

```
c = Cond("금리","0.1")                                # 객체 생성.
```

```
메타 클래스 call 호출
```

객체를 소멸시키기 위해 예약어 del과 객체가 저장된 변수를 작성해서 실행하면 객체가 소멸한다. 변수가 삭제되면 더 이상 객체를 사용할 수 없다.

```
del c                # 예약어 del로 변수를 삭제하면 __del__ 스페셜 메소드가 실행되어 객체 삭제.
```

```
c
```

```
---------------------------------------------------------------------------
NameError                                 Traceback (most recent call last)
<ipython-input-28-2b66fd261ee5> in <module>
----> 1 c

NameError: name 'c' is not defined
```

변수가 삭제되어 객체를 참조할 수 없다.

2 약한 참조 사용하기

객체를 소멸자를 통해 소멸해도 실제 메모리에서 없어지려면 가비지 컬렉션이 수행된 다음이다. 특정한 객체가 계속 사용하는 경우에는 메모리에서 제거되지 않을 수도 있다.

약한 참조는 객체를 참조하는 동안에도 메모리에서 제거할 수 있게 작성해서 가비지 컬렉션을 수행하기 전 임의의 시간까지만 유효하게 사용하는 방식이다.

예제 **약한 참조 알아보기**

클래스를 정의할 때 초기화 함수에 2개의 속성을 추가하도록 정의한다. 이 클래스로 하나의 객체를 생성한다.

```
class Agreement :                          # 사용자 클래스 정의.

    def __init__(self,name,age) :          # 초기화 함수만 정의.
        self.name =  name
        self.age = age
```

```
a = Agreement("Dahl",35)                   # 객체 생성.
```

약한 참조 객체를 만들어 저장하기 위해 **ref** 함수를 사용한다. 위에서 만든 객체를 약한 참조로 처리해서 새로운 변수에 할당한다.

```
import weakref                  # 약한 참조를 관리하는 모듈.
```

```
r = weakref.ref(a)              # 객체를 약한 참조에 저장.
```

```
r
```

```
<weakref at 0x000002756F6840E8; to 'Agreement' at 0x000002756F6646A0>
```

가비지 컬렉션을 처리하는 모듈 gc와 시스템을 관리하는 모듈 sys를 import한다. 시스템 모듈에서 객체의 참조 개수를 확인하기 위해 getrefcount 함수를 실행한다.

객체가 생성된 변수를 삭제하고 가비지 컬렉션을 실행하면 내부에서 처리된 객체의 개수가 반환된다.

```
import gc, sys                 # 가비지 컬렉션과 시스템을 관리하는 모듈 사용.
```

```
sys.getrefcount(a)             # 객체의 참조 개수 확인.
```

```
2
```

```
del a                          # 객체 삭제.
```

```
gc.collect()
```

```
24
```

다시 객체를 만들어 약한 참조에 등록하고 이 객체에 대한 참조 개수를 확인한다.

```
a = Agreement("Dahl",40)       # 가비지 컬렉션 실행.(필요 없는 객체 정리)
```

```
r = weakref.ref(a)
```

```
sys.getrefcount(a)
```

```
2
```

약한 참조 내에 있는 객체를 다른 변수에 할당하면 참조 개수가 늘어난다. 약한 참조에 등록된 것을 꺼내는 것도 기존 객체를 참조해서 참조 개수가 증가하는 것이다.

```
a2 = r()                       # 약한 참조의 객체를 다른 변수에 할당.
```

```
sys.getrefcount(a)             # 객체의 참조 개수 증가.
```

```
3
```

```
a is a2
```

```
True
```

두 변수를 삭제한 후에 다시 약한 참조 내의 객체를 변수에 할당한다. 하지만 약한 참조에 저장된 객체가 없어서 아무것도 할당되지 않는다.

```
del a, a2                # 2개의 변수 삭제.
```

```
r()
```

```
a2 = r()
if a2 is None:
    # 삭제되어 가비지 컬렉션 처리
    print("Object has been deallocated; can't frobnicate.")
else:
    print("Object is still live!")
    o.do_something_useful()
```

```
Object has been deallocated; can't frobnicate.
```

3 싱글턴(Singleton) 패턴

같은 이름의 모듈을 여러 번 import해도 하나의 객체만 만들어진다. 아무것도 없는 객체 None도 하나의 객체다. 클래스를 정의하지만, 하나의 객체만 생성하도록 만들어 사용할 수도 있다. 이것을 싱글턴 패턴이라고 한다. 어떻게 하나의 객체만 만들어 사용하는지 알아보자.

예제 싱글턴 패턴

클래스 Single을 정의할 때 생성자 __new__를 재정의한다.

클래스로 하나의 객체를 생성하려면 이를 보관하는 속성을 만들어야 한다. 객체를 관리하는 클래스 속성의 이름은 _instance이다. 이 속성이 있으면 생성자를 한정해서 새로운 객체를 만들지 못한다.

초기화 값도 한번 객체가 만들어지면 속성값을 변경하지 못하도록 정의했다.

```
class Single :                                  # 한 객체만 만드는 클래스 정의.
    @staticmethod
    def __new__(cls,name,age) :                 # __new__는 정적 메소드(데코레이터 처리하지
        print(" 객체를 하나 만듭니다.")              않아도 내부적으로 정적 메소드로 처리).
        if hasattr(cls, "_instance") :          # 객체가 생성되면 보관하는 속성이 있는지
            instance = cls._instance              확인하고, 있으면 이 객체만 사용.
        else :                                  # 없으면 객체를 하나 생성한 후에 클래스 속성에
            instance = object.__new__(cls)        저장.
            cls._instance = instance
        return instance

    def __init__(self,name,age) :               # 초기화 함수 정의.
        print(" 객체의 속성을  초기화합니다.")
        if hasattr(type(self), "_init") :       # 객체 속성을 변경하지 않도록 클래스
            pass                                  속성에 객체 초기화 여부를 확인.
        else :                                  # 초기화가 없으면 객체 속성 추가.
            self.name = name
            self.age = age
            type(self)._init = "1"
```

클래스로 객체를 2개 만든다.

```
a = Single("혼자만 있기", 20)          # 하나의 객체 생성.
```

```
객체를 하나 만듭니다.
객체의 속성을  초기화합니다.
```

```
b = Single("같이 있기", 30)          # 다른 인자를 전달해서 객체를 다시 만들지만 하나의
                                     객체가 만들어져서 더 이상 객체를 만들지 않는다.
```

```
객체를 하나 만듭니다.
객체의 속성을  초기화합니다.
```

2개의 변수에 저장된 객체가 같은 것인지 **is**로 확인하면 참이다. 하나의 객체만 만들어지는 것을 확인할 수 있다.

```
a.name
```

```
'혼자만 있기'
```

```
b.name
```

```
'혼자만 있기'
```

```
a is b          # 2개의 객체는 레퍼런스가 같다(클래스로 객체를 만들면 하나의 객체만 반환).
```

```
True
```

Chapter 31

다양한 메소드 이해하기

클래스에서 def로 정의하면 함수이다. 클래스 메소드나 정적 메소드는 별도의 데코레이터로 처리해서 메소드로 처리한다. 나머지 인스턴스 메소드는 객체를 만들어 호출할 때까지 함수로 관리한다.

다양한 메소드들이 어떻게 처리되는지 알아보자.

1 인스턴스 메소드(instance method)

클래스를 정의할 때 객체가 사용할 수 있는 함수는 첫 번째 매개변수로 self를 정의한다. 이는 객체가 이 함수를 바인딩하면 메소드로 자동으로 변환한다. 객체가 바인딩해서 만든 메소드를 인스턴스 메소드(instance method)라고 한다.

예제 함수와 메소드 구분하기

함수와 메소드를 구분하기 위해 `__init__` 함수를 모듈에 정의한다.

파이썬에서는 모든 함수를 def 예약어로 정의한다. 함수의 이름을 `__init__`으로 정하고 3개의 매개변수 self, name, age를 작성한다. 초기화 함수 내부에 객체가 들어오는 매개변수 self에 name과 age 속성을 추가한다.

```
def __init__(self,name,age) :            # 초기화 함수와 동일한 함수를 정의.
    self.name = name
    self.age = age
```

함수의 이름으로 조회하면 함수 객체를 확인할 수 있다.
모듈에 정의된 함수는 globals를 실행해서 반환값으로 전역 이름공간을 가져와서 내부에 `__init__`을 검색하면 함수 객체를 보여준다.

```
__init__                                  # 함수 조회.
```

```
<function __main__.__init__(self, name, age)>
```

```
globals()['__init__']                     # 모듈에 정의한 함수를 확인.
```

```
<function __main__.__init__(self, name, age)>
```

클래스 Person을 정의할 때 초기화 함수를 정의하지 않고 `__init__` 속성에 모듈에 정의한 `__init__` 함수를 할당한다. 이 클래스의 이름공간 `__dict__`를 조회하면 `__init__`이 함수라는 것을 알 수 있다.

```
class Person :                  # 클래스 정의.

    print(" Person ",globals()['__init__'])
    __init__ = __init__         # 클래스의 __init__ 속성에 함수 __init__ 할당.
```

```
Person <function __init__ at 0x0000021D954159D8>
```

```
Person.__dict__                 # 클래스의 이름공간을 확인하면 __init__에 함수가 저장된 것을 알 수 있다.
```

```
mappingproxy({'__module__': '__main__',
              '__init__': <function __main__.__init__(self, name, age)>,
              '__dict__': <attribute '__dict__' of 'Person' objects>,
              '__weakref__': <attribute '__weakref__' of 'Person' objects>,
              '__doc__': None}) ← 클래스에 초기화 함수를 정의한 것과 같다.
```

클래스 Person에 이름과 나이를 인자로 전달해서 객체를 만든다. 이 객체의 이름공간을 확인하면 2개의 속성이 만들어져 있다 .

```
p = Person("Dahl",43)           # 객체 생성.
```

```
p.__dict__                      # 객체의 이름공간 확인.
```

```
{'name': 'Dahl', 'age': 43}     ← 2개의 속성이 생성됨.
```

기존에 만든 객체를 클래스에서 초기화 함수를 호출해서 인자로 전달하면 객체의 속성 값이 변경된다. 이는 초기화 함수 역할의 객체 속성을 추가하거나 기존의 값을 변경한다.

```
Person.__init__(p,"Moon",45)    # 클래스에서 초기화 함수로 갱신.
```

```
p.__dict__
```

```
{'name': 'Moon', 'age': 45}     ← 만들어진 객체의 속성 값이 변경.
```

문자열에 초기화 함수를 정의하고 변수에 할당한다.

클래스를 정의할 때 클래스 내부에서 exec 함수에 문자열을 인자로 전달을 받아 실행하면 클래스 내부에 __init__이 생긴다.

```
init = """
def __init__(self,name,age) :
    self.name = name
    self.age = age
"""
```

```
class People :

    exec(init)                    # 문자열로 정의된 초기화 함수를 exec 함수로 클래스 내에서 실행하면
                                    클래스 내에 초기화 함수 생성.

    def getName(self) :           # 객체의 속성을 조회하는 함수 정의.
        return self.name
```

클래스 이름공간을 확인하면 `__init__` 함수가 만들어진 것을 볼 수 있다.

```
People.__dict__                  # 클래스의 이름공간 확인
```

```
mappingproxy({'__module__': '__main__',
              '__init__': <function __main__.__init__(self, name, age)>,
              'getName': <function __main__.People.getName(self)>,
              '__dict__': <attribute '__dict__' of 'People' objects>,
              '__weakref__': <attribute '__weakref__' of 'People' objects>,
              '__doc__': None})   ← __init__ 생성.
```

클래스를 정의할 때 작성된 함수와 `types.FunctionType` 클래스와의 생성 관계를 `isinstance` 함수로 확인하면 True가 나온다. 클래스에서 `def`로 정의한 것은 모두 함수라는 것을 알 수 있다.

```
import types
```

```
isinstance(People.__init__ , types.FunctionType)
```

```
True   ← 클래스에 정의된 함수는 FunctionType 클래스의 객체.
```

클래스로 객체를 하나 생성한다. 클래스에 정의된 함수를 객체가 바인딩하면 메소드이다.

이 메소드 객체를 `MethodType` 클래스의 객체 여부를 `isinstance` 함수로 확인하면 True이다.

객체에서 바인딩한 함수는 인스턴스 메소드로 처리되는 것을 알 수 있다.

```
pe = People("요한",30)              # 객체 생성.
```

```
pe.getName                          # 객체에서 클래스의 함수에 접근하면 메소드로 변경.
```

```
<bound method People.getName of <__main__.People object at
0x0000021D9545C710>>
```

```
isinstance(pe.getName, types.MethodType)
```

```
True                               ← 객체가 사용하는 메소드는 MethodType 클래스의 객체
```

```
pe.getName()                        # 객체에서 메소드를 실행할 때는 self 매개변수의 인자를 넣지 않는다.
```

```
'요한'
```

위에서 확인한 함수와 메소드 클래스의 차이점을 확인하기 위해 어떤 속성이 다른지 확인한다. 함수와 메소드 클래스의 이름공간을 집합으로 만든 후에 차집합 연산 결과를 확인하면 2개의 속성이 메소드에 더 있는 것을 알 수 있다.

```
set(dir(pe.getName)) - set(dir(People.getName))     # 내부 구성 비교.
```

```
{'__func__', '__self__'}    ← 메소드에 2개의 속성이 더 있다.
```

객체에 바인딩한 메소드 속성 **__self__**를 확인하면 기존에 만들어진 객체와 같다.

```
pe.getName.__self__                 # 메소드에는 객체를 보관하는 __self__가 있고, self 매개변수에
                                      인자로 내부에서 자동으로 할당.
```

```
<__main__.People at 0x21d9545c710>
```

```
pe is pe.getName.__self__
```

```
True                                ← 객체와 __self__는 같은 객체.
```

객체에서 함수를 바인딩하면 클래스에 작성된 함수 객체는 속성 `__func__`에 저장된다.

`__func__`에 저장된 함수를 실행하려면 객체 정보를 인자로 전달해야 해당 객체의 속성을 조회해서 반환한다.

```
pe.getName.__func__                                   # 클래스에 정의된 함수는 __func__ 속성에 저장.
```

```
<function __main__.People.getName(self)>
```

```
pe.getName.__func__(pe.getName.__self__) # 첫 번째 self에 객체를 전달해 실행.
```

```
'요한'                                          ← 객체에서 메소드를 호출하는 결과와 같다.
```

2 클래스 메소드(class method)

클래스가 직접 호출해 사용할 수 있는 메소드가 클래스 메소드이다.

함수를 정의한 후에 `classmethod` 클래스로 함수를 데코레이터 처리하면 클래스 메소드로 변환된다.

예제 **클래스 메소드 알아보기**

외부에 초기화 함수와 같은 이름의 함수를 정의한다. 첫 번째 매개변수를 `cls`로 지정해서 클래스가 인자로 들어오게 한다. 나머지 2개의 매개변수는 초깃값으로 `None`을 작성한다.

이 함수에서 `object` 클래스로 객체를 만든 후에 객체의 속성을 추가하고 반환한다. 보통 클래스를 정의할 때는 초기화 함수는 반환문이 없다.

함수는 모듈에 정의되어 있어 전역 이름공간을 검색하면 함수 객체를 확인할 수 있다.

```
def __init__(cls,name=None,age=None) :   # 첫 번째 인자로 cls 지정.
                                          (cls는 관행상 클래스를 전달)

    self= object.__new__(cls)            # object 클래스로 객체를 생성해 self에 할당.
    self.name = name                     # 2개의 객체 속성 추가.
    self.age = age
    return self                          # 일반적인 초기화 함수와 다르게 객체를 반환.
```

```
__init__                                 # 모듈에 정의한 함수.
```

```
<function __main__.__init__(cls, name=None, age=None)>
```

```
globals()['__init__']
```

```
<function __main__.__init__(cls, name=None, age=None)>
```

사용자 정의 클래스 `Person` 내부 `__init__` 변수에 `classmethod` 클래스 모듈에서 정의된 함수 **__init__**을 인자로 전달해서 객체를 만들고 할당한다.

클래스의 이름공간을 확인하면 **__init__**에 클래스 메소드가 들어간 것을 알 수 있다.

```
class Person :                                    # 클래스 정의.
    __init__ = classmethod( __init__ ) # 클래스 메소드를 만들어서 __init__에 할당.
                        # 클래스 메소드이므로 클래스에서 바로 접근해서 사용할 수 있다.
```

```
Person.__dict__
```

```
mappingproxy({'__module__': '__main__',
              '__init__': <classmethod at 0x20d427c7708>,
              '__dict__': <attribute '__dict__' of 'Person' objects>,
              '__weakref__': <attribute '__weakref__' of 'Person' objects>,
              '__doc__': None})                ← 클래스 메소드라는 것을 알 수 있다.
```

클래스로 **__init__**을 실행 후에 변수 **p**에 할당하면 변수 **p**에 할당한다. 클래스 메소드는 클래스가 직접 호출하면 첫 번째 매개변수에 클래스를 직접 넣지 않고 실행한다. 객체의 이름공간을 확인하면 2개의 속성이 할당된 것을 알 수 있다. 클래스를 정의할 때 초기화 함수를 정의하지 않아도 객체의 속성이 할당되는 것을 알 수 있다.

```
p = Person.__init__("Dahl",43)          # 클래스 메소드에 접근해 객체 생성.
```

```
p.__dict__                              # 객체의 이름공간 확인.
```

```
{'name': 'Dahl', 'age': 43}             ← 객체 속성 생성.
```

이번에는 클래스에 초기화 함수를 정의해서 객체의 속성을 할당한다.

객체의 속성인 **name**을 조회하는 클래스 메소드를 정의한다. 클래스 메소드의 특징은 첫 번째 매개변수에 항상 클래스가 들어가서 관행상 **cls** 이름으로 매개변수를 지정한다.

이번에는 클래스 메소드 객체가 아닌 데코레이터 기법으로 클래스 메소드를 정의한다.

```
class People :                              # 클래스를 정의.

    def __init__(self,name,age) :           # 객체가 함수를 메소드로 사용하도록 정의.
        self.name = name
        self.age = age

    @classmethod                            # 객체의 속성을 조회하는 함수를 클래스 메소드로 정의.
    def getName(cls,self) :
        return self.name
```

클래스의 이름공간을 확인하면 초기화는 함수이지만, `getName`은 클래스 메소드라는 것을 알 수 있다.

```
People.__dict__                             # 클래스 속성 확인.
```

```
mappingproxy({'__module__': '__main__',
              '__init__': <function __main__.People.__init__(self, name, age
)>,
              'getName': <classmethod at 0x20d427ce548>,
              '__dict__': <attribute '__dict__' of 'People' objects>,
              '__weakref__': <attribute '__weakref__' of 'People' objects>,
              '__doc__': None})       ← getName이 클래스 메소드.
```

클래스 메소드도 `MethodType` 클래스를 상속했는지 확인하기 위해 `isinstance` 함수로 생성 관계를 확인하면 결과는 True이다.

```
import types
```

```
People.getName                                          # 클래스 메소드 조회.
```

```
<bound method People.getName of <class '__main__.People'>>  ← 메소드
```

```
isinstance(People.getName , types.MethodType)
```

```
True   ← 클래스 메소드도 MethodType 클래스로 만들어진 객체.
```

클래스로 객체를 만든다. 클래스 메소드를 실행하면 객체의 속성값을 조회할 수 있다.

```
pe = People("고요한",30)          # 객체 생성.
```

```
People.getName(pe)              # 클래스 메소드에 접근해서 객체의 속성 조회.
```

```
'고요한'
```

인스턴스 메소드처럼 클래스 메소드의 함수 속성과 메소드를 비교하면 클래스 메소드에 2개의 속성이 더 있다. 함수를 저장하는 `__func__`와 클래스 레퍼런스를 저장하는 `__self__`이다.

```
set(dir(People.getName)) - set(dir(People.__init__))
```

```
{'__func__', '__self__'}  ←클래스 메소드와 함수의 차이는 __func__와 __self__가 있다는 것이다.
```

클래스 메소드에 저장된 `__self__` 속성이 클래스의 레퍼런스인지 확인해보면 클래스라는 것을 알 수 있다.

```
People.getName.__self__        # 클래스 메소드의 __self__에는 클래스가 할당.
```

```
__main__.People
```

```
People is  People.getName.__self__
```

```
True
```

또한, 클래스 메소드의 `__func__`를 확인하면 함수가 저장된 것을 알 수 있다. 클래스 메소드 내의 함수를 확인하면 클래스에 정의된 함수가 있다.

첫 번째 인자에 클래스를 넣고, 두 번째 인자에 객체를 넣어서 실행하면 속성값을 조회한다.

```
People.getName.__func__        # 클래스 메소드는 __func__에 클래스에서 작성된 함수를 보관.
```

```
<function __main__.People.getName(cls, self)>
```

```
People.getName.__func__(People.getName.__self__, pe)
```

```
'고요한'
```

3 정적 메소드

파이썬의 정적 메소드는 다른 프로그램의 정적 메소드와 사용방법이 다르다. 파이썬의 정적 메소드는 메소드로 정의하지만, 실제 호출해서 사용할 때 는 함수를 그대로 실행한다.

예제 정적 메소드 알아보기

클래스에 초기화 함수와 정적 메소드를 정의한다. 정적 메소드는 항상 함수에 데코레이터로 만들어진다. 정적 메소드를 만드는 staticmethod 클래스로 데코레이터를처리하면 클래스에 정의된 함수를 인자로 받아서 정적 메소드로 반환하는 역할을 한다.

클래스의 이름공간을 확인하면 getVersion은 정적 메소드의 객체라는 것을 알 수 있다.

```
class Python :
    def __init__(self, version) :
        self.version = version

    @staticmethod                         # 데코레이터 방식을 이용해 정적 메소드 정의.
    def getVersion(self) :
        return self.version
```

```
Python.__dict__                           # 클래스 이름공간 확인.
```

```
mappingproxy({'__module__': '__main__',
              '__init__': <function __main__.Python.__init__(self, version)>
,
              'getVersion': <staticmethod at 0x17b27a54780>,
              '__dict__': <attribute '__dict__' of 'Python' objects>,
              '__weakref__': <attribute '__weakref__' of 'Python' objects>,
              '__doc__': None})           ← 정적 메소드가 정의.
```

클래스로 객체를 하나 만들고 이름공간을 확인하면 하나의 속성을 가진 것을 알 수 있다.

```
py = Python('4.0')
```

```
py.__dict__
```

```
{'version': '4.0'}
```

클래스 이름으로 정적 메소드에 접근하면 함수 객체를 반환하고, 객체 이름으로 정적 메소드를 접근해도 함수를 반환한다. 정적 메소드는 함수를 클래스나 객체가 직접 사용할 수 있도록 정의해서 사용하는 것을 알 수 있다.

```
Python.getVersion                                    # 클래스에서 정적 메소드에 접근.
```

```
<function __main__.Python.getVersion(self)>    ← 원 함수가 그대로 반환.
```

```
py.getVersion                                        # 객체에서 접근해서 함수를 반환.
```

```
<function __main__.Python.getVersion(self)>
```

클래스와 객체에서 정적 메소드를 호출하려면 **self** 매개변수와 매칭되는 객체를 전달해 처리한다. **self**라는 매개변수 이름은 관행적으로 객체를 전달하라는 뜻이다. 클래스에서 함수를 정의할 때 **self**가 있다고 모든 객체에서 사용하는 인스턴스 메소드로 변환되는 것은 아니다.

```
Python.getVersion(py)    # 함수가 반환되므로 self 매개변수에 맞는 인자를 전달해서 실행.
```

```
'4.0'
```

```
py.getVersion(py)
```

```
'4.0'
```

4 사용자 정의 메소드 클래스 만들기

앞에서 클래스 메소드나 정적 메소드가 어떻게 만들어졌는지 확인했다. 또한, 일반 함수를 정의하면 객체가 함수에 접근하여 인스턴스 메소드로 변환하는 것도 알아봤다.

메소드로 변환한다는 것은 메소드 클래스의 객체로 만들어서 처리한 것이다. 사용자 클래스로 메소드를 만들어 사용자가 정의한 메소드로 변환할 수도 있다.

예제 사용자 정의 메소드 클래스 만들기

별도의 메소드를 만들려면 클래스 내의 함수를 메소드로 변환할 클래스를 하나 정의한다. 메소드 객체가 호출되면 내부에서 함수를 처리하는 `__call__` 함수를 정의한다. 또한, `Method` 클래스의 객체가 이 클래스 내에 정의된 메소드도 호출해서 사용할 수 있도록 `method`를 작성한다.

```
class Method :                                 # 메소드를 만드는 클래스 정의.
    def __init__(self,func) :                  # 초기화 함수에 객체가 생성될 때 함수를 객체의 속성에 저장.
        self._func = func

    def __call__(self, *args, **kwargs) :      # __call__은 이 클래스로 만든 객체가
                                               #   호출되면 실행.
        return self._func(self,*args, **kwargs)
                                               # 객체 내부의 속성 함수를 실행.
    def method(self) :                         # 메소드를 호출해서 실행시킬 수 있도록
        return 100                             #   함수 정의.
```

클래스 `A`를 정의하고 내부에 함수 하나를 정의한다. 함수에 데코레이터 처리해서 `Method` 클래스 객체로 변환하고 클래스의 이름공간을 확인하면 `A`는 `Method` 클래스의 객체인 것을 알 수 있다.

```
class A :
    @Method                                    # 데코레이터로 클래스에 정의된 함수를 메소드 객체로 변환.
    def a(self) :
        return 10
```

```
A.__dict__                              # 클래스의 이름공간 확인.
```

```
mappingproxy({'__module__': '__main__',
              'a': <__main__.Method at 0x1926e693358>,
              '__dict__': <attribute '__dict__' of 'A' objects>,
              '__weakref__': <attribute '__weakref__' of 'A' objects>,
              '__doc__': None})  ← a는 메소드 클래스의 객체.
```

객체를 하나 만들고 메소드 객체에 접근하면 `a`는 `Mehod` 클래스의 객체이다. `bb.a()`를 실행하면 `a`를 하나의 인스턴스 메소드로 사용한다. 이 인스턴스 메소드도 객체이므로 내부에 있는 `method`를 실행할 수 있다.

```
bb = A()                 # 객체 생성.
```

```
bb.a                     # 객체 내의 메소드 객체에 접근.
```

```
<__main__.Method at 0x1926e693358>
```

```
bb.a()                   # 객체에서 메소드 객체를 실행하면 __call__이 호출되어 내부에 저장된 함수가 실행.
```

```
10
```

```
bb.a.method()            # 메소드 클래스의 객체도 내부의 메소드를 사용할 수 있다.
```

```
100                      ← 실행한 결과.
```

Chapter 32

연속해서 실행하는 체인 구성하기

함수나 메소드를 연속 실행해서 하나의 로직을 처리할 수도 있다. 이렇게 연속 처리하는 것을 체인(chain)을 구성한다고 한다.

체인을 구성할 때는 하나의 객체를 기준으로 연속해서 실행해야 항상 같은 기능을 처리할 수 있다.

1 함수 체인 구성하기

함수도 객체이므로 함수를 반환하면 연속해서 실행할 수 있다. 이런 패턴을 처리할 때는 함수의 매개변수를 명확하게 전달해야 하고, 종료되는 함수에는 체인을 종료하는 로직을 넣어야 한다.

예제 함수 체인 만들기

사칙연산을 하는 4개의 함수를 정의해서 함수 체인을 만든다.

먼저 함수 add를 정의할 때 반환을 부분함수로 정의한다. 내부에 정의된 함수가 mul이고 add의 매개변수의 합산한 결과가 인자로 들어간다.

두 번째 호출될 mul의 내부는 다시 부분함수로 만들고 sub 함수를 호출한다. 세 번째 호출된 함수 sub도 부분함수를 만들어서 div 함수를 호출한다. 마지막 함수 div는 인자를 받아서 계산된 결과를 반환한다.

```
import functools as ft                  # 함수 도구를 지원하는 모듈 사용.
```

```
def add(x,y) :                          # 다음 함수를 호출해서 연계할 수 있도록 부분함수 반환.
    return ft.partial(mul, x+y)
```

```
def mul(x,y) :
    return ft.partial(sub, x*y)
```

```
def sub(x,y) :
    return ft.partial(div, x-y)
```

```
def div(x,y) :
    return x/y
```

첫 번째 함수 이름으로 함수를 호출한 후에 연속으로 실행한다. 이 함수를 수직으로 처리한 결과와 같다.

```
add(5,6)(4)(5)(5)          # 처음 호출하는 함수만 2개의 인자를 받고, 나머지는 부분함수이므로 하나의
                             인자만 받아 계산.
```

```
7.8
```

```
((11*4) -5 ) /5            # 위 함수의 호출 결과를 수식으로 표현.
```

```
7.8
```

연속적인 함수 호출을 변수에 할당하고 나눠서 실행해도 같은 결과가 나온다.

```
a = add(5,6)               # 첫 번째 함수 add에 2개의 인자를 넣고 실행하면 다음 함수 mul 반환.
```

```
b = a(4)                   # 하나의 인자를 받고 함수를 호출하면 다음 함수 sub 반환.
```

```
c = b(5)                   # 함수를 실행하면 div 반환.
```

```
d = c(5)                   # div 함수 실행.
```

```
d                          # 결괏값 확인.
```

```
7.8
```

2 메소드 체인 구성하기

하나의 객체로 다양한 메소드를 조합해서 특정 결과를 만들 때 메소드를 연속으로 호출해서 체인을 구성할 수 있다.

예제 메소드 체인 만들기

정수 객체에서 메소드를 실행하면 대부분 정수 객체를 반환한다. 여러 가지 메소드를 연속 호출해서 체인을 구성할 수 있다. 이 중에 `__truediv__`는 처리된 결과를 실수로 반환하는 것을 알 수 있다.

```
(100).__add__(5).__mul__(4).__sub__(5).__truediv__(3)
```

```
138.33333333333334                        # 스페셜 메소드를 연속 호출해서 계산.
```

```
((100+5) * 4 -5)/3                        # 연산자로 처리해서 결과 확인.
```

```
138.33333333333334
```

메소드 체인을 수행할 사용자 정의 클래스를 작성한다. 이때 내부에 정의된 모든 함수는 `self`를 반환한다.

```
class Int :                               # 메소드를 연속으로 처리할 수 있도록 클래스 정의.
    def __init__(self, value=0):          # 속성 값을 가지는 객체 생성.
        self.value = value

    def add(self, value) :                # 덧셈은 하나의 인자를 받는다. 그리고 속성에 있는 값과 더한 후
        self.value += value               #  객체를 반환해서 다음 메소드를 연속해서 처리할 수 있도록 한다.
        return self

    def mul(self, value) :                # 곱셈
        self.value *= value               # 곱셈
        return self
```

```
    def sub(self, value) :
        self.value -= value            # 뺄셈
        return self

    def div(self, value) :
        self.value /= value            # 나눗셈
        return self
```

클래스로 객체를 하나 만든다. 이 객체를 사용해서 메소드를 연속으로 실행한 후에 변수에 할당한다. 객체의 이름공간을 확인하면 사칙연산 처리된 결과가 저장된다.

```
a = Int(100)                                  # 객체 생성.
```

```
b = a.add(5).mul(4).sub(5).div(3)             # 메소드를 사용해 사칙연산 실행.
```

```
b.__dict__                                    # 실행한 결과는 객체 이름공간을 확인.
```

```
{'value': 138.33333333333334}
```

3 같은 이름 메소드 오버로딩 처리하기

객체 지향은 매개변수가 같은 이름으로 다른 메소드를 재정의하는 오버로딩(overloading)을 지원한다. 파이썬은 실제 함수나 메소드를 이름으로만 관리하므로 오버로딩을 작성할 수 없다. 대신 오버로딩을 처리할 수 있는 모듈을 제공해서 같은 함수를 처리할 수 있는 방법을 제시한다.

예제	같은 이름의 함수를 정의하는 메소드 오버로딩

파이썬은 클래스 내에 같은 함수를 지정할 수 없다. 같은 이름의 함수를 등록해서 처리할 수 있는 클래스를 정의한다. 이 클래스에는 초기화 함수에 3개의 함수를 저장할 수 있다. 추가적으로 함수를 등록할 add 함수도 정의한다.

이 클래스가 저장된 객체의 이름으로 접근하면 `__get__` 함수가 실행된다. 보통 현재 객체를 반환한다. 또한, 객체를 실행하면 내부에 저장된 함수를 실행하게 `__call__` 함수를 구현했다.

```
class  overload :                                   # 같은 함수 재정의를 처리하는 클래스 정의.
    def __init__(self,fget1=None,fget2=None, fget3=None) :
        self.fget1 = fget1                          # 3개의 같은 메소드를 저장하게 객체의 속성 3개 정의.
        self.fget2 = fget2                            (객체를 생성할 때 첫 번째 속성에 값을 저장)
        self.fget3 = fget3

    def __get__(self,other,owner) :                 # 디스크립터 클래스를 만들어서 이름으로
        self._other = other                            조회하면 객체를 반환.
        return self

    def add(self,func) :
        if not self.fget2 :
            self.fget2 = func                       # 두 번째와 세 번째 함수를 등록하는 함수 정의.
        else :
            if not self.fget3 :
                self.fget3 = func
        return self
```

```
    def __call__(self,*args) :          # 들어온 인자에 따라 저장된 함수를 실행.
        if len(args) == 0 :             # overload 객체를 인자 없이 호출하면 실행.
            print(self.fget1(self._other,*args))
        elif len(args) == 1 :           # overload 객체에 인자를 하나 넣고 호출하면 실행.
            print(self.fget2(self._other,*args))
        elif len(args) == 2 :           # overload 객체인 인자를 2개 넣고 호출하면 실행.
            print(self.fget3(self._other,*args))
        else :
            print("해당사항 없음")
```

사용자 정의 클래스 내에 여러 개의 함수를 작성할 클래스를 정의한다. 초기화 값으로 2개의 매개변수를 받는다.

3개의 add 함수가 정의되는데 인자가 없는 것부터 인자가 2개인 것까지 처리하도록 정의한다. add라는 함수를 등록하기 위해 첫 번째는 데코레이터로 등록했다. 두 번째부터는 add.add 메소드를 사용해서 함수를 등록했다.

```
class Overload :                        # overload를 사용하는 클래스 정의.

    def __init__(self,x,y) :            # 2개의 속성을 초기화.
        self.x = x
        self.y = y

    @overload                           # 처음 함수는 overload 클래스를 데코레이터로 처리해서 등록
    def add(self) :
        return self.x + self.y          # 저장된 2개의 속성을 더한다

    @add.add                            # 하나의 매개변수를 받는 같은 함수를 추가로 등록.
    def add(self,z) :
        return self.x + self.y + z          # 매개변수를 기존 객체의 속성과 합산.

    @add.add                                # 2개의 매개변수를 받는 함수를 정의해서 등록.
    def add(self,a,b) :
        return self.x + self.y + a + b  # 객체의 속성과 2개의 매개변수를 합산.
```

클래스 Overload 내부를 확인하면 함수 add를 3개 정의했지만, add라는 이름은 하나만 있다. 이 add는 overload 클래스의 객체이다.

```
Overload.__dict__                              # 클래스의 이름공간 확인.
```

```
mappingproxy({'__module__': '__main__',
              '__init__': <function __main__.Overload.__init__(self, x, y)>,
              'add': <__main__.overload at 0x1d29e5b4a58>,
              '__dict__': <attribute '__dict__' of 'Overload' objects>,
              '__weakref__': <attribute '__weakref__' of 'Overload' objects>
,
              '__doc__': None})          ← 같은 이름의 함수는 없고, overload 객체 하나만 있다.
```

Overload 클래스로 객체를 만들고 add 속성을 확인하면 overload 객체가 조회된다.

```
o = Overload(5,5)                              # 객체 생성.
```

```
o.add                                          # add에 접근하면 overload 객체.
```

```
<__main__.overload at 0x1d29e5b4a58>
```

속성 add에 있는 객체의 이름공간을 확인하면 3개의 함수가 저장된 것을 볼 수 있다.

```
o.add.__dict__               # overload 객체의 이름공간 확인.
```

```
{'fget1': <function __main__.Overload.add(self)>,
 'fget2': <function __main__.Overload.add(self, z)>,
 'fget3': <function __main__.Overload.add(self, a, b)>,
 '_other': <__main__.Overload at 0x1d29e595a20>}
```

↳ 4개의 속성이 있다(정의된 3개는 함수이고, 나머지 1개는 클래스로 객체를 만든 정보를 관리하는 속성이다).

o.add를 실행하면 첫 번째 등록된 함수가 실행된다.

하나의 인자를 주고 실행하면 두 번째 등록된 함수가 실행된다.

```
o.add()                      # 인자 없이 객체 실행.
```

```
10                           ← 객체 내의 두 속성 값을 합산.
```

```
o.add(1)                     # 인자를 하나 넣어 객체 실행.
```

```
11                           ← 2개의 속성과 추가한 인자를 합산.
```

다른 객체를 하나 더 만들어서 o1 변수에 할당한다. 두 개의 객체에서 인자 없이 실행되면 실제 내부의 속성에 저장된 값이 달라서 다른 결과를 반환한다.

```
o1 = Overload(15,15)            # 다시 객체 생성.
```

```
o1.add()                        # 새로운 객체의 합산은 기존 객체의 합산과 다른 결과를 보여준다.
```

```
30
```

```
o.add()
```

```
10
```

Chapter 33

스페셜 메소드 알아보기

파이썬은 클래스를 정의할 때 각종 기능을 지원하는 규약인 스페셜 메소드(special method)를 제공한다.

스페셜 메소드를 정의하는 방식은 재정의한 후에 연산자와 연계해서 처리할 수 있다. 이번 장에서는 연산자와 스페셜 메소드 간의 연계 처리를 알아보자.

1 수학 연산자

표현식을 작성할 때는 수학 연산자를 사용하지만, 실제 실행될 때는 이에 대응하는 클래스 내의 스페셜 메소드가 처리된다.

클래스에 정의된 스페셜 메소드를 어떻게 호출하는지 알아보자.

예제 **수학 연산하는 스페셜 메소드**

연산자를 함수로 재정의한 모듈 operator를 import한다.

```
import operator as op                    # 연산자를 함수로 정의한 모듈을 사용.
```

내장 클래스 정수(int)와 함수 모듈 내의 스페셜 메소드를 비교해서 정수와 operator 모듈에 정의된 스페셜 메소드를 출력한다. 출력된 스페셜 메소드를 보면 정수는 산술 연산, 비교 연산, 관계 연산 등을 처리한다.

```
count = 0
for i in dir(int) :                               # 정수 클래스 내의 속성과 메소드 확인.
    if i in dir(op) :                             # 연산자 모듈의 스페셜 메소드 확인.
        if i not in ['__doc__', '__index__'] :  # 2개는 출력에서 제외.
            count += 1
            print(i, end=", ")                    # 연속으로 출력하도록 변경.
            if count % 5 == 0 :                   # 5개가 출력되면 다음 줄에 출력.
                print()
```

```
__abs__, __add__, __and__, __eq__, __floordiv__,
__ge__, __gt__, __invert__, __le__, __lshift__,
__lt__, __mod__, __mul__, __ne__, __neg__,
__or__, __pos__, __pow__, __rshift__, __sub__,
__truediv__, __xor__,
```

연산자를 사용한 계산과 스페셜 메소드로 연산한 결과는 같다. 먼저 덧셈, 뺄셈, 곱셈을 처리한다.

```
100 + 5, 100 - 5, 100 * 5                # 덧셈, 뺄셈, 곱셈 연산자로 계산.
```

```
(105, 95, 500)
```

```
(100).__add__(5), (100).__sub__(5), (100).__mul__(5)
```

```
(105, 95, 500)                           # 덧셈, 뺄셈, 곱셈 스페셜 메소드로 계산.
```

나눗셈은 나머지를 계산하지 않는 `__floordiv__`와 나머지까지 계산하는 `__truediv__`가 있다.

```
100//5, 100/5          # 몫만 구하는 나눗셈과 나머지까지 구하는 나눗셈 연산자로 계산.
```

```
(20, 20.0)
```

```
(100).__floordiv__(5), (100).__truediv__(5)   # 나눗셈 연산자에 해당하는
                                                스페셜 메소드 실행.
```

```
(20, 20.0)
```

나머지를 구하는 mode 연산자는 `__mod__` 메소드로 계산하고, 제곱을 구하는 pow 연산자는 `__pow__` 메소드로 계산한다.

```
100 % 5, 100**2                    # 나머지를 구하거나 제곱을 처리하는 연산자로 계산.
```

```
(0, 10000)
```

```
(100).__mod__(5), (100).__pow__(2)   # 나머지와 제곱을 처리하는 스페셜 메소드로 계산.
```

```
(0, 10000)
```

단항 연산자일 경우에도 스페셜 메소드로 처리할 수 있다. 이 스페셜 메소드는 인자가 없다.

```
-100, -(-100), abs(-100)                # 단항 연산 부호 변경과 절댓값 처리.
```

```
(-100, 100, 100)
```

```
(100).__neg__(), (-100).__pos__(), (-100).__abs__()
```

```
(-100, -100, 100)                       # 단항 연산자 스페셜 메소드 처리.
```

비교 연산자도 이에 상응하는 스페셜 메소드가 있다. 연산자를 이용한 경우나 스페셜 메소드를 실행한 결과는 항상 같다.

```
100 > 5 , 100 < 5                                    # 비교 연산자 실행.
```

```
(True, False)
```

```
(100).__gt__(5), (100).__lt__(5)                     # 비교 연산 스페셜 메소드 처리.
```

```
(True, False)
```

```
100 == 5, 100 >= 5 , 100 <=  5,  100 != 5
```

```
(False, True, False, True)
```

```
(100).__eq__(5), (100).__ge__(5), (100).__le__(5), (100).__ne__(5)
```

```
(False, True, False, True)
```

논리 연산자는 예약어와 기호를 동시에 사용할 수 있다. 두 조건을 예약어 and로 묶거나 &로 묶어도 같은 결과가 나온다.

```
(100 >5 ) and (200 > 5), (100 >5 ) & (200 > 5)      # 관계 연산 and 처리.
```

```
(True, True)
```

```
(100 > 5).__and__(200>5)
```

```
True
```

```
(100< 5) or (200 >5), (100< 5) |  (200 >5)           # 관계 연산 or와 \처리.
```

```
(True, True)
```

```
(100< 5).__or__(200 >5)
```

```
True
```

배타적 논리합 기호는 ^이고 내부의 스페셜 메소드는 __xor__이다. 논리 부정 기호로 not을 사용한다.

```
(100< 5) ^ (200 >5)          # xor 연산 실행.
```

```
True
```

```
(100< 5).__xor__(200 >5)
```

```
True
```

```
not (100< 5)                 # 관계 연산 부정을 처리.
```

```
True
```

이진수를 계산하는 이동 연산자도 메소드를 제공하며 이진수를 기준으로, 좌측으로 이동은 곱셈, 우측으로 이동은 나눗셈과 같다.

```
32 << 2, 32>> 2          # 이진수 계산이 쉬프트 연산 수행(좌측 이동은 곱셈, 우측 이동은 나눗셈).
```

```
(128, 8)
```

```
(32).__lshift__(2), (32).__rshift__(2)
```

```
(128, 8)
```

이진수 1의 보수는 ~ 기호를 이용해서 반전시킨다. 이 스페셜 메소드 이름은 `__invert__`이다. 이진수를 이용한 보수 간의 덧셈은 논리곱 연산하면 같은 숫자이므로 0으로 처리한다.

```
bin(32), bin(~32)          # 비트 연산인 반전을 처리.
```

```
('0b100000', '-0b100001')
```

```
int(bin(32), base=2), int(bin(~32),base=2)
```

```
(32, -33)
```

```
~32, (32).__invert__()
```

```
(-33, -33)
```

```
32 & (~32), (32).__and__(~32)
```

```
(0, 0)
```

2 객체 접근 연산자

클래스로 이름공간에 접근할 때는 메타 클래스에 있는 접근 연산자를 사용하고, 객체가 이름공간에 접근할 때는 클래스에 있는 접근 연산자를 사용한다.

접근 연산은 생성 관계가 성립하는 클래스의 객체 접근 연산을 사용해서 처리한다. 어떻게 호출해서 사용하는지 알아보자.

예제 1 내장 함수를 이용해 객체 접근하기

아무런 속성과 함수가 없는 클래스를 정의할 때는 빈 블록 문장에 pass문을 작성한다. 객체를 하나 만들고 객체의 이름공간을 확인하면 빈 딕셔너리를 출력한다.

```
class Attribute :                  # 아무것도 하지 않는 클래스를 정의.
    pass
```

```
a = Attribute()                    # 빈 객체 생성.
```

```
a.__dict__
```

```
{}
```

객체나 클래스의 접근 연산을 이해하기 위해 내장 함수 setattr을 사용해 객체에 name 속성을 추가했다.

객체의 이름공간을 확인하면 속성이 하나 있고, getattr 함수로 객체의 이름공간에 있는 속성을 조회할 수 있다.

```
setattr(a,"name","속성값 추가")        # 속성 추가.
```

* 속성 이름은 객체 이름공간에 키로 들어가므로 문자열로 넣는다(속성에 저장하는 값은 문자열이다).

```
a.__dict__
```

```
{'name': '속성값 추가'}
```

```
getattr(a,'name')                        # 객체 내의 속성 조회.
```

```
'속성값 추가'
```

객체가 만들어지면 이름공간이 하나 생성된다. 이 이름공간에 들어간 속성을 확인할 때는 `hasattr` 함수를 사용하고 속성을 삭제할 때는 `delattr` 내장함수를 사용한다.

```
if hasattr(a,'name') :                 # 객체 내에 속성이 있는지 확인.
    delattr(a,'name')                  # 속성이 있으면 삭제.
```

객체 내의 속성을 삭제해서 아무것도 없어서 다시 `getattr`로 조회하면 속성이 없다는 예외가 발생한다.

```
getattr(a,"name")              # 삭제된 속성을 조회하면 예외 발생.
```

```
----------------------------------------------------------------------
-----
AttributeError                    Traceback (most recent call last)
<ipython-input-12-ea5965fcd56e> in <module>
----> 1 getattr(a,"name")

AttributeError: 'Attribute' object has no attribute 'name'
```

초기화 함수를 외부에 정의하고 클래스의 이름공간에 `setattr` 함수로 추가할 수 있다.

```
def __init__(self, name) :                     # 초기화 함수를 일반 함수로 정의.
    self.name = name
```

```
setattr(Attribute, "__init__",__init__)        # 클래스 속성에 초기화 함수 할당.
```

* 클래스를 정의할 때 초기화 함수가 없었지만, 필요한 시점에 초기화 함수를 할당할 수 있다.

클래스의 이름공간을 확인하면 초기화 함수가 저장된 것을 알 수 있다.

```
Attribute.__dict__                          # 클래스의 이름공간 확인.
```

```
mappingproxy({'__module__': '__main__',
              '__dict__': <attribute '__dict__' of 'Attribute' objects>,
              '__weakref__': <attribute '__weakref__' of 'Attribute' objects
>,
              '__doc__': None,
              '__init__': <function __main__.__init__(self, name)>})
                                          └ 초기화 함수가 있다.
```

클래스로 객체를 하나 생성하면 객체의 이름공간에 속성이 추가된다. 이처럼 파이썬은 모든 이름공간이 열려 있어 언제라도 속성이나 스페셜 메소드 등을 추가할 수 있다.

```
aa = Attribute("초기화 이용")    # 클래스로 객체를 생성할 때 초기화 함수 속성 하나를 인자로 전달.
```

```
aa.__dict__                      # 객체의 이름공간 확인.
```

```
{'name': '초기화 이용'}          ← 하나의 속성 생성.
```

예제 2 직접 스페셜 메소드 수정하기

객체 접근 연산을 알아보기 위해 **__getattribute__**와 **__getattr__** 두 메소드를 정의한다. 객체를 만들고 객체 접근 연산에 점 연산을 사용하면 클래스 내에 스페셜 메소드 **__getattribute__**를 호출한다.

점 연산 다음의 속성이나 메소드를 이름공간에서 검색한 후에, 이름공간에서 못 찾으면 **__getattr__** 메소드를 호출해서 예외나 정상 처리를 수행할 수 있도록 만들 수 있다.

```
class ObjectAttr :                        # 객체 속성에 접근하는 클래스 정의.
    classAttr = "ObjectAttr"              # 클래스 속성을 하나 정의.
    def __init__(self,value) :            # 초기화 함수 정의.
        self.objattr = value
```

```
    def __getattribute__(self,name) : # 객체에서 속성이나 메소드에 접근하는
        print("  __getattribute__  ")          점 연산에 해당하는 스페셜 메소드 정의.
        return super().__getattribute__(name)

    def __getattr__(self,name) :         # 객체에서 속성이나 메소드를 조회했을 때, 찾을 수
        return " 속성이 없음"                  없으면 예외 처리하는 스페셜 메소드 정의.
```

클래스로 객체를 생성할 때 객체가 점 연산을 사용하므로 `__getattribute__` 메소드 내부의 `print`문을 실행한다.

```
obj = ObjectAttr("인스턴스 속성")    # 객체 생성 시 내부에 점 연산 사용
```

```
__getattribute__
__getattribute__
__getattribute__                      ← 스페셜 메소드 내의 print 함수가 출력.
__getattribute__
__getattribute__
__getattribute__
```

객체의 이름공간에 접근해서 점 연산을 사용한 경우에는 한 번만 `__getattribute__` 메소드를 실행해서 `print`문도 한 번만 실행된다.

```
obj.__dict__                # 객체에서 이름공간을 사용.
```

```
__getattribute__

{'objattr': '인스턴스 속성'}   ← 점 연산을 한 번 실행하므로 print 함수가 한 번 출력.
```

클래스 속성에 접근할 때는 클래스에 정의된 `__getattribute__` 메소드를 실행하지 않고, 메타 클래스 `type`에 있는 `__getattribute__`를 호출해서 사용한다.

```
ObjectAttr.classAttr        # 클래스에서 클래스 속성에 접근할 때는 클래스에 정의된
                              점 연산 스페셜 메소드를 사용하지 않는다.
```

```
'ObjectAttr'
```

객체에서 클래스 속성에 접근할 때는 클래스에 있는 __getattribute__를 호출하는 것을 알 수 있다.

```
obj.classAttr                # 객체에서 클래스 속성에 접근할 때는 클래스에 있는 점 연산 스페셜 메소드 사용.
```

```
 __getattribute__
'ObjectAttr'
```

객체의 이름공간에 없는 name 속성을 접근할 때 __getattribute__로 처리한 후에 검색하지 못하면 __getattr__을 자동으로 호출해 예외 대신 반환값을 처리한다.

```
obj.name                     # 객체의 속성에 접근할 때도 점 연산 스페셜 메소드 사용.
```

```
 __getattribute__
' 속성이 없음'
```

클래스에 없는 속성에 접근하면 메타 클래스 내에 __getattr__이 추가로 정의되지 않아 바로 예외가 발생한다. 이런 이유는 객체는 항상 자기를 생성할 클래스에 있는 스페셜 메소드를 참조하고 클래스는 자기를 만든 메타 클래스 type 내의 스페셜 메소드를 참조하기 때문이다.

```
ObjectAttr.name              # 클래스에서 객체 속성에 접근할 수 없다.
```

```
---------------------------------------------------------------
-----
AttributeError                    Traceback (most recent call last)
<ipython-input-74-59df74523457> in <module>
----> 1 ObjectAttr.name
                      ┌ 클래스 속성만 검색하므로 정의한 것이 없어서 예외 발생.
AttributeError: type object 'ObjectAttr' has no attribute 'name'
```

3 색인 연산자

색인으로 검색하거나 슬라이스로 검색할 때 많이 사용하는 색인 연산의 처리 방법을 알아보자.

예제 1 색인 연산 알아보기

여러 자료구조 클래스를 가진 모듈 `cellections`를 `import`한다. 파이선에서는 리스트 클래스를 상속해서 구현하는 것보다 `UserList` 클래스 상속을 권장한다. 사용자 정의 리스트 클래스인 `Seq`를 정의한다.

조회와 갱신을 하는 스페셜 메소드 `__getitem__`과 `__setitem__`을 오버라이딩 처리한다. 갱신을 하는 `__setitem__`은 데이터 저장된 길이가 인덱스 정보와 같으면 `append` 메소드로 원소를 추가한다.

```
import collections as cols                # 자료구조를 관리하는 모듈 사용.
```

```
class Seq(cols.UserList) :                # 리스트 객체를 확장해서 색인 연산 처리하는 방법을
                                          #   알아보는 클래스를 정의.
    def __getitem__(self,i) :             # 색인 연산 조회를 처리하는 스페셜 메소드 재정의.
        print(" Seq getitem ")
        return self.data[i]

    def __setitem__(self, i, item): # 색인 연산 갱신을 처리하는 스페셜 메소드 재정의.
        print(" Seq setitem ")
        if i == len(self.data):           # 인덱스 범위를 하나 벗어난 경우에는 추가하도록 처리.
            self.data.append(item)
        else:                             # 인덱스 범위 내는 값을 갱신.
            self.data[i] = item
```

객체를 하나 만든 후에 이름공간을 확인하면 data 속성에 빈 리스트 객체가 할당되어 있다.

```
l = Seq()                # 빈 시퀀스 객체 생성.
```

```
l.__dict__               # 초기화를 재정의하지 않았지만, 객체의 속성에 들어갈 data는 빈 리스트.
```

```
{'data': []}
```

다양한 연산자를 함수로 관리하는 operator 모듈을 import한다.

```
import operator as op    # 연산자를 함수로 만든 모듈 사용.
```

먼저 색인 연산으로 첫 번째 원소를 추가한다. 이때 클래스 내에 정의된 스페셜 메소드 __setitem__이 호출된 것을 알 수 있다. 함수 setitem에 인덱스 1 값을 추가한다. 이때도 내부의 __setitem__ 메소드가 실행된다.

색인 연산이나 연산자를 함수로 변환한 경우에도 실제 실행될 때는 내부의 스페셜 메소드를 호출해서 실행하는 것을 알 수 있다.

```
l[0] = 100               # 시퀀스 객체는 빈 리스트지만 0번 인덱스에 값을 할당해서 하나의 원소가 들어간다.
```

```
Seq setitem
```

```
op.setitem(l,1,200)      # 함수를 처리하는 곳에 setitem 함수를 처리하면 클래스 내부의 스페셜 메소드가
                           실행되어 원소를 추가한다.
```

```
Seq setitem
```

객체의 이름공간을 확인하면 2개의 원소가 차례로 들어간 것을 알 수 있다.

```
l.__dict__               # 객체의 이름공간 확인.
```

```
{'data': [100, 200]}     ← 2개의 원소가 들어있는 리스트 객체.
```

색인 연산으로 조회하거나 함수로 조회해도 클래스에 정의한 스페셜 메소드 __getitem__을 실행하는 것을 알 수 있다.

```
l[0]                    # 색인 조회 연산도 클래스 내의 스페셜 메소드 호출.
```

```
 Seq getitem
100
```

```
op.getitem(l,1)         # 색인 함수로 호출해도 클래스 내의 스페셜 메소드 호출.
```

```
 Seq getitem
200
```

새로운 객체를 하나 더 만들고, 첫 번째 원소 값에 999를 할당해도 스페셜 메소드가 실행된다.

```
lm = Seq()              # 객체 생성.
```

```
lm[0] = 999             # 첫 번째 인덱스에 객체 추가.
```

```
 Seq setitem
```

객체에 없는 인덱스 정보를 대괄호에 넣어서 조회하면 예외가 발생한다.

```
lm[1]              # 두 번째 원소가 없어서 예외 발생.
```

```
 Seq getitem
---------------------------------------------------------------
-----
IndexError                        Traceback (most recent call last)
<ipython-input-23-018bd1bb0a6b> in <module>
----> 1 lm[1]

<ipython-input-2-5ff01ed77ca8> in __getitem__(self, i)
      3     def __getitem__(self,i) :
      4         print(" Seq getitem ")
----> 5          return self.data[i]
      6
      7     def __setitem__(self, i, item):

IndexError: list index out of range
```

인덱스 범위를 벗어나지 않도록 처리하는 함수를 만들고 이를 실행한 값을 색인 검색에 넣어 조회하면 항상 범위 내이므로 예외가 발생하지 않는다.

```
def index_check(seq,i) :       # 인덱스를 체크해서 범위를 벗어나는 경우에도
                                 예외 처리를 하지 않는 함수 작성.
    if i < len(seq) :          # 길이보다 작은 경우는 입력된 인자를 반환.
        return i
    else :                     # 시퀀스 객체 길이보다 -1 처리해서 인덱스 범위를 벗어나지 않게 한다.
        return len(seq)-1
```

```
lm[index_check(lm,3)]     # 색인 연산에 함수를 전달해서 인덱스 범위를 벗어날 때 마지막 인덱스로 처리.
```

```
 Seq getitem
999
```

예제 2 딕셔너리(dict) 색인 검색 알아보기

딕셔너리(dict) 클래스를 만들기 위해 collections 모듈에 있는 UserDict를 상속하고 클래스에 __getitem__과 __setitem__을 추가한다.

객체를 만들고 객체의 이름공간을 확인하면 data 속성에 빈 딕셔너리가 만들어진다.

```
class Udict(cols.UserDict) :                  # 사용자 딕셔너리 클래스 생성.

    def __getitem__(self,key) :               # 딕셔너리의 키 값 조회.
        print(" Udict getitem ")
        return self.data[key]

    def __setitem__(self, key, item):         # 딕셔너리 키를 갱신하거나 추가.
        print(" Udict setitem ")
        self.data[key] = item
```

```
ud = Udict()                                  # 딕셔너리 객체 생성.
```

```
ud.__dict__                                   # 객체의 이름공간 확인.
```

```
{'data': {}}                                  ← 속성이 빈 딕셔너리가 들어가 있다.
```

딕셔너리는 키를 인자로 전달해서 색인 연산을 수행하므로 키가 없으면 예외가 발생한다.

```
ud["키없음"]                # 딕셔너리에 등록되지 않은 키를 조회하면 예외 발생.
```

```
 Udict getitem

---------------------------------------------------------------------------
KeyError                                  Traceback (most recent call last)
<ipython-input-90-1898ba89cc9a> in <module>
----> 1 ud["키없음"]

<ipython-input-54-faa6ade3b0cb> in __getitem__(self, key)
      3     def __getitem__(self,key) :
      4         print(" Udict getitem ")
----> 5         return self.data[key]
      6 
      7     def __setitem__(self, key, item):

KeyError: '키없음'
```

딕셔너리(dict) 클래스를 상속하고 구현해서 키 검색 에러를 방지하는 `get`, `setdefault` 메소드를 그대로 사용할 수 있다. `get`, `setdefault` 메소드에 예외가 발생하면 처리하는 값을 인자로 전달해서 처리한다. 이 메소드들도 스페셜 메소드를 사용해서 처리하는 것을 알 수 있다.

```
ud.get('키없음','defaults')     # 딕셔너리에 있는 get 메소드로 디폴트 값을
                               넣어서 키가 없을 때 처리.
```

```
 Udict getitem

'defaults'
```

```
ud.__dict__                    # 딕셔너리 데이터에 아무것도 들어있지 않다.
```

```
{'data': {}}
```

```
ud.setdefault('키없음','defaults')    # setdefault는 없는 키를 삽입하고 반환.
```

```
 Udict getitem
 Udict setitem

'defaults'
```

```
ud.__dict__                                  # 키와 값이 딕셔너리에 들어간다.
```

```
{'data': {'키없음': 'defaults'}}
```

색인 연산에도 예외 발생을 조절하기 위한 스페셜 메소드 **__missing__**을 제공한다. 메소드를 추가해서 객체를 만들고 조회하면 **__getitem__**에서 검색이 실패한 경우, 자동으로 **__missing__** 메소드를 실행한다.

```
class Udict_(cols.UserDict) :                # 딕셔너리 클래스 생성.

    def __missing__(self,key) :              # 색인 연산 __getitem__ 메소드로 조회 실패하면
        print(" Udict missing ")             #   예외 없이 처리하기 위해 정의

    def __setitem__(self, key, item):        # 연산으로 내부에 키와 값을 추가
        print(" Udict setitem ")
        self.__dict__[key] = item
```

```
ud_ = Udict_()                               # 객체 생성.
```

```
ud_.__dict__
```

```
{'data': {}}                                 ← 원소가 없다.
```

```
ud_["str"]                  # 없는 키로 조회해도 예외가 발생하지 않고, __missing__ 메소드가
                            #   자동으로 호출되어 처리
```

```
 Udict missing
```

Chapter **34**

상속 이해하기

클래스의 계층 관계를 만들어 상위 클래스의 속성과 메소드를 하위 클래스에서 사용할 수 있게 하는 것을 상속이라고 한다.

클래스들의 상속이 구성되면 하위 클래스는 클래스를 작성하지 않아도 상위 클래스가 가진 속성과 메소드를 사용할 수 있다. 또한, 하위 클래스에 필요한 기능을 추가하고 재정의하여 사용할 수도 있다.

1 단일 상속, 다중 상속 이해하기

하나 클래스만 상속하는 것을 단일 상속이라고 한다. 단일 상속은 최상위 클래스를 정의하고 하위 클래스 2개를 정의해서 처리해본다.

다중 상속은 상속 관계를 계층화하는 구조이다. 다중 상속할 때 같은 이름의 속성과 함수를 호출해서 사용하는 자세한 방법은 설명하지 않는다.

예제 1 단일 상속 알아보기

여러 다각형을 만드는 최상위 Polygon 클래스를 정의한다. 삼각형과 사각형 등의 도형 클래스는 이 클래스를 상속받아서 처리한다. Polygon 클래스의 초기화 함수는 도형이 객체를 만들 때 필요한 변의 개수(n), x축 좌표(x_sides)와 y축 좌표(y_sides)를 할당하기 전에는 변수의 개수만큼 0으로 처리한다.

도형을 만들려면 특정 좌표를 받아서 저장해야 한다. 좌표를 입력하는 2개의 함수 inputXSides, inputYSides를 정의해서 좌표를 입력할 수 있도록 만든다. 좌표가 모두 등록되면 확인할 수 있는 dispSides 함수도 정의한다.

마지막으로 도형의 면적을 구하는 polygonArea 함수를 작성한다.

```
class Polygon:                                    # 다각형 클래스 정의.
    def __init__(self, no_of_sides):              # 초기화 함수로 객체의 속성 추가.
        self.n = no_of_sides                                          # 변의 개수
        self.x_sides = [0 for i in range(no_of_sides)]               # x축 좌표
        self.y_sides = [0 for i in range(no_of_sides)]               # y축 좌표

    def inputXSides(self):                       # x축 좌표 입력.
        self.x_sides = [float(input("Enter X 좌표 "+str(i+1)+
    " : ")) for i in range(self.n)]

    def inputYSides(self):                       # y축 좌표 입력.
        self.y_sides = [float(input("Enter Y 좌표 "+str(i+1)+
    " : ")) for i in range(self.n)]
```

```
    def dispSides(self):                    # 좌표 출력.

        for i in range(self.n):
            print("X 좌표 ",i+1,"is",self.x_sides[i])
            print("Y 좌표 ",i+1,"is",self.y_sides[i])

    def polygonArea(self) :                 # 다각형 면적 구하기.
        X = self.x_sides
        Y = self.y_sides

        area = 0
        j = self.n -1                       # 좌표를 비교해서 길이를 확인하고 면적을 구한다.
        for i in range(self.n) :
            area = area + (X[j]+X[i]) * (Y[j] -Y[i])
            j = i
        return abs(area/2)
          # 좌표에 의한 계산법 A=1/2{(x1+x2)(y2-y1)+(x2+x3)(y3-y2)-(x1+x4)(y4-y1)-(x4+x3)(y3-y4)}
```

Polygon 클래스를 상속해서 삼각형과 사각형을 처리해보자. 삼각형이나 사각형을 만드는 클래스는 초기화 함수만 재정의해서 도형의 특성을 체크한다.

삼각형을 만들어보자. 삼각형을 만드는 Triangle 클래스는 Polygon 클래스를 상속한다. 초기화 함수를 재정의할 때 삼각형은 3개의 변만 만들어야 해서 제어문으로 3이 들어올 때 상위 클래스의 초기화 함수를 실행한다.

```
class Triangle(Polygon):                     # 다각형을 상속한 삼각형 클래스 정의
    def __init__(self, no_of_sides):         # 초기화 함수에 변을 3으로 고정
        if no_of_sides == 3 :
            super().__init__(no_of_sides)
        else :
            raise TypeError(" 변이 길이가 다릅니다.")
```

Triangle 클래스로 객체를 만들 때는 3을 인자로 전달한다. 이 객체에는 3개의 x축과 y축 좌표를 입력할 수 있다. inputXSides, inputYSides 메소드를 실행하면 좌표를 수로 입력하는 input 함수가 실행된다. 입력이 끝나면 모든 좌표는 갱신된다.

```
t = Triangle(3)                     # 삼각형 객체 생성.
```

```
t.inputXSides()
```

```
Enter X 좌표 1 : 0
Enter X 좌표 2 : 1.5
Enter X 좌표 3 : 3
```

```
t.inputYSides()
```

```
Enter Y 좌표 1 : 0
Enter Y 좌표 2 : 3
Enter Y 좌표 3 : 0
```

polygonArea 메소드를 실행하면 삼각형의 면적을 구한다. **dispSides** 메소드를 호출하면 모두 6개의 좌표 정보를 출력한다.

```
t.polygonArea()                 # 면적을 구한다.
```

```
4.5
```

```
t.dispSides()
```

```
X 좌표  1 is 0.0
Y 좌표  1 is 0.0
X 좌표  2 is 1.5
Y 좌표  2 is 3.0
X 좌표  3 is 3.0
Y 좌표  3 is 0.0
```

사각형 클래스를 만든다. 사각형 **Ractangle** 클래스도 **Polygon** 클래스를 상속한다. 초기화 함수를 재정의할 때 4개의 변만 처리할 수 있도록 제어문을 작성한다.

```
class Ractangle(Polygon):                          # 다각형을 사각형 클래스로 정의.
    def __init__(self, no_of_sides):
        if no_of_sides == 4 :                      # 4개의 변을 처리할 수 있다.
            super().__init__(no_of_sides)
        else :
            raise TypeError(" 변이 길이가 다릅니다.")
```

Ractangel 클래스의 객체를 만들 때 4를 전달해서 4개의 변을 만들도록 한다.

```
r = Ractangle(4)
```

좌표를 입력하는 inputXSides, inputYSides 메소드를 실행해서 좌표를 등록한다.

```
r.inputXSides()
```

```
Enter X 좌표 1 : 0
Enter X 좌표 2 : 4
Enter X 좌표 3 : 4
Enter X 좌표 4 : 0
```

```
r.inputYSides()
```

```
Enter Y 좌표 1 : 0
Enter Y 좌표 2 : 0
Enter Y 좌표 3 : 4
Enter Y 좌표 4 : 4
```

사각형의 면적을 polygonArea 메소드로 구한다. 모든 좌표는 dispSides 메소드로 확인한다.

```
r.polygonArea()
```

```
16.0
```

```
r.dispSides()
```

```
X 좌표  1 is 0.0
Y 좌표  1 is 0.0
X 좌표  2 is 4.0
Y 좌표  2 is 0.0
X 좌표  3 is 4.0
Y 좌표  3 is 4.0
X 좌표  4 is 0.0
Y 좌표  4 is 4.0
```

예제 2 다중 상속 알아보기

최상위 클래스로 Person 클래스를 정의하고 초기화 함수에 3개의 속성을 정의한다. 함수 say를 정의한다.

```
class Person(object) :                                  # Person 클래스 정의.
    def __init__(self, name, age, nation) :             # 초기화 함수에 3개의 매개변수를
        print(" Person 초기화 사용 ")                     넣는다.
        self.name = name
        self.age  = age
        self.nation = nation

    def say(self,message) :                             # say 함수는 메시지를 받고
        return message                                    그대로 반환.
```

Person 클래스를 상속한 GrandFather와 GrandMother 클래스를 정의한다. 이 두 클래스에는 속성과 함수가 없다.

다중 상속을 처리하기 위해 GrandFather와 GrandMother 클래스를 Father 클래스에서 상속한다. Father 클래스도 아무 처리를 하지 않는다.

```
class GrandFather(Person) :                 # GrandFather 클래스 정의.
    pass
```

```
class GrandMother(Person) :                 # GrandMother 클래스 정의.
    pass
```

```
class Father(GrandFather, GrandMother) : # GrandFather와 GrandMother 클래스를
    pass                                   상속한 Father 클래스 생성.
```

Father 클래스의 __bases__ 속성을 조회하면 바로 상위 클래스를 조회한다.

```
Father.__bases__                    # Father 클래스가 상속한 클래스 조회.
```

```
(__main__.GrandFather, __main__.GrandMother)
```

상속 관계의 계층을 확인하려면 mro 메소드를 실행한다.

```
Father.mro()                              # Father 클래스의 모든 상속 관계 조회.
```

```
[__main__.Father,
 __main__.GrandFather,
 __main__.GrandMother,
 __main__.Person,
 object]
```

Father 클래스로 객체를 생성하려면 초기화 함수 Person 클래스에 정의된 것을 사용한다. 3개의 인자를 전달해서 객체를 만들고 객체의 이름공간을 확인하면 3개의 속성이 있다.

```
f = Father("Dahl",55,"Korea")                          # 객체 생성.
```

```
Person 초기화 사용
```

```
f.__dict__                                             # 객체의 이름공간 확인.
```

```
{'name': 'Dahl', 'age': 55, 'nation': 'Korea'}
```

모계에 해당하는 다중 상속을 만들기 위해 GrandFather_, GrandMother_, Mother 클래스를 정의한다. 별도의 속성이나 함수는 정의하지 않았다.

```
class GrandFather_(Person) :                     # GrandFather_ 클래스 정의.
    pass
```

```
class GrandMother_(Person) :                     # GrandMother_ 클래스 정의.
    pass
```

```
class Mother(GrandFather_, GrandMother_) :   # GrandFather_와 GrandMother_
    pass                                        클래스를 상속한 Mother 클래스 생성.
```

Mother 클래스의 __bases__ 속성으로 상속한 상위 클래스를 확인하고, Mother 클래스의 상속 계층을 mro 메소드로 확인한다.

```
Mother.__bases__                              # Mother 클래스의 상속 확인.
```

```
(__main__.GrandFather_, __main__.GrandMother_)
```

```
Mother.mro()                                  # Mother 클래스의 모든 상속 관계 확인.
```

```
[__main__.Mother,
 __main__.GrandFather_,
 __main__.GrandMother_,
 __main__.Person,
 object]
```

Father와 Mother 클래스를 상속하는 Son 클래스를 정의한다. 클래스의 __bases__ 속성을 확인하면 상속한 클래스를 확인할 수 있다. 상속 계층은 mro 메소드로 확인하면 모든 상속 계층의 클래스를 보여준다.

```
class Son(Father, Mother) :          # Father와 Mother를 상속한 Son 클래스 정의.
    pass
```

```
Son.__bases__
```

```
(__main__.Father, __main__.Mother)
```

```
Son.mro()                            # Son 클래스의 상속 관계 확인.
```

```
[__main__.Son,
 __main__.Father,
 __main__.GrandFather,               ← Father와 Mother가 상속한 모든 클래스를 보여준다.
 __main__.GrandMother,
 __main__.Mother,
 __main__.GrandFather_,
 __main__.GrandMother_,
 __main__.Person,
 object]
```

Son 클래스로 객체를 만들 때는 Person 클래스의 초기화 함수를 사용한다. 이 객체에서 say 메소드를 실행하면 Person 클래스에 있는 함수가 메소드로 변해서 실행되는 것을 볼 수 있다.

```
s = Son("John",11,"Canada")    # 객체 생성(최상위 Person 클래스의 초기화 함수 사용).
```

```
Person 초기화 사용
```

```
s.say("Canada")    # 메소드를 호출하려면 최상위 Person 클래스의 say 메소드를 사용.
```

```
'Canada'
```

2 수퍼 클래스(super) 이해하기

파이썬은 상속한 클래스에 접근하는 별도의 예약어가 없다. 대신 super 클래스로 객체를 만들어 상위 클래스를 참조한다. 참조 기준은 상속 계층 구조를 mro 메소드로 조회한 상속 계층 구조에 따라 검색해서 매칭되면 그 다음 상위 클래스는 더 검색하지 않는다.

예제 | 수퍼 클래스 알아보기

파이썬은 상속한 클래스에 접근하는 별도의 예약어가 없고, super 클래스로 객체를 만들어서 상위 클래스를 참조한다. 참조 기준은 mro 메소드로 조회한 상속 계층 구조에 따라 검색해서 매칭되면 상위 클래스는 더 이상 검색하지 않는다.

```
super                                # 상위 클래스를 참조하는 super도 하나의 클래스.
```

```
super
```

```
isinstance(super, type)              # 모든 클래스는 메타 클래스로 생성.
```

```
True
```

Animal 클래스와 Species 클래스를 정의한다. 이 두 클래스에는 같은 say 함수를 정의한다.

```
class Animal :                       # Animal 클래스에 하나의 함수만 정의.
    def say(self) :
        print(" Animal 호출 ")
        return self._say
```

```
class Species :                      # Species 클래스에도 하나의 함수만 정의.
    def say(self) :
        print(" Species 호출 ")
        return self._say
```

하위 클래스인 Dog과 Bird 클래스는 Animal과 Species 클래스를 상속한다. 상속할 때 두 상위 클래스의 순서를 다르게 지정하고 say 함수를 재정의한다. 이 함수의 처리 기준은 super 클래스로 참조한 say 함수를 실행한다.

```
class Dog(Animal,Species) :              # 다중 상속할 때 Animal, Species 순서로 상속.
    def __init__(self, bark) :           # 초기화 함수를 정의해서 하나의 속성 생성.
        self._say = bark                 # 2개의 상속 클래스에 있는 say를 오버라이딩(재정의)한다.
    def say(self) :                      # 상위 클래스를 연결해서 say 메소드 실행.
        return super().say()
```

```
class Bird(Species,Animal) :             # 다중 상속할 때 Species, Animal 순서로 상속.
    def __init__(self, sing) :
        self._say = sing
    def say(self) :                      # 2개의 상속 클래스에 있는 say를 오버라이딩(재정의)한다.
        return super().say()             # 상위 클래스를 연결해서 say 메소드 실행.
```

먼저 Dog 클래스로 객체를 만들고 say 메소드를 호출하면 상위 클래스인 Animal 클래스에 정의된 say 메소드가 실행된다.

```
d = Dog(" 멍멍멍")                        # 객체 생성.
```

```
d.say()                                  # 메소드 호출.
```

```
 Animal 호출                              ← Animal 클래스의 함수 사용.
' 멍멍멍'
```

Bird 클래스로 객체를 만들고 say 메소드를 호출하면, Species 클래스에 있는 say 메소드를 실행한다.

```
s = Bird(" 짹짹짹 ")                      # 객체 생성.
```

```
s.say()                                  # 메소드 호출
```

```
 Species 호출                             ← Species 클래스의 함수 사용.
' 짹짹짹 '
```

두 클래스 Dog, Bird의 say 함수를 재정의할 때, 상위 클래스를 super 클래스의 객체로 만든 후에 상위 클래스에 있는 say를 호출한다. 다중 상속일 경우 어떤 기준으로 상위 클래스의 속성이나 메소드를 검색하는지 알아본다.

Dog 클래스에서 상속한 순서는 Animal, Species 클래스이다. Dog 클래스에서 mro 메소드를 실행하면 자기 자신의 클래스부터 상속되는 클래스를 표시한다.

수퍼 클래스 super()를 실행하여 현재 클래스와 객체가 나오고, mro 메소드의 순서에 따라 Animal 클래스를 검색해서 say 함수를 찾는다. 이 함수가 있으면 다른 상위 클래스를 검색하지 않고 바로 실행한다.

```
super(Dog,d)                # super 클래스에 Dog 클래스와 객체를 넣으면 다음에 정의된 클래스 참조.
```

```
<super: __main__.Dog, <__main__.Dog at 0x28541fcc0f0>>
```

```
Dog.mro()
```

```
[__main__.Dog, __main__.Animal, __main__.Species, object]
```

```
Animal.say(d)
```

```
 Animal 호출
'멍멍멍'
```

Bird 클래스 내의 say 함수에서 super 클래스로 객체를 만들면, mro 실행 결과에 따라 다음 클래스인 Species를 선택해서 그 안에 있는 say를 실행한다.

```
super(Bird,s)               # ssuper 클래스에 Bird 클래스와 객체를 넣으면 다음에 정의된 클래스 참조.
```

```
<super: __main__.Bird, <__main__.Bird at 0x28541fcc278>>
```

```
Bird.mro()
```

```
[__main__.Bird, __main__.Species, __main__.Animal, object]
```

```
Species.say(s)
```

```
 Species 호출
'짹짹짹'
```

3 믹스인(Mixin) 처리 이해하기

특정 기능 즉 함수만 가진 클래스를 믹스인 클래스라고 한다. 이 클래스에 같은 이름의 메소드가 없으면 즉시 호출해서 실행할 수 있다.

클래스에 정의된 메소드 중 외부에 공개된 메소드의 묶음을 인터페이스라고 한다. 믹스인 클래스를 만든 후에 상속해서 사용하면 필요한 기능만 실행해 처리할 수 있다. 객체 지향의 인터페이스를 처리하는 패턴이다.

예제 믹스인 처리 이해하기

2개의 클래스에 같은 함수 say를 정의하고 별도의 상태를 보관하지 않는다.

```
class SayMixin :                           # 함수만 가진 클래스 정의(이름에 Mixin을 붙인다).
    def say(self) :
        print(" SayMixin 호출 ")
        return self._say
```

```
class BarkMixin  :                         # 함수만 가진 클래스 정의(이름에 Mixin을 붙인다).
    def say(self) :
        print("  BarkMixin  호출 ")
        return self._say
```

2개의 믹스인 클래스를 상속하는 Dog 클래스와 Bird 클래스를 정의한다.

```
class Dog(BarkMixin,SayMixin) :            # 2개의 믹스인 클래스를 상속한 클래스 정의.
    def __init__(self, bark) :
        self._say = bark
```

```
class Bird(SayMixin,BarkMixin) :           # 2개의 믹스인 클래스를 상속한 클래스 정의.
    def __init__(self, sing) :
        self._say = sing
```

Dog 클래스로 객체를 생성한다. 이 객체에서 say를 호출하면 BarkMixin 클래스에 있는 say를 호출한다.

```
d = Dog(" 멍멍멍")                # 객체 생성.
```

```
d.say()                          # 메소드 호출.
```

```
  BarkMixin  호출                 ← 상속할 때 먼저 정의한 클래스에 있는 함수가 실행.
' 멍멍멍'
```

Bird 클래스로 객체를 만들고 say 메소드를 실행하면 SayMixin 클래스의 say를 실행한다.

```
s = Bird(" 짹짹짹 ")              # 객체 생성.
```

```
s.say()
```

```
 SayMixin 호출                    ← 상속할 때 먼저 정의한 클래스에 있는 함수가 실행.
' 짹짹짹 '
```

4 팩토리 패턴 알아보기

별도의 클래스 내 함수를 이용해서 필요한 클래스의 객체를 만드는 것을 팩토리 패턴이라고 한다. 이 구조에서 팩토리는 객체를 생성하는 기능만 담당한다.

예제 **팩토리 패턴 알아보기**

사용자 정의 추상 클래스를 만들려면 abc 모듈에 있는 ABC 클래스를 import한다. 이 ABC 클래스를 상속해서 사용자 정의 추상 클래스를 만들고, 추상 클래스 내부에 say라는 추상 메소드를 정의한다.

```
import abc                                # 추상 클래스 모듈 사용.
```

```
class Animal(abc.ABC) :                   # 추상 클래스를 상속해서 사용자 추상 클래스 생성.
    @abc.abstractmethod                   # 추상 클래스의 추상 메소드를 데코레이터로 처리.
    def say(self) :
        pass
```

추상 클래스 Animal을 상속한 Dog 클래스와 Cat 클래스를 정의한다. 두 클래스는 추상 클래스에 있는 say를 구현했다.

```
class Dog(Animal) :                       # 추상 클래스를 상속해서 구현 클래스 정의.
    def say(self) :                       # 추상 메소드를 구현 메소드화 한다.
        return " 멍멍멍 "
```

```
class Cat(Animal) :                       # 추상 클래스를 상속해서 구현 클래스 정의.
    def say(self) :                       # 추상메소드를 구현 메소드화 한다.
        return "  야옹야옹 "
```

객체를 생성하는 Factory 클래스를 정의한다. 초기화 함수는 data_type을 전달받아 객체에 data_type을 저장한다. 객체를 만드는 make_factory 함수는 새로운 객체를 만든다.

문자열 클래스 이름이 data_type에 저장되어 eval로 실행하면 문자열이 변수로 변경되어 클래스를 참조한다. 실행하면 클래스의 객체가 만들어지고 이를 반환한다.

```
class Factory :                                    # 다른 클래스의 객체 생성.
    def __init__(self,data_type) :                 # 초기화 함수에 하나의 클래스를 속성으로 받는다.
        self.data_type = data_type

    def make_factory(self) :                       # 객체를 만드는 함수 정의.
        return eval(self.data_type)()
                    # 클래스가 문자열로 들어와서 이를 실행해 클래스 이름으로 변환한 후 실행하면 객체 생성.
```

Client 클래스를 정의할 때 초기화 함수는 하나의 인자 data_type을 받는다. 초기화 함수 내부 속성 object_에 팩토리 클래스로 새로운 객체를 만들어서 전달한다.

```
class Client :                                     # 실제 객체를 생성해서 사용하는 클래스를 정의.
    def __init__(self, data_type) :                # 초기화 함수에 문자열로 클래스 이름 전달.
        self.object_ = Factory(data_type).make_factory()
                                                   # 객체 속성에 팩토리 클래스에서 만든 객체 할당.
```

같은 인터페이스를 처리하기 위해 say 함수를 정의하고, Client 객체를 받아 그 객체 내의 say를 처리한다. say 함수는 같은 인터페이스를 실행시킬 수 있는 인터페이스 즉 하나의 함수를 호출하는 창구 역할을 한다.

```
def say(obj) :                                     # 객체를 인자로 전달받아 객체 내의 메소드 실행.
    return obj.object_.say()
```

Client 클래스에 Dog 문자열을 인자로 전달하면 Dog 객체가 속성에 저장된다. 함수 say에 인자로 Client 클래스의 객체가 전달되면, 내부의 속성을 확인해서 say를 실행한다.

```
d = Client("Dog")                    # Client 객체 생성.
```

```
say(d)                               # Client 객체를 함수에 전달하면 Dog 객체가 say 함수 호출.
```

' 멍멍멍 '

Client 클래스에 Cat 문자열을 인자로 전달해서 객체를 만든다. 객체 내에는 Cat 클래스의 객체가 속성에 들어간다. 이 Client 객체를 say 함수에 전달하면 Cat 클래스의 say 함수가 실행된다.

```
c = Client("Cat")                # Cat 클래스 객체를 생성할 Client 객체 생성.
```

```
say(c)                           # say 함수에 객체를 넣어 실행하면 Cat 객체 내의 say 함수 실행.
```

' 야옹야옹 '

Chapter 35

객체의 사용 관계 이해하기

클래스 사이의 상속 관계는 하위 클래스로 생성한 모든 객체가 상위 클래스의 이름공간을 참조해서 사용할 수 있다. 상속 관계가 명확한 경우는 이 방식을 사용한다. 하지만 특정 클래스의 객체만 사용할 때는 사용 관계를 정의해서 필요할 때마다 객체의 특정 처리를 의뢰해야 한다.

이번 장에서는 두 개의 클래스를 정의해서 객체가 어떤 관계를 유지하면서 사용되는지 알아보자.

1 사용 관계(Association)

다른 클래스의 객체를 사용하는 클래스에 객체를 만들어서 사용하는 관계를 만들어보자. 특정 기능을 다른 클래스에 위임해서 사용 관계를 가지게 하는 방법도 알아보자.

예제 사용 관계 이해하기

Master 클래스와 Slave 클래스를 정의한다. Master 클래스는 기본 보호 속성인 _name과 이 속성을 처리하는 Slave 클래스의 객체를 보관하는 속성을 만든다.

```
class Master :                              # 마스터 클래스 정의.
    def __init__(self,name) :               # 초기화 함수 작성.
        self._name = name
        self.Name = Slave()                 # Slave 클래스를 사용하기 위해 하나의 객체 속성 할당.
```

Slave 클래스는 Master 클래스 객체의 보호 속성인 _name을 처리하는 함수 getName을 정의하고 보호 속성을 관리하는 기능을 위임받아 처리한다.

```
class Slave :                               # 슬레이브 클래스 정의.
    def getName(self,other) :               # 마스터 객체를 전달받아 조회하는 역할 수행.
        return other._name
```

Master 클래스의 객체를 만들면 Slave 클래스의 객체도 같이 만들어진다. 보호 속성에 직접 접근해서 조회하지 않고 Slave 클래스 객체가 할당된 Name 속성에서 getName 메소드를 호출해서 _name정보를 검색한다.

```
m = Master("고요한")                  # 객체 생성.
```

```
m.Name.getName(m)                     # 객체의 Name 속성이 있는 Slave 객체로 Master name 속성 조회.
```

```
'고요한'
```

2 결합 관계(Aggregation)

특정 기능을 두 클래스로 분리해 객체를 만들어서 사용하면, 두 객체가 같은 생명 주기를 유지할 필요가 없으므로 한 객체가 없어져도 다른 객체는 자기 역할을 수행할 수 있다. 이런 경우 결합관계를 만들어 사용한다.

예제 **결합 관계 이해하기**

클래스 Balance에 2개의 속성인 account_code와 balance 속성을 정의한다. 잔액을 변경하는 setBalance 함수를 정의해서 balance 속성을 관리한다.

```
class Balance(object):                          # 계정 잔액을 관리하는 클래스 정의.
    def __init__(self, account_code, money=0) :
                                                # 초기화 함수에 계정과목 코드와 잔액 속성 생성.
        self.account_code = account_code
        self.balance = money

    def setBalance(self, money ) :              # 계정 잔액을 변경하는 함수 정의.
        self.balance += money
```

계약을 관리하려면 속성이 많이 필요하므로 Agreement 클래스로 잔액 관리하는 acc_balance와 Balance 클래스의 객체를 사용하는 b 객체를 만든다. 계약이 해지되면 소멸자를 사용해 객체를 삭제할 때 Balance 클래스의 객체 값을 0으로 처리한다.

```
class Agreement(object):                # 계약을 관리하는 클래스 정의.
    def __init__(self,money,b):         # 초기화 함수는 계좌 잔액과 계정 잔액 객체를 가진다.
        self.acc_balance = money
        self.b = b
        self.b.setBalance(money)

    def __del__(self) :                 # 계약 객체 삭제할 때 계정 잔액을 빼준다.
        self.b.setBalance(-self.acc_balance)
        del self
```

계정 잔액을 관리하는 Balance 클래스의 객체를 만든다. 계약이 발생하면 Balance 클래스의 객체를 Agreement 클래스에 인자로 전달해서 객체를 생성한다.

Agreement 클래스로 생성한 객체의 이름공간을 확인하면 계좌 잔액과 계정과목 객체를 가진다. Balance 클래스로 만든 객체의 이름공간을 확인하면 계정과목 속성과 잔액을 관리하는 속성에 값이 들어있는 것을 확인할 수 있다.

```
b = Balance("1234")            # 계정과목 코드를 인자로 전달해서 객체 생성.
```

```
a = Agreement(100,b)           # 계약 객체를 만들 때 금액과 계정과목의 잔액을 관리하는 객체 전달.
```

```
a.__dict__                     # 계약 객체의 이름공간 확인.
```

```
{'acc_balance': 100, 'b': <__main__.Balance at 0x229b60d9d30>}
```

```
b.__dict__                     # 계정과목 잔액 객체의 이름공간 확인.
```

```
{'account_code': '1234', 'balance': 100}
```

계약을 해지해서 객체를 del로 소멸해도 Balance 클래스의 객체는 사라지지 않고 잔액이 0으로 처리된다.

```
del a                    # 계약 객체 삭제.
```

```
b                        # 계정과목 잔액을 관리하는 객체는 없어지지 않는다.
```

```
<__main__.Balance at 0x229b615a630>
```

```
b.__dict__               # 다음 계약이 생기면 잔액을 변경할 수 있게 잔액만 0으로 처리된 것을 알 수 있다.
```

```
{'account_code': '1234', 'balance': 0}
```

3 조합 관계(Composition)

두 객체의 생명 주기가 같으면 조합 관계로 클래스를 정의한다. 한 객체가 삭제되면 동시에 삭제되게 클래스를 정의하는 것은 클래스를 분리해서 기능별로 상세화해서 관리하기 위함이다.

예제 **조합 관계 이해하기**

계약의 잔액만 관리하는 Balance클래스를 정의한다. 이 클래스에 속성 _bal을 만든다. 이 속성은 실제 Agreement 클래스의 객체가 만들어지면 잔액을 관리한다. 잔액을 변경하는 setBalance 함수도 정의한다.

```
class Balance(object):                      # 계좌 잔액만 관리하는 클래스 정의.
    def __init__(self, money=0) :           # 초기화 함수에 잔액을 관리하는 속성 정의.
        self._bal=0
        self.setBalance(money)              # 잔액을 관리하는 메소드를 호출해서 잔액 수정.

    def setBalance(self, money) :
        self._bal += money
```

계약을 관리하는 Agreement 클래스를 정의한다. 이 클래스에는 두 개의 속성 acc_no와 잔액을 관리하는 balance가 있다. 잔액을 관리하는 속성은 Balance 클래스의 객체이다. 잔액을 조회하는 getBalance 함수를 정의한다. Agreemetn 클래스와 Balance 클래스는 주종 관계가 명확하다는 것을 알 수 있다.

```
class Agreement(object):                    # 계약 클래스 정의.
    def __init__(self, acc_no, money):      # 초기화 함수에 계좌번호와 잔액을 전달받는다.
        self.acc_no = acc_no,
        self.balance = Balance(money)       # 계좌 잔액은 Balance 클래스의 객체로 관리.

    def getBalance(self) :                  # 잔액을 조회하는 함수 정의.
        return self.balance._bal
```

Agreement 클래스로 객체를 만들면 Balance 클래스 객체도 같이 생성된다. 객체의 이름공간을 확인하면 acc_no와 balance가 만들어져 있다. 객체의 잔액을 getBalance로 조회하면 Balance 클래스의 객체에서 정보를 조회한다.

```
a = Agreement("1234", 1000)          # 하나의 계약 객체 생성.
```

```
a.__dict__          # 객체의 이름공간을 확인하면 계좌번호는 문자열로 관리하고, 잔액은 balance 객체에서 관리.
```

```
{'acc_no': ('1234',), 'balance': <__main__.Balance at 0x1c987c080b8>}
```

```
a.getBalance()          # 객체의 메소드로 잔액 조회.
```

```
1000
```

Agreement 클래스의 객체를 삭제하면 Balance 클래스의 객체도 참조할 수 없다. 두 클래스의 객체는 같은 수명을 가지므로 하나처럼 움직인다.

```
del a          # 계약 객체 삭제.
```

```
a.getBalance()          # 객체 확인.
```

```
---------------------------------------------------------------------------
NameError                         Traceback (most recent call last)
<ipython-input-15-4802a94815a7> in <module>
----> 1 a.getBalance()

NameError: name 'a' is not defined ← 삭제되어 조회할 수가 없다.
```

4 의존 관계(Dependency)

특정 기능을 처리할 때마다 객체를 전달받아 처리하게 구조화한다. 특정 기능을 처리할 때마다 필요한 객체를 전달해서 처리하고, 전달되는 객체 내부 기능이 변경된 경우 이를 사용하는 클래스도 변경되어야 한다. 보통 특정 기능을 API로 처리할 때 이런 관계가 많이 사용된다.

예제 **의존 관계 이해하기**

잔액을 관리하는 `Balance` 클래스를 정의한다.
잔액을 관리하는 `getBalance`와 `setBalance` 함수를 정의하고, 소멸자 `__del__`도 정의한다.

```
class Balance(object):                              # 잔액을 관리하는 클래스 정의.
    def __init__(self, money=0) :                   # 초기화 함수에 하나의 속성 생성.
        self._bal=0

    def getBalance(self) :                          # 잔액을 조회하는 함수 정의.
        return self._bal

    def setBalance(self,acc_no,money) :             # 잔액을 갱신하는 함수 정의.
        if not hasattr(self,"_acc_no") :
                    # 특정 계좌번호에 대한 속성이 없으면 계좌번호 속성을 생성하고 잔액도 갱신.
            self._acc_no = acc_no
        self._bal += money

    def __del__(self):                              # 소멸자 함수 정의.
        del self
```

계약을 관리하는 `Agreement` 클래스를 정의할 때 속성 `acc_no`를 만든다. 2개의 함수 `getBalance`와 `setBalance`를 정의하지만, 실제 잔액은 `Balance` 클래스의 객체를 사용해서 변경하거나 조회한다.

```
class Agreement(object):                              # 계약 클래스 정의.
    def __init__(self, acc_no,b, money):
                                    # 초기화 함수에 계좌번호, 잔액, 잔액을 관리하는 객체를 전달.
        self.acc_no = acc_no
        self.setBalance(b,money)                      # 잔액을 관리하는 객체 갱신.

    def getBalance(self,b) :                          # 잔액 관리하는 객체를 조회하는 함수 정의.
        return b.getBalance()

    def setBalance(self, b, money) :  # 잔액을 관리하는 객체의 값을 변경하는 함수 정의.
        b.setBalance(self.acc_no, money)

    def __del__(self) :                               # 소멸자 함수를 정의.
        del self
```

잔액을 관리하는 Balance 클래스의 객체를 만든다. Agreement 클래스로 객체를 생성할 때 Balance 클래스의 객체도 전달받는다. 객체의 이름공간을 확인하면 acc_no 속성만 들어간다.

```
b = Balance()                         # 잔액을 관리하는 객체 생성.
```

```
a = Agreement("1234",b,1000)          # 계약 객체 생성.
```

```
a.__dict__
```

```
{'acc_no': '1234'}                    ← 계약 객체에는 계좌번호 속성만 갖는다.
```

Balance 클래스의 객체를 확인하면 _acc_no와 _bal 속성에 값이 들어간다. 잔액을 조회할 때 Balance 클래스의 객체를 전달해 처리한다.

```
b.__dict__                            # 잔액을 관리하는 객체 확인.
```

```
{'_bal': 1000, '_acc_no': '1234'} ← 잔액과 계좌번호가 있다.
```

```
a.getBalance(b)                       # 잔액을 조회할 때, 잔액을 관리하는 객체를 인자로 전달.
```

```
1000
```

계약 객체가 소멸하면 이 계약에 대한 잔액을 조회할 수 없다.

```
del a                           # 계좌 객체를 삭제하면 더는 사용할 수 없다.
```

```
a.getBalance(b)
```

```
---------------------------------------------------------------------------
NameError                                 Traceback (most recent call last)
<ipython-input-36-012a0094be22> in <module>
----> 1 a.getBalance(b)

NameError: name 'a' is not defined
```

잔액을 관리하는 객체가 남아있는 것을 알 수 있다. 잔액을 관리하는 객체도 같이 소멸해야 두 클래스의 객체를 동기화할 수 있다.

```
b.__dict__                      # 잔액 객체는 아직 소멸하지 않아 조회 가능.
```

```
{'_bal': 1000, '_acc_no': '1234'}
```

```
del b                           # 잔액 객체도 삭제.
```

```
b
```

```
---------------------------------------------------------------------------
NameError                                 Traceback (most recent call last)
<ipython-input-39-89e6c98d9288> in <module>
----> 1 b

NameError: name 'b' is not defined
```

5 옵저버(Observer) 패턴 알아보기

객체들을 만들어 다양한 협업을 하는 방식이 디자인 패턴(Design Pattern) 방식이다. 이 중에 특정 이벤트가 발생하여 옵저버 객체의 조건에 만족하면 반응한다. 여러 이벤트 중에 자기에게 필요한 경우만 반응을 처리하는 패턴이다.

예제 옵저버 패턴 알아보기

특정 인터페이스 규약을 만들기 위해 사용자 추상 클래스를 만든다. 이때 파이썬에서 제공하는 추상 클래스 모듈 abc에 있는 ABC 클래스와 abstractmethod를 import한다. 또한, 무작위 이벤트를 만들기 위해 random 모듈도 import한다.

```
from abc import ABC, abstractmethod            # 추상 클래스 모듈 사용.
from random import randrange                   # 난수를 구하는 모듈 사용.
```

상태를 관리하는 추상 클래스 StateMachine을 정의할 때 ABC 추상 클래스를 상속한다. 추상 클래스에 attach, detach, notify 3개의 추상 메소드를 정의한다. 추상 클래스를 상속할 경우 이 메소드를 모두 구현해야 한다.

```
class StateMachine(ABC):                 # 추상 클래스로 상태 머신 정의.

    @abstractmethod                      # 데코레이터로 추상 메소드 attach 정의.
    def attach(self, observer):
        pass

    @abstractmethod                      # 데코레이터로 추상 메소드 detach 정의.
    def detach(self, observer):
        pass

    @abstractmethod                      # 데코레이터로 추상 메소드 notify 정의.
    def notify(self):
        pass
```

ConcerteStateMachine 클래스는 StateMachine 추상 클래스에 명기된 메소드를 구현한다. 구현하는 메소드의 내용은 첫째, Observer 클래스의 객체를 등록하는 attach 메소드. 둘째, 해제하는 detach 메소드. 셋째, 특정 이벤트가 발생하면 등록된 객체에 통지하는 notify 메소드이다.

그리고 특정 이벤트를 발생시켜 각 객체에 통지하는 some_business_logic 메소드를 만든다.

```
class ConcreteStateMachine(StateMachine):   # 상태 머신의 구현 클래스 정의.

    _state = 0                              # 상태를 관리하는 클래스 속성.
    _observers = []                         # 관찰자 객체를 관리하는 클래스 속성.

    def attach(self, observer):             # 관찰자 객체를 등록하는 함수 정의.
        print(" 업저버 등록 ")
        self._observers.append(observer)

    def detach(self, observer) :            # 관찰자 객체를 삭제하는 함수 정의.
        print(" 업저버 삭제 ")
        self._observers.remove(observer)

    def notify(self) :                      # 이벤트를 관찰자 객체에 전달하는 함수 정의.
        print(" 등록된 옵저버에서 통보 ...")
        for observer in self._observers:
            observer.update(self)

    def some_business_logic(self) :         # 상태를 변경하는 이벤트를 받고 관찰자에게
        print("상태 변경하기  .")             통지하는 함수 정의.
        self._state = randrange(0, 10)

        print(f"상태 값 확인하기 : {self._state}")
        self.notify()
```

또 다른 추상 클래스 Observer는 특정 통지가 오면 정보를 갱신하는 메소드를 정의한다.

```
class Observer(ABC):                # 관찰자 클래스를 정의하는 추상 클래스 정의.

    @abstractmethod                 # 특정 이벤트를 받고, 처리할 수 있는지 판단하는 추상 메소드 정의.
    def update(self, subject):
        pass
```

ConcreteObserverA와 ConcreteObserverB 클래스를 정의한다. 각 클래스는 특정 이벤트 정보를 받았을 때 특정 조건을 만족하면 내부 기능을 실행한다.

```
class ConcreteObserverA(Observer):              # 관찰자 구현 클래스 생성.
    def update(self, subject) :
        if subject._state <= 9 :                # 상태가 9보다 작거나 같은 경우 이벤트 처리.
            print(" 관찰 상태 A: 이벤트 실행")
```

```
class ConcreteObserverB(Observer):              # 관찰자 구현 클래스를 하나 더 생성.
    def update(self, subject):
        if subject._state == 0 or subject._state >= 2:
                                                # 상태가 0 또는 2 이상일 경우 이벤트 처리.
            print(" 관찰 상태 B: 이벤트 실행 ")
```

상태 머신 객체를 만들어 옵저버를 처리하는 객체를 등록한다.

```
state = ConcreteStateMachine()              # 상태 머신 객체 생성.
```

```
observer_a = ConcreteObserverA()            # 관찰자 객체를 생성하고, 상태 머신에 등록.
state.attach(observer_a)
```

```
 업저버 등록
```

```
observer_b = ConcreteObserverB()            # 관찰자 객체를 하나 더 생성하고, 상태 머신에 등록.
state.attach(observer_b)
```

```
 업저버 등록
```

상태 머신 객체에서 특정 이벤트가 발생하면 두 옵저버 객체에 통지한다. 통지된 이벤트가 두 옵저버 객체의 조건을 만족하면 기능을 실행한다. 두 옵저버 객체의 조건이 만족되어 이벤트에 대한 반응을 출력한 것을 볼 수 있다.

```
state.some_business_logic()         # 상태 머신에서 특정 이벤트가 발생해서 관찰자에게 알려주면,
                                      관찰자의 이벤트 반응 처리.
```

```
상태 변경하기 .
상태 값 확인하기 : 3
 등록된 옵저버에서 통보 ...
 관찰 상태 A: 이벤트 실행
 관찰 상태 B: 이벤트 실행
```

옵저버 객체를 하나 삭제한다. 이벤트를 발생시켜 옵저버 객체에 통지하고 이벤트가 조건을 만족하면 반응 결과를 출력한다.

```
state.detach(observer_a)             # 관찰자 객체 하나 삭제.
```

```
업저버 삭제
```

```
state.some_business_logic()          # 상태 머신에서 특정 이벤트가 발생해서 관찰자에게 알려주면,
                                       관찰자의 이벤트 반응 처리
```

```
상태 변경하기  .
상태 값 확인하기 : 7
 등록된 옵저버에서 통보 ...
 관찰 상태 B: 이벤트 실행
```

Chapter 36

클래스 다형성 알아보기

하나의 클래스만 만들어서 모든 것을 처리하는 구조를 단형성(monomorphism), 여러 클래스를 사용해서 상속 등의 관계를 유지하면서 처리하는 구조를 다형성(polymorphism)이라고 한다.

다형성은 클래스 사이에 상속 관계를 구성하므로 하위 클래스가 상위 클래스에 있는 기능을 사용하거나 재정의해서 사용할 수 있다.

1 오버로딩(Overloading)

파이썬의 특징은 변수, 속성, 함수, 메소드, 클래스를 모두 이름으로 처리하고 이름공간에 저장해서 관리한다는 것이다. 클래스에 속성과 메소드를 정의하면 이름으로 관리하므로 이름이 같은 것을 추가로 정의할 수 없다.

오버로딩은 함수나 메소드의 시그너처(signature) 즉 매개변수의 자료형까지 관리해야 구별할 수 있다. 파이썬에서 어떤 형태로 오버로딩을 지원하는지 알아보자.

예제 오버로딩 모듈 알아보기

파이썬 문법은 오버로딩 처리를 지원하지 않는다. 오버로딩을 처리하려면 별도로 지원하는 `overload` 모듈을 설치해야 한다.

```
!pip install overload --upgrade            # 오버로드 모듈 설치.
```

```
Requirement already up-to-date: overload in c:\users\john\anaconda3\lib\sit
e-packages (1.1)
```

오버로딩을 처리하는 `overload` 모듈을 `import`해서, 오버로딩을 처리하는 `overload` 함수를 확인한다.

```
import overload as ov                  # 오버로드 모듈 사용.
```

```
ov.overload
```

```
<function overload.overload(callable)>
```

클래스 `Overload`를 정의할 때 초기화 함수를 정의하고 2개의 속성을 작성한다. 속성을 하나 조회하거나 2개 조회하는 함수를 같은 이름으로 작성할 때는 오버로딩 모듈을 사용해서 두 함수를 작성해야 한다.

첫 번째 정의한 함수에 먼저 overlad 함수로 데코레이터를 처리해서 함수를 등록하고, 두 번째 함수는 get.add 메소드로 데코레이터를 처리해서 함수를 등록한다.

```
class Overload :                           # 오버로드를 처리하는 클래스 정의.
    def __init__(self,name,age) :          # 초기화 함수 정의.
        self.name = name
        self.age  = age

    @ov.overload                           # 데코레이터로 함수를 등록해서 오버로드 객체 생성.
    def get(self,name):                    # 하나의 매개변수를 가진 함수 정의.
        return self.name                   # 같은 함수 이름을 데코레이터로 오버로드 객체에 등록.

    @get.add                               # 2개의 매개변수를 가진 함수 정의.
    def get(self,name,age):
        return self.name, self.age
```

클래스 Overload의 이름공간을 확인하면 get 속성이 함수라는 것을 알 수 있다. 이 함수에 재정의한 2개의 함수가 저장된다.

```
Overload.__dict__                          # 클래스의 이름공간 확인.
```

```
mappingproxy({'__module__': '__main__',
              '__init__': <function __main__.Overload.__init__(self, name, a
ge)>,
              'get': <function __main__.Overload.get(self, name)>,
              '__dict__': <attribute '__dict__' of 'Overload' objects>,
              '__weakref__': <attribute '__weakref__' of 'Overload' objects>
,
              '__doc__': None})            ← 하나의 오버로드 객체 생성.
```

클래스 Overload로 객체를 하나 만든다. 메소드 get에 인자를 하나 넣고 조회하면, 첫 번째 작성한 인자가 하나인 함수가 실행된다.

```
c = Overload('Dahl',45)        # 객체 생성.
```

```
c.get("name")                  # 하나의 인자를 전달하고 조회하면, 하나의 속성을 조회하는 함수 실행.
```

```
'Dahl'
```

2개의 인자를 전달하고 실행을 하면, 두 번째 등록한 함수가 실행된다. 2개의 함수에 인자를 아무거나 넣어 호출해도 인자의 개수가 맞으면 실행된다.

```
c.get("name",'age')                # 2개의 인자를 전달하고 조회하면, 2개의 속성을 조회하는 함수 실행.
```

```
('Dahl', 45)
```

```
c.get(1,2)                         # 아무 값이나 2개의 인자를 전달해도 조회 가능.
```

```
('Dahl', 45)
```

클래스 `Signature`를 작성한다. 2개의 함수를 정의할 때 매개변수에 타입 힌트를 지정한다.

```
class Signature :                          # 오버로딩을 처리하는 클래스 정의.
    def __init__(self,name,age) :          # 초기화 함수 정의.
        self.name = name
        self.age  = age


    @ov.overload                           # 데코레이터로 함수를 등록하고 하나의 오버로드 객체 생성.
    def get(self,name:str):                # 매개변수를 문자열로 받도록 정의.
        return self.name

    @get.add                               # 데코레이터로 함수 등록.
    def get(self,age:int):                 # 매개변수를 정수로 받도록 정의.
        return self.age
```

`Signature` 클래스로 객체를 하나 만든다.

```
s = Signature("name",35)                   # 객체 생성.
```

이번 함수는 매개변수 1개만으로 구성된 함수를 저장하고 타입 힌트에 정한 자료형을 입력하면 내부의 속성을 조회한다.

```
s.get("")                          # 문자열을 넣고 조회.
```

```
'name'    ← name 속성
```

```
s.get(1)                     # 정수를 넣고 조회하면, age 속성 조회.
```

```
35        ← age 속성
```

실수를 인자로 전달하고 실행하면 지정된 함수를 찾지 못해 예외가 발생한다. 같은 매개변수일 때는 타입 힌트를 사용해서 다른 자료형을 체크하고 오버로딩을 처리한다.

```
s.get(1.0)                   # 인자로 실수를 넣어 실행하면 예외 발생.
```

```
---------------------------------------------------------------------------
-----
TypeError                          Traceback (most recent call last)
<ipython-input-13-de66b44943cd> in <module>
----> 1 s.get(1.0)
~/anaconda/lib/python3.7/site-packages/overload.py in f(*args, **kw)
    182
    183          # this error message probably can't get any better :-)
--> 184          raise TypeError('invalid call argument(s)')
    185
    186      # allow adding of additional implementations

TypeError: invalid call argument(s)
```

함수의 매개변수로 처리하는 방식보다는 자료형을 기준으로 처리하는 방식이 오버로딩을 작성하는데 더 편리하다. 이런 처리를 위한 모듈 **multipledispatch**을 **import**한다.

매개변수의 인자 자료형으로 여러 함수를 하나의 함수로 묶는 **dispatch**가 어떤 함수인지 확인하자.

```
import multipledispatch as mp    # 함수의 시그너처를 처리해서 오버로딩을 만드는 모듈 사용.
```

```
mp.dispatch                      # 오버로드 처리하는 디스패치로 함수인지 확인.
```

```
<function multipledispatch.core.dispatch(*types, **kwargs)>
```

`Overload_` 클래스에 같은 함수를 정의한다. 데코레이터 방식으로 함수를 등록할 수 있다. 데코레이터의 매개변수는 자료형의 개수만큼 지정해서 전달해야 한다.

```
class Overload_ :                              # 오버로드를 처리하는 클래스 정의.
    def __init__(self,name,age) :              # 초기화 함수 작성.
        self.name = name
        self.age  = age

    @mp.dispatch(str)                # 매개변수 str을 넣어 데코레이터를 처리하는 함수의 매개변수 체크.
    def get(self,name):
        return self.name

    @mp.dispatch(str,int)            # str, int을 넣어 데코레이터를 처리하는 함수의 매개변수 체크.
    def get(self,name,age):
        return self.name, self.age
```

객체를 만들고 2개의 함수가 같은 이름으로 처리해서 자료형이 개수가 맞도록 인자를 전달하면 내부에 정의된 함수와 매칭해서 메소드를 실행한다.

```
o = Overload_("name",35)        # 객체 생성.
```

```
o.get("")                       # 메소드에 인자로 문자열을 넣어 조회.
```

```
'name'                ← name 속성.
```

```
o.get("",1)
```

```
('name', 35)    ← name, age 속성.
```

없는 자료형을 인자로 전달하면 예외가 발생한다. 현재 이 자료형에 매핑되는 함수가 구현되지 않는 것을 알 수 있다.

```
o.get(1.0)                 # 실수를 인자로 넣고 조회.
```

```
---------------------------------------------------------------------------
-----
NotImplementedError             Traceback (most recent call last)
<ipython-input-20-8d907f1511be> in <module>
----> 1 o.get(1.0)
~/anaconda/lib/python3.7/site-packages/multipledispatch/dispatcher.py in __call__(self, *args, **kwargs)
```

```
    432         if not func:
    433             raise NotImplementedError('Could not find signature for
%s: <%s>' %
--> 434                     (self.name, str_signature(types
)))
    435         return func(self.obj, *args, **kwargs)
    436
                                               ┌ 등록된 것이 없다.
NotImplementedError: Could not find signature for get: <float>
```

같은 이름의 함수를 2개 작성하고 실행 함수에 초깃값을 지정했다. 초기값을 지정하면 메소드를 호출할 때 체크하는지 알아보자.

```
class Overload_d :                           # 메소드 초깃값이 인식되는지 확인하는 클래스 정의.
    def __init__(self,name,age) :
        self.name = name
        self.age  = age

    @mp.dispatch(str)                        # 매개변수에 초깃값 지정.
    def get(self,name=""):
        return self.name

    @mp.dispatch(str,int)                    # 매개변수에 초깃값 지정.
    def get(self,name="",age=0):
        return self.name, self.age
```

객체를 하나 만들고 2개의 메소드에 속성에 들어간 초깃값이 체크되는지 확인하면 자료형만 확인하는 것을 알 수 있다.

```
od = Overload_d("고요한",30)           # 객체 생성.
```

```
od.get("")
```

'고요한'

```
od.get("",1)
```

('고요한', 30)

인자 없이 매소드를 실행하면 실제 등록된 함수가 없어서 예외가 발생한다. 초깃값이 자료형에 아무 영향을 미치지 않는 것을 알 수 있다.

```
od.get()    # 인자 없이 메소드를 실행하면 예외 발생(초깃값이 아닌 매개변수와 매개변수 자료형만으로 오버로딩 처리).
```

```
---------------------------------------------------------------------------
NotImplementedError                       Traceback (most recent call last)
<ipython-input-25-c836d50b8323> in <module>
----> 1 od.get()

~/anaconda/lib/python3.7/site-packages/multipledispatch/dispatcher.py in __call__(self, *args, **kwargs)
    432         if not func:
    433             raise NotImplementedError('Could not find signature for %s: <%s>' %
--> 434                                       (self.name, str_signature(types)))
    435         return func(self.obj, *args, **kwargs)
    436 

NotImplementedError: Could not find signature for get: <>
```

2 메소드 오버로딩(Method overloading)

파이썬 스페셜 메소드는 다양한 연산을 처리한다. 스페셜 메소드가 정의된 클래스를 상속하지 않아도 사용자 정의 클래스에 연산자에 해당하는 스페셜 메소드를 작성하면 메소드 오버로딩이 되어 객체를 만든 후에 연산자로 처리할 수 있다.

예제 **연산자 오버로딩**

사용자 정의 클래스를 작성할 때 덧셈 연산(`__add__`)과 색인 연산(`__getitem__`)을 처리할 수 있게 재정의한다.

```
class Method_Overload :                         # 메소드 오버로드 하는 클래스 정의.
    def __init__(self,seq) :
        self.seq = seq

    def __add__(self,value) :                   # 덧셈 연산자의 스페셜 메소드 재정의.
        self.seq = self.seq + value
        return self.seq

    def __getitem__(self,key) :                 # 색인 연산을 조회하는 스페셜 메소드를 재정의.
        return self.seq[key]
```

문자열을 인자로 전달해 객체를 하나 만든다. 클래스에 덧셈 연산으로 다른 문자열과 합산하면 내부의 `__add__` 메소드를 호출해서 문자열끼리 더한다. 객체 내부의 속성이 변경되었는지 확인하면 문자열이 합산된 것을 알 수 있다.

```
s = Method_Overload("문자열 ")       # 객체 생성.
```

```
s + " 연산자 오버로딩"    # 덧셈을 실행하면 객체 내의 속성에 문자열로 갱신한다(덧셈 연산이 처리된 것이다).
```

```
'문자열  연산자 오버로딩'
```

```
s.seq
```

'문자열 연산자 오버로딩'

색인 연산으로 특정 위치를 검색하거나 슬라이스 검색도 할 수 있다.

```
s[9]                    # 정수 색인 연산으로 문자열 조회.
```

'오'

```
s[8:10]                 # 슬라이스 색인 연산으로 문자열 조회.
```

' 오'

정의되지 않은 곱셈 연산을 실행하면 스페셜 메소드가 없어 예외가 발생한다.

```
s * 3          # 객체에 곱셈 연산 실행.
```

```
---------------------------------------------------------------------------
TypeError                       Traceback (most recent call last)
<ipython-input-15-5a3c6c2030b3> in <module>
----> 1 s * 3
                  ↓ 내부에 곱셈 스페셜 메소드가 재정의되지 않아서 예외를 발생
TypeError: unsupported operand type(s) for *: 'Method_Overload' and 'int'
```

3 오버라이딩(Overriding)

클래스가 상속 관계이고, 상위 클래스(super class)와 하위 클래스(sub class)의 기능에 차이가 있을 때 하위 클래스마다 기존 메소드를 클래스 내에 작성해서 사용한다. 이런 방식을 같은 이름의 메소드를 재정의(Overriding)한다고 한다.

예제	오버라이딩

상위 클래스를 하나 정의하고 초기화 함수와 속성을 조회하는 함수를 작성했다. 클래스를 상속하는 하위 클래스에는 아무 정의도 하지 않았다.

```
class Overriding :                      # 상위 클래스 정의.
    def __init__(self,seq) :            # 초기화 함수 정의.
        self.seq = seq

    def getSeq(self) :                  # 객체의 속성을 조회하는 함수 정의.
        return self.seq
```

```
class Child(Overriding) :               # 상위 클래스를 상속한 하위 클래스 정의.
    pass                                # 클래스 내부에 별도의 속성과 함수를 정의하지 않는다.
```

상위 클래스로 객체를 하나 만들어 메소드로 속성을 조회한다.

```
o = Overriding(" 부모클래스 ")                    # 객체 생성.
```

```
o.getSeq()                                      # 객체에서 메소드 실행.
```

```
' 부모클래스 '
```

이 클래스에는 초기화 함수는 없지만, 상위 클래스에 초기화 함수가 있다. 이를 사용해 객체를 만들고 객체의 속성을 참조할 때도 상위 클래스에 있는 함수를 호출해서 처리한다.

```
c = Child("자식 클래스")          # 상속한 자식 클래스의 객체 생성.
```

```
c.getSeq()          # 자식 클래스에는 아무 함수도 정의하지 않았지만, 부모 클래스의 함수를
                      메소드로 사용할 수 있다.
```

```
'자식 클래스'
```

하위 클래스에 특정 기능을 추가하려면 상위 클래스를 사용하지 않고 하위 클래스를 재정의해서 사용한다. 이 클래스의 객체를 하나 만든다.

```
class Child_(Overriding) :          # 부모 클래스의 함수를 자식 클래스에서 재정의한 클래스 생성.
    def getSeq(self, value) :       # 부모 클래스의 함수에 추가로 매개변수 정의.
        return self.seq + str(value)
                     # 객체의 속성과 인자로 전달된 값을 문자열로 변환한 후에 두 문자열을 하나로 처리.
```

```
c_ = Child_("오버라이딩 클래스")     # 객체 생성.
```

인자 없는 메소드를 호출하면 예외가 발생한다. 하위 클래스에 정의된 함수는 하나의 인자가 전달되어야 함수가 실행되기 때문이다.

```
c_.getSeq()          # 자식 클래스 객체에서 인자가 없는 메소드를 호출하면 예외 발생.
```

```
-----------------------------------------------------------------------
-----
TypeError                          Traceback (most recent call last)
<ipython-input-19-59f3b4482e20> in <module>
----> 1 c_.getSeq()
                    오버라이딩된 메소드는 현재 클래스의 이름공간을 참조하고 인자를 전달해
                  ┌ 메소드가 실행(인자를 전달하지 못해 예외 발생).
TypeError: getSeq() missing 1 required positional argument: 'value'
```

하나의 인자를 전달해 메소드를 실행하면 객체의 속성과 인자로 전달한 값이 하나의 문자열로 출력되는 것을 알 수 있다.

```
c_.getSeq(100)          # 정수를 인자로 전달하면 출력된다.
```

```
'오버라이딩 클래스100'
```

상위 클래스에 있는 2개의 함수를 하위 클래스에 재정의한다.

```
class Child_1(Overriding) :   # 초기화 함수와 일반 함수를 오버라이딩 처리하는 클래스 정의.
    def __init__(self, seq, message) :
        self.seq = seq + message

    def getSeq(self, value) :
        return self.seq + str(value)
```

오버라이딩은 하위 클래스에 재정의되어 이름을 참조할 때 자기 클래스에 있으면 상위 클래스에 접근하지 않는다. 이런 작동 원리를 알아보기 위해 2개의 인자를 전달해 객체를 하나 만들고 객체를 사용해서 메소드를 실행한다. 하위 클래스에 작성된 오버라이딩 함수들만 처리된다.

```
c_1 = Child_1("자식클래스","스페셜 메소드")   # 객체 생성.
```

```
c_1.getSeq(200)   # 함수에 정수를 넣어 조회하면, 2개의 문자열이 연결되어 하나의 문자열로 처리.
```

```
'자식클래스스페셜 메소드200'
```

하위 클래스의 초기화 함수를 재정의할 때 초기화 함수의 일부를 상위 클래스의 초기화 함수로 이용한다. 상위 클래스를 호출하기 위해 super 클래스로 객체를 만들고 상위 클래스의 초기화 함수를 호출해서 처리하는 것을 알 수 있다.

```
class Child_2(Overriding) :   # 오버라이딩 될 때 기본은 상위 클래스 함수를 재활용.
    def __init__(self, seq, message) :
        super().__init__(seq)   # 상위 클래스에 super 객체로 접근해서 실행하고
        self.seq = self.seq + message   # 추가적인 것만 정의.

    def getSeq(self, value) :
        return self.seq + str(value)
```

```
c_2 = Child_2("자식클래스","스페셜 메소드")
```

```
c_2.getSeq(300)
```

```
'자식클래스스페셜 메소드300'
```

4 덕 타이핑(Duck typing)

여러 클래스에 같은 이름으로 유사한 기능을 함수를 이용해서 처리하는 것을 덕 타이핑 패턴이라고 한다.

예제 **덕 타이핑**

연산자를 함수로 만들어 제공하는 모듈 operator를 import한다.

```
import operator as op
```

함수를 만들어 여러 클래스에 같은 기능을 처리하는 방법을 알아본다. 문자열이나 리스트 등의 색인 연산 기능은 공통하는 요소로 함수를 구현한다. 색인 연산의 공통하는 기능을 작성하기 위해 인덱스 범위를 벗어나면 항상 마지막 원소를 조회하게 만든다.

```
def getitem(obj,index=0) : # 색인 연산 조회 함수 정의(리스트, 문자열 등 다양한 시퀀스 클래스를
                           하나의 색인 함수에서 정의할 수 있다).
    if not(index < len(obj)) :       # 인덱스 범위를 넘을 경우 마지막 원소로 인덱스 조회.
        index = len(obj) - 1
    return op.getitem(obj,index)     # op 모듈의 getitem 함수를 사용해서 조회.
```

리스트 객체를 하나 만들고 이 함수에 인자로 전달해 1번 인덱스를 검색한다. 인덱스 범위는 0부터 4까지여서 5를 넣으면 인덱스 범위를 벗어나지만, 내부 로직 처리로 범위를 벗어나면 마지막 인덱스의 정보를 조회해준다.

```
l = [0,1,2,3,4]              # 리스트 객체 생성.
```

```
getitem(l,1)                 # 리스트와 인덱스 정보를 주고 원솟값 조회.
```

```
1
```

```
getitem(1,5)
```

```
4
```

문자열 객체를 만들어 2번 인덱스를 전달해 검색하고, 인덱스 범위를 초과한 부분도 넣어 조회해도 예외가 발생하지 않고 마지막 인덱스의 원소를 출력한다.

```
s = "문자열 인덱스"          # 문자열 객체 생성.
```

```
getitem(s,2)              # 문자열 내의 객체와 인덱스 정보를 전달해서 함수 실행.
```

```
'열'
```

```
getitem(s,9)
```

```
'스'
```

색인 연산에서 인덱스 범위를 초과하는 9를 넣고 조회하면 예외가 발생하는 것을 볼 수 있다. 함수를 정의해 색인 연산을 처리하는 것이 편리하다는 것을 알 수 있다.

```
s[9]                      # 인덱스 범위를 벗어난 색인 연산은 예외 발생.
```

```
---------------------------------------------------------------------------
IndexError                                Traceback (most recent call last)
<ipython-input-48-1f8a5d94635c> in <module>
----> 1 s[9]

IndexError: string index out of range
```

객체를 바로 실행할 수 있는 클래스를 정의할 수 있다. 객체 속성에 실행할 때 사용하는 정보를 저장하고, 실행되면 함수처럼 사용할 수 있다.

클래스는 일반적인 **slice** 클래스처럼 3개의 속성을 가진다. 객체가 실행될 때 이 속성을 기준으로 인자를 받아서 슬라이스를 처리한다.

```
class Slice :                                           # 슬라이스는 클래스를 만들어 처리한다.
    def __init__(self,start=0,stop=0,step=None ) :
        self.start = start
        self.stop  = stop                               # 슬라이스처럼 3개의 속성을 초기화 함수에 정의.
        self.step  = step

    def __call__(self, obj) :                           # 객체가 실행되면, slice 객체로 범위 내에서 객체 조회.
        return op.getitem(obj,slice(self.start,self.stop,
 self.step))
```

Slice 클래스로 슬라이스 범위를 가진 객체를 만든다. 이 객체에 리스트나 문자열을 넣고 실행하면 특정 범위까지의 부분 리스트나 부분 문자열을 만든다.

```
sl = Slice(0,5)                         # 슬라이스 객체 생성.
```

```
ll = [1,2,3,4,5,6,7,8,9]                # 리스트 객체 생성.
```

```
sl(ll)                                  # 리스트 객체를 Slice 객체에 전달해 슬라이스 검색 실행.
```

```
[1, 2, 3, 4, 5]
```

```
ss = "빅데이터와 인공지능"                  # 문자열 객체 생성.
```

```
sl(ss)                                  # 객체를 실행하기 위해 인자로 문자열을 전달받고 슬라이스 처리.
```

```
'빅데이터와'
```

Chapter 37

반복 처리하는 클래스 알아보기

파이썬에서는 원소를 받을 수 있는 다양한 자료구조가 있다. 특히 리스트, 딕셔너리(dict)는 여러 원소를 처리하는 대표적인 자료구조이다.

원소는 기본적으로 정적으로 만들어져서 반복형(Iterable) 클래스이다. 이런 반복형 클래스를 동적 객체로 변환해 반복자를 만들고, 필요할 때마다 원소를 추출해서 처리하는 방식이 반복자(Iterator) 클래스이다.

반복형을 반복자로 변환해서 어떻게 원소를 추출하는지 알아보자.

1 반복형과 반복자 클래스 이해하기

내장 클래스와 추상 클래스의 반복형(Iterable)과 반복자(Iterator) 간의 상속 관계를 확인한다.

내장 클래스는 기본적으로 반복형 클래스이다. 이를 반복자 클래스의 객체로 변환해 처리하는 것을 알아보자.

예제 내장 클래스의 반복형과 반복자

추상 클래스에 반복형과 반복자가 있는지 확인한다.
추상 클래스를 관리하는 collections.abc 모듈을 import한다.

```
import collections.abc as abc          # 자료구조의 추상 클래스 모듈 사용.
```

반복형 추상 클래스는 Iterable이다. 이 클래스를 상속해 구현한 클래스에는 반드시 구현된 메소드가 있다. 메소드를 관리하는 속성 __abstractmethods__를 확인하여 하나의 스페셜 메소드 __iter__만 구현하면 반복형 클래스이다.

```
abc.Iterable                           # 반복형 추상 클래스.
```

```
collections.abc.Iterable
```

```
abc.Iterable.__abstractmethods__       # 반복형 추상 클래스를 상속할 경우,
                                         반드시 구현해야 할 메소드.
```

```
frozenset({'__iter__'})
```

반복자 추상 클래스도 같은 속성을 확인하면 스페셜 메소드 __next__를 반드시 구현한다.

```
abc.Iterator                           # 반복자 추상 클래스.
```

```
collections.abc.Iterator
```

```
abc.Iterator.__abstractmethods__        # 반복자 추상 클래스를 상속할 경우, 반드시 구현해야 할 메소드.
```

```
frozenset({'__next__'})
```

내장 클래스인 문자열, 리스트, 튜플(tuple), 집합, 딕셔너리(dict)가 반복자 추상 클래스를 상속했는지 알아보면 전부 상속해서 구현한 클래스라는 것을 알 수 있다.

```
issubclass(str, abc.Iterable),
```

```
True      ← 문자열은 반복형 추상 클래스 상속.
```

```
issubclass(list, abc.Iterable),issubclass(tuple, abc.Iterable)
```

```
True      ← 리스트, 튜플도 반복형 추상 클래스 상속.
```

```
issubclass(set, abc.Iterable),issubclass(dict, abc.Iterable)
```

```
True      ← 집합과 딕셔너리도 반복형 추상 클래스 상속.
```

각 클래스에 스페셜 메소드 **`__iter__`**가 있는지 확인하면 구현된 것을 알 수 있다.

```
str.__iter__, list.__iter__, tuple.__iter__, dict.__iter__
```

```
(<slot wrapper '__iter__' of 'str' objects>,
 <slot wrapper '__iter__' of 'list' objects>,       # 반복형 추상 클래스의
 <slot wrapper '__iter__' of 'tuple' objects>,        메소드를 구현했는지 확인
 <slot wrapper '__iter__' of 'dict' objects>)
```

문자열 객체 **`iter`** 함수를 반복자 객체로 변경한 후에 변수에 할당한다. 문자열 반복자는 **`str_Iterator`** 클래스의 객체로 변경된 것을 알 수 있다. 이 클래스와 반복자 추상 클래스와의 상속 관계를 확인하면 참인 것을 알 수 있다.

```
s = iter("문자열")                          # 반복자로 바꾸는 내장 함수 iter 실행.
```

```
type(s), issubclass(type(s), abc.Iterator)  # 반복자 추상클래스를 상속했는지 확인.
```

```
(str_iterator, True)
```

리스트 객체도 반복자로 변환하면 `list_iterator` 클래스의 객체로 변환되어 반복자 추상 클래스와 상속 관계가 성립된다.

```
l = iter([1,2,3,4,5])                    # 반복자로 바꾸는 내장 함수 iter 실행.
```

```
type(l), issubclass(type(l), abc.Iterator) # 반복자 추상클래스를 상속했는지 확인.
```

```
(list_iterator, True)
```

딕셔너리(dict)는 키와 값이 한 쌍인 원소를 만들므로 키와 값을 분리해 반복형을 반복자로 변형한다. 이때 사용하는 메소드가 `keys`와 `values`이다. 이를 실행하면 `dick_keys`와 `dict_values` 클래스의 객체가 만들어지고 반복형 추상 클래스와 상속 관계를 확인하면 참이다.

```
d = {1:2,3:4,5:6}
```

```
d.keys(), issubclass(type(d.keys()), abc.Iterable) # 키만 가져오는 객체.
```

```
(dict_keys([1, 3, 5]), True)      ← 반복형 상속.
```

```
d.values(), issubclass(type(d.values()), abc.Iterable) # 값만 가져오는 객체.
```

```
(dict_values([2, 4, 6]), True)  ← 반복형 상속.
```

딕셔너리(dict) 객체를 `iter` 함수로 반복자 객체로 변환하면 전체가 바뀌는 것이 아니라 키만 반복자인 `dict_keyIterator` 클래스의 객체로 변환된다.

값을 반복자로 바꾸려면 `values` 메소드로 값을 객체로 변경한 후에 `iter` 함수로 반복자로 변환해야 `dict_valueIterator` 클래스가 만들어진다. 둘 다 별도의 반복자 클래스를 갖는 것을 알 수 있다.

```
dk = iter(d)                              # 딕셔너리를 반복자로 바꾼다.
```

```
type(dk), issubclass(type(dk),abc.Iterator)  # 딕셔너리 키도 반복자로 변환.
```

```
(dict_keyiterator, True)      ← 반복자 추상 클래스를 상속.
```

```
dv = iter(d.values())                          # 딕셔너리 값만 반복자로 변환.
```

```
type(dv), issubclass(type(dv),abc.Iterator)    # 딕셔너리 값도 반복자로 변환.
```

```
(dict_valueiterator, True)  ← 반복자 추상 클래스를 상속.
```

반복형 클래스는 `range`이다. 다른 클래스 `zip`, `enumerate`, `map`, `filter`는 반복형과 반복자를 모두 상속해서 구현된 클래스이다.

```
issubclass(range, abc.Iterable),issubclass(range, abc.Iterator)
```

```
(True, False)  ← range 클래스는 반복형 추상 클래스를 상속.
```

```
issubclass(zip, abc.Iterable),issubclass(zip, abc.Iterator)
```

```
(True, True)   ← zip 클래스는 반복형과 반복자 추상 클래스를 모두 상속.
```

```
issubclass(enumerate, abc.Iterable),issubclass(enumerate, abc.Iterator)
```

```
(True, True)   ← enumerate 클래스도 반복형과 반복자 추상 클래스를 모두 상속.
```

```
issubclass(map, abc.Iterable),issubclass(map, abc.Iterator)
```

```
(True, True)   ← map 클래스도 반복형과 반복자 추상 클래스를 모두 상속.
```

```
issubclass(filter, abc.Iterable),issubclass(filter, abc.Iterator)
```

```
(True, True)   ← filter 클래스도 반복형과 반복자 추상 클래스를 모두 상속.
```

2 반복형과 반복자 클래스 만들어 보기

사용자 정의 클래스를 반복형과 반복자로 만들어 필요할 때마다 두 클래스를 자유롭게 사용할 수 있어야 한다. 어떻게 클래스를 정의하고 객체를 만들어 사용하는지 알아보자.

예제 **반복형과 반복자 클래스 만들어보기**

반복형 클래스 `MyIterable`을 정의할 때 초기화 함수에는 리스트를 넣는다. 클래스를 반복자로 변경할 때는 `__iter__` 메소드로 재정의해야 한다. 메소드 내부에 리스트 클래스의 `__iter__` 메소드를 사용해 반복자로 변형한다.

이 클래스를 정의할 때 별도의 상속 클래스를 정의하지 않았다. 실제 파이썬은 별도로 상속하지 않아도 클래스 내에 스페셜 메소드로 재정의하면 상속 관계가 성립한다.

```
class MyIterable:                          # 반복형 클래스 생성.
    def __init__(self,size):               # 초기화 함수에 리스트 객체를 보관하는 속성 할당.
        self.data = list(range(size))

    def __iter__(self):                    # 반복형 추상 클래스의 추상 메소드 구현.
        self.index = 0
        return list.__iter__(self.data)    # 리스트 클래스의 __iter__로 데이터 변환.
```

상속하지 않아도 추상 클래스와 상속 관계가 성립하는지 확인하면 상속 관계가 성립하는 것을 알 수 있다. 파이썬은 프로토콜 인터페이스라는 규약이 있어 스페셜 메소드를 재정의하면 해당 추상 클래스와 관계를 자동으로 연결해준다.

```
import collections.abc as abc              # 자료구조의 추상화 모듈 사용.
```

```
issubclass(MyIterable, abc.Iterable)       # 실제 반복형 추상 클래스를 상속하지
                                           #   않았지만, 상속 관계가 성립.
```

```
True    ← 추상 클래스의 추상 메소드를 구현하면 상속 관계가 내부적으로 성립.
```

클래스로 객체를 생성해서 변수에 저장한다. 객체의 이름공간을 확인하면 10개의 원소를 가진 리스트가 있다.

```
m = MyIterable(10)                    # 객체 생성.
```

```
m.__dict__                            # 객체의 속성은 10개의 원소가 있는 리스트를 가진다.
```

```
{'data': [0, 1, 2, 3, 4, 5, 6, 7, 8, 9]}
```

내장 함수 **iter**로 **MyIterator** 클래스의 객체를 반복자로 변환한다. 내부에서 리스트의 반복자로 변환 처리해서 **list_iterator** 객체가 된 것을 알 수 있다.

```
mit = iter(m)                  # 반복자 객체로 변환.
```

```
mit                            # 리스트 객체가 리스트 반복자 객체로 변환된 것을 알 수 있다.
```

```
<list_iterator at 0x137bc560cc0>
```

반복자 객체는 내장 함수 **next**로 하나의 원소를 꺼내서 사용할 수 있다. 다 사용하면 더 호출할 원소가 없다는 표시로 **StopIteration** 예외가 발생한다.

```
next(mit), next(mit), next(mit), next(mit), next(mit)
```

```
(0, 1, 2, 3, 4)      ← 반복자는 next 함수로 원소를 하나씩 꺼내어 사용.
```

```
next(mit), next(mit), next(mit), next(mit), next(mit)
```

```
(5, 6, 7, 8, 9)
```

```
next(mit)                     # 모든 원소를 다 사용하면 더 이상 사용할 원소가 없다고 표시.
```

```
---------------------------------------------------------------------------
StopIteration                    Traceback (most recent call last)
<ipython-input-11-86c2c401eccb> in <module>
----> 1 next(mit)

StopIteration:
```

반복자 클래스 MyIterator를 구현할 때 __init__, __iter__에 __next__까지 추가했다. 이번 클래스는 반복자 클래스로 만들어진 것이다.

__next__ 메소드에는 원소를 하나씩 처리하는 로직이 있어야 하고, 다 사용하면 반드시 StopIteration 예외를 발생해야 한다.

```
class MyIterator:                                    # 반복자 클래스 정의.
    def __init__(self,size):                         # 초기화 함수에는 하나의 속성.
        self.data = list(range(size))

    def __iter__(self):                    # 반복자를 만드는 스페셜 메소드는 반복형과 달리 자기 객체 반환.
        if not hasattr(self,'index') :               # 인덱스를 처리하기 위해 객체에 속성 추가.
            self.index = 0
        return self

    def __next__(self):                    # 반복자 객체의 원소를 하나씩 읽는 스페셜 메소드 작성.
        if not (self.index < len(self.data)) :
            raise StopIteration # 데이터의 길이 인덱스가 크면 원소를 전부 처리한 것으로 인식.

        n = self.data[self.index]                    # 인덱스를 넣어서 하나씩 원소를 반환.
        self.index += 1
        return n
```

Iterator 추상 클래스와의 상속 관계가 성립한다.

```
issubclass(MyIterator, abc.Iterator)      # 상속하지 않았지만, 반복자 추상 클래스의
                                            메소드를 구현해서 상속 관계가 성립.
```

```
True
```

객체를 만든 후에 for 순환문을 사용해서 원소를 하나씩 꺼낼 수도 있다. 내장 함수 next와의 차이는 모든 원소를 다 사용해도 예외 없이 종료된다.

```
mycol = MyIterator(10)                       # 객체 생성.
```

```
for i in mycol:                              # 순환문으로 객체의 원소를 모두 사용.
    print(i, end=", ")
```

```
0, 1, 2, 3, 4, 5, 6, 7, 8, 9,
```

반복자를 한 번 더 사용하려면 모든 원소를 모두 사용해서 아무 결과가 없다. 다시 사용하려면 반복자 객체를 하나 더 만들어 순환문을 실행해야 한다.

```
for i in mycol:                    # 반복자 객체는 한번 사용하면 모든 원소를 모두
    print(i, end=", ")               소진해서 다시 사용할 때는 객체를 다시 생성해야 한다.
```

```
mycol = MyIterator(5)              # 객체를 하나 더 생성.
```

```
for i in mycol:                    # 순환문으로 원소를 모두 처리.
    print(i, end=", ")
```

```
0, 1, 2, 3, 4,
```

3 제너레이터(Generator)

반복자(Iterator)를 상속해 만든 기능이 제너레이터(Generator) 클래스이다. 이 클래스는 함수 표기법을 사용해서 함수처럼 사용하지만 실제는 클래스이다.

제너레이터에는 표현식과 정의문을 제공한다. 정의문에 함수처럼 `def`를 사용하지만, 반환값을 `return` 대신 `yield`로 표현한다. 함수는 한 번 실행되면 내부의 처리된 내용을 전부 삭제하지만, 제너레이터 객체는 특정 값을 반환해도 객체가 소멸되는 것이 아니라 다음 처리를 위해 대기한다. 반복자처럼 원소를 모두 사용하면 다시 사용할 수 없다.

예제 1 내장 클래스의 반복형과 반복자

제너레이터 표현식은 괄호 안에 컴프리헨션 표기법을 사용하지만, 실제는 제너레이터 객체를 핸들러로 제공한다. 제너레이터 표현식으로 객체를 하나 만들어 변수에 할당하고 변수를 조회하면 제너레이터 객체이다. 실제 제너레이터 표현식을 수행하는 것이 아니고 핸들러 객체를 하나 만드는 것이다.

```
g = (x for x in range(3))        # 제너레이터 표현식은 괄호 안에 인라인으로 for문을 작성해서 생성.
                                  제너레이터 표현식을 실행하면 제너레이터 객체를 하나 생성.
```

```
g                                # 변수 확인.
```

```
<generator object <genexpr> at 0x00000158EBB1DEB8>
```
└ 제너레이터 객체.

추상 클래스 `Generator` 클래스와 `Iterator`와의 상속 관계를 확인하면 `True`이다.

```
import collections.abc as abc
```

```
issubclass(type(g), abc.Iterator)        # 반복자 추상 클래스와의 상속 관계 확인.
```

```
True
```

```
issubclass(type(g), abc.Generator)        # 제너레이터 추상 클래스와의 상속 관계 확인.
```

```
True
```

반복자처럼 제너레이터 객체를 next 함수로 실행하여 원소를 하나씩 가져온다. 더 이상 반환할 원소가 없으면 StopIteration 예외가 발생한다.

```
next(g),next(g),next(g)        # 만들어진 제너레이터 객체의 원소를 모두 꺼낸다.
```

```
(0, 1, 2)
```

```
next(g)        # 제너레이터도 반복자이므로 원소를 모두 사용하면 더 사용할 수 없다.
```

```
---------------------------------------------------------------------------
StopIteration                             Traceback (most recent call last)
<ipython-input-33-e734f8aca5ac> in <module>
----> 1 next(g)

StopIteration:
```

한 번 사용한 제너레이터는 다시 사용할 수 없다. 제너레이터 표현식을 다른 변수에 할당해서 모든 원소를 꺼내온다. 이때 next 함수에 두 번째 인자가 들어가고 원소를 모두 사용하면 두 번째 인자의 값을 반환한다.

```
g_ = (x for x in range(3))        # 다시 사용하려면 제너레이터 표현식으로 객체 생성.
```

```
next(g_),next(g_),next(g_)
```

```
(0, 1, 2)
```

```
next(g_, "종료")
```

```
'종료'
```

제너레이터 객체의 원소를 바로 추출하려면, 리스트 내부에 넣고 앞에 별표를 붙이면 모든 원소가 리스트 객체 내에 들어간다.

```
g_1 = (x for x in range(3))
```

```
[*g_1]                    # 제너레이터도 리스트에 넣고 별표를 붙이면, 자동으로 원소를 모두 꺼낸다.
```

```
[0, 1, 2]
```

예제 2 제너레이터 정의문

예약어 **def**와 제너레이터 이름을 정의한다. 내부에 하나의 **yield**문을 작성하고 제너레이터를 실행하면, **yield**가 처리되는 것이 아니라 제너레이터 객체인 핸들러 하나가 생성된다.

```
def gen():                # 제너레이터를 정의할 때는 함수 문장과 yield문 사용.
    yield 1               # 제너레이터를 정의할 때는 함수 문장과 yield문 사용.
```

```
g = gen()
```

```
g
```

```
<generator object gen at 0x00000158EBB1DD58>
```

핸들러가 제너레이터 객체를 가지고 있어서 실행할 수 없다.

```
g()                       # 제너레이터 객체는 호출할 수 없다.
```

```
---------------------------------------------------------------------------
-----
TypeError                          Traceback (most recent call last)
<ipython-input-4-5fd69ddb5074> in <module>
----> 1 g()

TypeError: 'generator' object is not callable
```

제너레이터 객체를 반복하려면 **next** 함수를 사용한다. 두 번 **next** 함수를 호출해서 제너레이터를 처리하면, **yield**는 한 번만 작동되고 더는 처리할 **yield**가 없어 사용이 종료된다.

다시 제너레이터 객체를 만들어 for문에 넣어서 처리하면 한 번만 실행된다.

```
next(g),next(g,"종료")                    # 호출하려면 next 함수를 사용해서 처리.
```

(1, '종료') ← 제너레이터 객체를 다 사용해서 예외가 발생해야 하지만, next 함수 두 번째 인자에 예외 대신 사용할 메시지를 넣어 반환한다.

```
g1 = gen()                                # 제너레이터 객체를 다시 생성.
```

```
for i in g1 :                             # 순환문으로 처리하면 하나의 원소를 처리.
    print(i)
```

1

제너레이터 정의문을 작성할 때 내부적으로 어떻게 처리되는지 알아보자.

먼저 정의한 후에 실행하면 제너레이터 객체가 핸들러를 만든다. 그 다음에 호출하면 yield를 만나는 곳까지 실행하고, 다음 호출이 있을 때까지 yield 다음 문장은 처리하지 않는다.

```
def gen_():                      # 제너레이터를 정의하고 yield문을 어떻게 처리하는지 알아본다.
    print(" 처리 방식 1")
    yield 1
    print(" 처리 방식 2")
```

```
g2 = gen_()                      # 제너레이터 객체 생성.
```

```
next(g2)                         # 제너레이터 객체를 처리하면, 첫 번째 print문을 출력하고 값을 반환.
```

처리 방식 1

1

다시 next 함수로 호출하면, 이미 실행된 yield문을 찾지 않고 다음 yield문을 찾지만 하나만 정의되어 종료된다.

```
next(g2, "종료")                  # 제너레이터를 두 번째 호출하면, yield문 다음에 있는 print 함수를 실행.
```

처리 방식 2 ← 다시 yield문을 만나지 못해 종료 처리.

'종료'

제너레이터 정의문에 순환문을 작성해서 yield문을 3번 호출하도록 만들었다. 하나의 객체를 만든 후에 yield문이 어떻게 실행되는지 알아보자.

```
def gen_1() :                                  # 제너레이터 정의.

    for i  in range(3) :                       # 제너레이터 객체를 3번 처리하기 위해 순환문 사용.
        print(" 처리 방식 ",i)
        yield 1
        print(" 처리 방식 ",i , i+1)
```

```
g_1 = gen_1()                                  # 하나의 제너레이터 객체 생성.
```

첫 번째 next문이 실행되면 첫 번째 yield까지만 작동된다.

```
next(g_1)                                      # 제너레이터 원소를 하나 꺼낸다.
```

```
 처리 방식  0

1
```

두 번째 넥스트를 만나면, yield문 다음의 print 함수를 실행한 후에 처음으로 돌아가서 다시 yield문을 만날 때까지 처리한다.

```
next(g_1)                      # 다시 호출하면 yield문 다음을 실행한 후, 다시 yield문까지 실행.
```

```
 처리 방식  0 1
 처리 방식  1

1
```

두 번째와 세 번째를 호출해도 yield를 기준으로 처리하는 것을 알 수 있다.

```
next(g_1)
```

```
 처리 방식  1 2
 처리 방식  2

1
```

```
next(g_1, "종료")
```

```
 처리 방식  2 3
'종료'
```

재귀 호출하는 팩토리얼 함수를 정의한다. 이 함수를 제너레이터 내부에서 호출해 사용하도록 yield에서 호출한다. 제너레이터 객체를 생성한다.

```
def fact(n) :                        # 팩토리얼 계산 함수 정의.
    if n in [ 0,1] :
        return 1
    return n * fact(n-1)
```

```
def gen_fact() :                     # 제너레이터 정의.
    for i in range(3) :
        yield fact(i)                # 제너레이터가 반환하는 것은 함수의 결과.
```

```
g_f = gen_fact()                     # 객체 생성.
```

제너레이터 객체를 next문으로 호출하고 순환해서 함수 호출 결과를 받을 수 있다. 이처럼 다양한 함수를 제너레이터와 연결해서 사용할 수 있다.

```
next(g_f)               # 제너레이터 객체를 실행한다(0에 대한 팩토리얼 계산 결과를 받는다).
```

```
1
```

```
next(g_f)               # 제너레이터 객체를 실행한다.(1에 대한 팩토리얼 계산 결과를 받는다)
```

```
1
```

```
next(g_f)               # 제너레이터 객체를 실행한다.(2에 대한 팩토리얼 계산 결과를 받는다)
```

```
2
```

```
next(g_f, "종료")       # 원소를 모두 사용해서 더 사용할 원소가 없다.
```

```
'종료'
```

Chapter 38

데코레이터(Decorator) 확장하기

데코레이터를 함수로 정의해서 처리했다. 클래스 등도 데코레이터를 처리할 수 있다. 어떻게 데코레이터가 확장되는지 알아보자.

1 클래스 데코레이터

데코레이터 처리 기준을 함수에서 클래스로 바꿔서 처리하는 것이 클래스 데코레이터이다. 클래스를 정의할 때 클래스의 속성을 만드는 내장 클래스인 `classmethod`, `staticmethod`, `property`도 함수를 데코레이터를 해서 다른 기능으로 변경한다.

어떻게 클래스를 작성해서 데코레이터를 만드는지 알아보자.

예제 **클래스 데코레이터**

클래스를 데코레이터로 만들려면 초기화 함수의 매개변수를 함수를 받고 내부의 속성으로 저장한다.

함수를 실행하려면 객체를 호출해야 하므로 `__call__` 함수를 작성한다. 이 함수의 역할은 내부에 저장된 함수의 인자를 받고 실행한 결과를 반환한다.

```
class Decorator :                                # 데코레이터를 수행할 클래스 정의.
    def __init__(self, func) :                   # 초기화 함수에 매개변수를 하나 정의해서 함수를 받는다.
        self._func = func


    def __call__(self, *args, **kwargs) :        # 객체 생성 후 받은 인자로 함수를 실행해
        return self._func(*args,**kwargs)        결과를 반환한다.
```

곱셈 함수를 정의하고 클래스 데코레이터를 처리하면 함수 이름에 데코레이터 객체가 만들어진다. 객체를 실행하면 `__call__`이 실행되어 내부에 저장된 함수가 처리된다. 일반적인 데코레이터처럼 처리되는 것을 알 수 있다.

```
@Decorator                        # 실행 함수에 데코레이터 처리.
def mul(x,y) :
    return x+y
```

```
mul(10,10)                        # 실행 함수를 실행.
```

```
20    ← 결과를 반환.
```

mul에는 Decorator 클래스의 객체가 들어있어서 __name__ 속성이 없어 예외가 발생한다. 객체의 이름공간을 확인하면 내부에 함수가 저장된 것을 알 수 있다.

```
mul.__name__
```

```
----------------------------------------------------------------------
-----
AttributeError                    Traceback (most recent call last)
<ipython-input-4-38cea1d0dfb6> in <module>
----> 1 mul.__name__
                                   ┌ 객체에는 __name__ 속성이 없어서 예외를 발생.
                                   ↓
AttributeError: 'Decorator' object has no attribute '__name__'
```

```
mul.__dict__                          # 객체의 이름공간 확인
```

```
{'_func': <function __main__.mul(x, y)>}   ← 함수 저장.
```

클래스 데코레이터로 함수를 처리할 때도 실행 함수의 메타 정보를 전달해야 한다. 이 메타 정보를 처리하는 기능을 사용하기 위해 functools 모듈을 import한다.

```
import functools as ft        # 함수를 지원하는 다양한 함수나 클래스를 가진 모듈 사용.
```

클래스 데코레이터에 정의한 __call__에 실행 함수의 메타 정보를 처리하도록 wraps 함수를 사용한다. 함수를 호출할 때 2번 실행하는 것은 함수의 정보를 처리하고 이를 객체에 세팅해야 하기 때문이다. 실제 실행은 wraps(함수 이름)(객체 이름)으로 처리한다.

```
class Decorator_ :                       # 데코레이터 클래스에 함수의 메타 정보 전달.
    def __init__(self, func) :
        self._func = func


    def __call__(self, *args, **kwargs) :
        ft.wraps(self._func)(self)        # 실행 함수의 정보를 객체 속성으로 생성.
        return self._func(*args,**kwargs)
```

함수 add에 데코레이터를 처리한다. 이 실행 함수를 실행하면 두 인자를 더한 결과가 나온다.

```
@Decorator_
def add(x,y) :
    return x+y
```

```
add(10,10)
```

```
20
```

앞에서 __name__에는 속성이 없었지만, 메타 정보를 세팅한 후에는 이 속성을 조회할 수 있다. 객체의 이름공간을 확인하면 여러 개의 메타 정보가 들어간 것을 확인할 수 있다.

```
add.__name__                                   # 객체의 __name__ 속성 조회.
```

```
'add'
```

```
add.__dict__                                   # 객체의 이름공간 확인.
```

```
{'_func': <function __main__.add(x, y)>,
 '__module__': '__main__',
 '__name__': 'add',
 '__qualname__': 'add',                  ← 함수의 메타 정보가 속성에 들어있다.
 '__doc__': None,
 '__annotations__': {},
 '__wrapped__': <function __main__.add(x, y)>}
```

2 인스턴스 데코레이터

객체도 데코레이터로 처리할 수 있다. 객체를 실행할 때 내부에 함수를 정의해서 데코레이터를 처리하게 만든다.

예제 **인스턴스 데코레이터**

클래스를 정의할 때 **__call__**의 매개변수로 함수를 하나 받는다. 내부에 함수를 정의한다. 이 함수를 객체가 실행하면 반환한다. 이 내부 함수를 나중에 실행하면 저장된 함수를 실행해서 결과를 반환한다.

```
class InsDecorator :                          # 객체를 만들어 데코레이터 처리하는 클래스 정의.

    def __call__(self,func) :                 # 객체가 실행될 때 함수의 매개변수를 받는다.
        self._func = func                     # 객체 속성에 함수 저장.
        def inner(*args,**kwargs) :           # 내부 함수를 만들어 실행 함수의 인자를 받는다.
            return self._func(*args,**kwargs) # 실행해서 결과를 반환.
        return inner                          # 내부 함수를 반환.
```

먼저 데코레이터를 처리할 객체를 만들고 새로 정의하는 함수에 데코레이터를 처리한다. 함수를 실행하면 결과는 100이 된다. 일반적인 데코레이터처럼 처리되는 것을 알 수 있다.

```
ins = InsDecorator()                # 데코레이터로 처리할 객체 생성.
```

```
@ins                                # 데코레이터로 처리.
def mul(x,y) :
    return x*y
```

```
mul(10,10)
```

```
100
```

함수의 이름을 확인하면 `__call__` 내부에 정의된 함수라는 것과 아무 속성이 없다는 것을 알 수 있다.

```
mul.__name__                          # 실행 함수의 이름 확인.
```

```
'inner'   ← 내부 함수
```

```
mul.__dict__                          # 내부 함수 객체의 이름공간 확인.
```

```
{}      ← 속성이 없다.
```

실행 함수의 메타 정보를 처리하는 방식은 함수 데코레이터로 처리할 때와 같은 방식을 사용한다.

```
import functools as ft
```

```
class InsDecorator_ :

    def __call__(self,func) :
        self._func = func
        @ft.wraps(self._func)
        def inner(*args,**kwargs) :        # 내부 함수를 실행 함수의 메타 정보로 변경.
            return self._func(*args,**kwargs)
        return inner
```

데코레이터 처리할 인스턴스에 별도의 변수를 할당하지 않고 @를 붙여서 실행해도 된다.

```
@InsDecorator_()
def add(x,y) :
    return x+y
```

```
add(10,10)
```

```
20
```

데코레이터 처리된 결과를 확인하면 실행 함수의 이름이 반환되었고 실제 함수도 객체 내부에 저장된 것을 확인할 수 있다.

```
add.__name__                    # 내부 함수의 속성 확인.
```

```
'add'
```

```
add.__dict__
```

```
{'__wrapped__': <function __main__.add(x, y)>}
```

└ 내부 함수 객체 이름공간에 함수가 별도로 저장.

__wrapped__ 속성을 확인하면 같은 함수라는 것을 알 수 있다.

```
add.__wrapped__(10,10)      # 저장된 함수는 실행 함수.
```

```
20
```

3 메소드 데코레이터

메소드를 기준으로 데코레이터를 처리하는 방식을 알아보자. 메소드 내에 데코레이터를 처리할 때는 내부에 함수를 정의하고 반환해서 다시 실행할 수 있는 환경을 구성한다.

예제 메소드 데코레이터

데코레이터를 구성할 때 전달된 함수의 정보인 메타 정보를 전달하기 위해 `functools` 모듈을 `import`한다.

```
import functools as ft
```

메소드로 데코레이터를 처리하려면 클래스를 정의할 때 초기화 함수에 함수를 저장하는 속성을 만들고 매개변수로 함수를 전달받게 지정한다.

내부에 함수를 정의해서 이 안에서 저장된 함수를 실행한다. 메소드의 반환은 메소드 내부에 정의된 함수가 반환된다.

```
class MethDecorator :                    # 클래스에 정의된 함수 즉 메소드로 데코레이터를 처리하는 클래스 정의.

    def __init__(self,func=None)  : # 초기화 함수에 실행 함수를 저장할 속성 생성.
        self._func = func


    def method(self,func) :          # 객체가 메소드를 호출할 때 실행 함수를 받아 데코레이터 처리.
        self._func = func
        @ft.wraps(self._func)          # 실행 함수의 메타 정보를 내부 함수의 메타 정보에 할당.
        def inner(*args,**kwargs) :# 내부 함수는 실행 함수의 인자를 전달받게 정의.
            return self._func(*args,**kwargs) # 함수를 실행하고 결과 반환.
        return inner                          # 내부 함수 반환.
```

객체를 만들고 메소드로 실행 함수에 데코레이터를 처리한다. 함수에 인자를 전달해 실행하면 결과가 나온다.

```
meth = MethDecorator()          # 객체 생성.
```

```
@meth.method                    # 메소드로 데코레이터를 처리.
def mul(x,y) :
    return x*y
```

```
mul(10,10)
```

```
100
```

실행 함수의 메타 정보가 할당되어 실행 함수의 정보들이 이름공간과 속성에 전달된 것을 알 수 있다.

```
mul.__name__                    # 이름 속성 확인.
```

```
'mul'                           ← 실행 함수의 이름이 저장.
```

```
mul.__dict__
```

```
{'__wrapped__': <function __main__.mul(x, y)>}
```

4 클래스에 데코레이팅 처리하기

데코레이터를 주로 실행 함수에만 사용했다. 여기에서는 클래스를 실행 함수처럼 사용하는 방법을 알아보자.

예제 클래스에 데코레이팅 처리

데코레이터 처리를 함수로 정의할 때, 인자로 클래스를 받고 내부에 초기화 함수를 정의해서 클래스에 추가한 후에 클래스를 반환한다. 특정 기능을 클래스에 추가하여 정의할 때도 데코레이터를 사용해 처리할 수 있다.

```
def decorator(cls) :                     # 데코레이터 대상을 클래스로 변경해서 처리하는 함수 정의.
    def __init__(self,name) :            # 초기화 함수를 함수 내부에 정의.
        self.name = name
    cls.__init__ = __init__              # 클래스에 초기화 함수 추가.
    return cls                           # 클래스를 반환.
```

클래스를 정의할 때 특정 속성을 처리하는 함수는 있지만, 초기화 함수가 없다. 데코레이터를 처리한 후에 이 클래스에 초기화 함수가 들어간다.

```
@decorator                      # 초기화 함수가 없는 클래스에 초기화 함수를 추가하는 데코레이터 처리.
class DecoratedClass :

    def method(self) :
        return self.name
```

데코레이터된 클래스로 객체를 만들고 메소드를 호출해서 실행하면 속성을 조회한 결과를 반환한다.

```
dec = DecoratedClass("데코레이터")    # 초기화 처리할 때 인자를 하나 받으므로 객체를 생성할 때는 인자를 하나 넣고 객체 생성.
```

```
dec
```

```
<__main__.DecoratedClass at 0x10ff00eb8>
```

```
dec.method()                          # 메소드 실행.
```

```
'데코레이터'                           ← 객체 속성을 읽고 결과 반환.
```

아무것도 없는 클래스에 위의 데코레이터를 처리하면 같은 초기화 함수가 삽입된다. 이 클래스로 객체를 생성한다.

```
@decorator                  # 아무 일도 하지 않는 클래스에 데코레이터 처리해서 초기화 함수 추가.
class Klass :
    pass
```

```
k = Klass("클래스 ")         # 객체 생성.
```

클래스의 이름공간을 확인하면 초기화 함수 `__init__`이 들어있는 것을 알 수 있다. 객체의 속성을 확인하면 속성이 하나 들어간 것을 알 수 있다.

```
Klass.__dict__              # 클래스의 이름공간 확인.
```

```
mappingproxy({'__module__': '__main__',
              '__dict__': <attribute '__dict__' of 'Klass' objects>,
              '__weakref__': <attribute '__weakref__' of 'Klass' objects>,
              '__doc__': None,
              '__init__': <function __main__.decorator.<locals>.__init__(sel
f, name)>})                 ← 초기화 함수가 추가됐다.
```

```
k.__dict__
```

```
{'name': '클래스 '}
```

5 반복해서 계산을 수행하기

재귀 호출 방식은 일반적인 재귀 호출 방식과 꼬리 재귀 호출 방식을 구분해서 처리해야 한다. 하지만 파이썬은 아직 재귀 호출에 대한 제약이 있어 재귀 호출할 때 특정 개수 이상 사용할 수 없게 한다. 또한, 함수를 메소드로 변환하려면 클래스를 정의해서 내부 로직이 메소드 호출을 실행할 수 있게 변경해야 한다.

예제 연속하는 숫자 덧셈과 곱셈 처리

수학의 시그마 기호는 연속하는 수를 합산한다. 리스트 등을 전달받아 내부의 원소를 모두 합산할 경우는 순환문 대신 자기 자신의 함수를 호출해서 처리한다. 이러한 재귀 호출 함수는 반드시 마지막 처리를 하는 로직을 추가해야 종료점을 만나면 역으로 함수의 결과를 하나씩 계산해서 연속으로 호출된 함수의 결과를 반환한다.

```
def sigma(n) :                        # 연속하는 숫자의 합을 구하는 함수 정의.
    if n in [0] :
        return 0
    return n + sigma(n-1)             # 숫자를 연속해서 더하기 위해 재귀 호출 사용.
```

```
sigma(10)
```

```
55
```

수학의 대문자 파이는 연속하는 수를 곱한다. 큰 수부터 계산한 후에 작은 수로 차례대로 계산하고 0 또는 1을 만나면 1로 반환한다. 함수가 호출된 개수만큼 함수가 생기므로 역으로 모든 값을 계산해서 결과를 반환한다.

```
def pie(n) :                          # 연속하는 숫자의 곱을 구하는 함수 정의.
    if n in [0,1] :
        return 1
    return n * pie(n-1)               # 숫자를 연속해서 곱하기 위해 재귀 호출 사용.
```

```
pie(3)
```

```
6
```

꼬리 재귀 호출을 처리하는 방법을 알아보자. 일반 재귀호출과 다르게 꼬리 재귀 호출은 반환문에서 함수를 호출할 때 함수만 호출한다.

꼬리 재귀 호출은 누적값을 매개변수로 지정해서 전달한다. 시그마와 파이 함수를 꼬리 재귀 호출로 변경해서 처리하면 같은 결과가 나온다.

```
def sigma_(n,accum=0) :                  # 꼬리 호출을 이용해서 결과 계산을 하지 않게 변경한 함수 정의.
    if n in [0] :
        return accum
    return sigma_(n-1, n+ accum) # 계산된 상태를 보관하기 위해 매개변수 추가.
```

```
sigma_(10)
```

```
55
```

```
def pie_(n, accum= 1) :                  # 꼬리 호출을 이용해서 결과 계산을 하지 않게 변경한 함수 정의.
    if n in [0,1] :
        return accum
    return pie(n-1, n*accum)             # 계산된 상태를 보관하기 위해 매개변수 추가.
```

```
pie_(3)
```

```
6
```

재귀 호출 함수를 클래스로 변환하고 객체에 저장할 값은 표현식으로 바꿔서 특정 계산식도 들어올 수 있도록 만들었다.

클래스 내의 `sigma` 함수는 단순하게 메소드로 처리하는 기준만 만든다. 내부에 내부 함수를 정의해서 재귀 호출을 처리하도록 정의했다. 표현식을 문자열로 입력을 받았으므로 `eval` 함수로 계산하게 정의했다.

```
class Sigma :                                          # 함수를 클래스로 변경.
    def __init__(self, expr) :
        self._expr = expr                              # 일반항을 문자열로 보관.

    def sigma(self) :                                  # 연속하는 값을 계산하는 함수 정의.

        def inner(self,n,accum= 0) :
            if n in [0] :
                accum= accum + eval(self._expr)
                return accum                           # eval을 실행해서 값을 구한다.
            else :
                return inner(self,n-1, (accum + eval(self._expr)))
                                                       # 재귀 호출할 때 함수와 별도의 연산을 실행하지 않는다.
        return inner
```

Sigma 클래스의 객체를 만들 때 2×n+1을 표현식으로 전달한다. 시그마 메소드를 처리하면 내부 함수를 반환해서 내부에 재귀 호출을 수행해 처리한다.

```
s = Sigma("2*n+1")                    # 일반항을 가진 객체 생성.
```

```
s.sigma()(s,10)                       # 연속하는 숫자 계산 메소드를 실행한 후, 내부 함수를 반환받아 계산.
121
```

Chapter 39

보호 속성과 디스크립터 처리하기

객체 지향에서 캡슐화하는 이유는 내부의 속성을 숨기고 외부에 특정 인터페이스만으로 객체를 작동시키려는 것이다.

파이썬은 클래스나 객체가 내부에 다 제공되어 있어서 일반적인 문법으로 작성하면 완벽한 캡슐화를 구성할 수 없다.

파이썬은 캡슐화 방식을 디스크립터 프로토콜 방식으로 지원한다.

1 보호 속성 알아보기

개발자들이 속성 이름으로 이 속성을 사용하지 않게 관행화하는 것이 보호 속성이다. 이 속성은 명명 규칙을 사용해서 쉽게 만들 수 있다.

예제 **보호 속성 처리**

클래스를 정의할 때 클래스 속성 앞에 밑줄을 하나 붙인다. 초기화 함수 객체의 속성에도 밑줄을 하나 넣어 만든다. 클래스 속성과 객체 속성 이름이 같은 것을 알 수 있다.

```
class Klass :                         # 밑줄이 하나 있는 보호 속성을 정의한 클래스 작성.
    _name = "가을"                     # 클래스 속성 이름에 밑줄을 하나 추가해서 보호 속성으로 만든다.

    def __init__(self, name) :        # 초기화 함수 정의.
        self._name = name             # 객체의 속성 이름 앞에 밑줄을 하나 넣어 보호 속성으로 만든다.

    def getName(self) :               # 보호 속성을 조회하는 함수 정의.
        return self._name
```

클래스의 이름공간을 확인하면 클래스 속성이 있는 것을 알 수 있다. 보호 속성이라도 클래스에서 접근해서 조회할 수 있다.

```
Klass.__dict__                        # 클래스의 이름공간 확인.
```

```
mappingproxy({'__module__': '__main__',
              '_name': '가을',
              '__init__': <function __main__.Klass.__init__(self, name)>,
              'getName': <function __main__.Klass.getName(self)>,
              '__dict__': <attribute '__dict__' of 'Klass' objects>,
              '__weakref__': <attribute '__weakref__' of 'Klass' objects>,
              '__doc__': None})  ← 클래스에 정의된 속성과 함수가 저장.
```

```
Klass._name                           # 클래스 이름에 점 연산자를 사용해서 클래스 속성 조회.
```

```
'가을'  ← 보호 속성이지만, 직접 속성 이름으로 조회 가능.
```

클래스로 객체를 하나 만들고 이름공간을 확인하면 속성이 하나 들어있다. 메소드로 조회해서 객체의 속성을 조회한다. 보호 속성이지만 직접 접근해서 조회할 수 있다. 보호 속성은 직접 조회해서 사용하지 않게 주의해야 한다.

```
k = Klass( "너울")                # 객체 생성.
```

```
k.__dict__                        # 객체의 이름공간 확인.
```

```
{'_name': '너울'}                 ← 1개의 속성이 있는 것을 알 수 있다.
```

```
k.getName()                       # 객체가 메소드를 사용해서 속성값 조회(보호 속성을 메소드로 조회).
```

```
'너울'
```

```
k._name                           # 파이썬은 보호 속성을 명명규칙에 따라 표기만 한다.
```

```
'너울'                            ← 직접 접근해서 조회하면 속성값을 알 수 있다.
```

클래스 속성과 객체 속성의 이름 앞에 밑줄을 2개 붙인다. 이것을 맹글링(Mangling)이라고 한다. 클래스 내부에서는 밑줄이 2개 붙은 이름을 사용하지만, 외부에서 사용할 때는 밑줄이 붙은 클래스가 더 추가된다.

```
class Mangling :                  # 밑줄이 2개 붙은 속성을 가진 클래스 정의.
    __name = "가을"               # 밑줄이 2개 붙은 클래스 속성 정의.

    def __init__(self, name) :    # 초기화 함수를 정의.
        self.__name = name        # 밑줄이 2개 붙은 객체의 속성을 하나 정의.

    def getName(self) :           # 객체의 보호 속성을 조회하는 함수 정의.
        return self.__name

    @classmethod
    def getAttr(cls) :            # 클래스 속성을 조회하는 클래스 메소드를 정의.
        return cls.__name         # 클래스 메소드에 저장될 함수 정의(클래스 속성을 조회하는 함수).
```

클래스의 이름공간을 확인하면 클래스 이름 앞에 밑줄이 하나 더 붙은 이름으로 바뀐 것을 알 수 있다.

```
Mangling.__dict__                # 클래스에 작성된 속성과 함수, 메소드가 정의된 것을 볼 수 있다.
```

```
mappingproxy({'__module__': '__main__',
              '_Mangling__name': '가을',
              '__init__': <function __main__.Mangling.__init__(self, name)>,
              'getName': <function __main__.Mangling.getName(self)>,
              'getAttr': <classmethod at 0x28800f5ec50>,
              '__dict__': <attribute '__dict__' of 'Mangling' objects>,
              '__weakref__': <attribute '__weakref__' of 'Mangling' objects>
,
              '__doc__': None})
```

클래스에서 클래스 속성을 접근하면 맹글링으로 처리되는데 이름이 매칭되는 것이 없어서 예외가 발생한다.

```
Mangling.__name                # 클래스 속성을 이름으로 접근.
```

```
---------------------------------------------------------------------------
-----
AttributeError                            Traceback (most recent call last)
<ipython-input-16-e43fb6d5ba1a> in <module>
----> 1 Mangling.__name
                                  ┌ 없는 속성.
AttributeError: type object 'Mangling' has no attribute '__name'
```

클래스 메소드로 조회하면 클래스 속성 정보를 확인할 수 있다. 맹글링도 이름을 작성하는 기준을 알고 조회하면 속성에 바로 접근할 수 있다.

```
Mangling.getAttr()                # 클래스 속성을 클래스 메소드로 조회하면 검색된다.
```

```
'가을'
```

```
Mangling._Mangling__name          # 밑줄을 2개 붙이면 이름이 변경(이를 맹글링이라고 한다).
```

```
'가을'
```

객체를 하나 만들고 객체의 속성을 맹글링 이름 체계로 변경한다. 메소드로 호출해서 속성을 조회한다.

```
m = Mangling("맹글링")                  # 객체 생성.
```

```
m.__dict__                              # 객체의 이름공간 확인.
```

```
{'_Mangling__name': '맹글링'}           ← 클래스 이름이 속성 앞에 있다.
```

```
m.getName()                             # 객체로 메소드를 호출하면 속성값을 호출한다.
```

```
'맹글링'
```

직접 객체의 속성에 접근하면 예외가 발생하지만, 맹글링 표기법으로 속성에 접근하면 값을 조회한다.

```
m.__name                    # 객체 속성도 이름으로 접근하면 속성이 없다고 나온다.
```

```
---------------------------------------------------------------------------
-----
AttributeError                          Traceback (most recent call last)
<ipython-input-20-67a97539383f> in <module>
----> 1 m.__name

AttributeError: 'Mangling' object has no attribute '__name'
```

```
m._Mangling__name           # 객체 속성도 맹글링 이름 체계로 작성해서 조회하면 값을 알 수 있다.
```

```
'맹글링'
```

2 프로퍼티(Property)

객체는 속성과 메소드로 처리하지만, 이름으로 접근하면 내부적으로 메소드가 실행되어 속성과 메소드를 같은 방식으로 사용할 수 있다.

예제 1 프로퍼티 알아보기

파이썬 내장 프로퍼티는 클래스이다.

```
property                    # 파이썬 속성을 이름으로 접근해서 조회할 수 있는 프로퍼티도 하나의 클래스.
```

```
property
```

```
isinstance(property, type)
```

```
True
```

이 프로퍼티를 지정할 때 주의할 점은 속성과 함수 이름이 같지 않게 속성의 이름을 보호 속성으로 만드는 것이 중요하다.

```
class Data :                          # 프로퍼티를 정의하는 클래스 생성.

    def __init__(self,data) :         # 초기화 함수를 정의할 때, 속성 이름을 보호 속성으로 생성.
        self._data = data

    @property                         # 데코레이터로 함수를 프로퍼티 객체로 변환.
    def data(self):                   # 속성과 같은 이름으로 함수 정의.
        return self._data
```

클래스의 이름공간을 확인하면 data가 프로퍼티 객체라는 것을 알 수 있다.

```
Data.__dict__                                    # 클래스의 이름공간 확인.
```

```
mappingproxy({'__module__': '__main__',
              '__init__': <function __main__.Data.__init__(self, data)>,
              'data': <property at 0x19b92673d18>,
              '__dict__': <attribute '__dict__' of 'Data' objects>,
              '__weakref__': <attribute '__weakref__' of 'Data' objects>,
              '__doc__': None})        ← 함수 이름과 같은 프로퍼티 객체.
```

객체를 하나 만들고 클래스에 정의된 함수 이름인 **data**로 조회하면 10이라는 값이 반환된다. 객체의 이름공간을 확인하면 속성이 들어있는 것을 알 수 있다. 실제 **data**를 이름으로 접근하면 프로퍼티 처리한 함수가 실행된 것을 알 수 있다.

```
d = Data(10)                              # 객체 생성.
```

```
d.data                                    # 함수 이름에 접근해 객체의 속성값 조회.
```

```
10
```

```
d.__dict__                                # 객체의 이름공간 확인.
```

```
{'_data': 10}                             ← 보호 속성으로 들어간 것을 알 수 있다.
```

프로퍼티에 값을 할당하면 예외가 발생한다. 이유는 프로퍼티를 정의할 때 조회만 정의했기 때문이다. 갱신하는 경우도 만들어서 프로퍼티로 변환해야 한다.

```
d.data = 33                                 # 프로퍼티를 갱신.
```

```
---------------------------------------------------------------------------
AttributeError                            Traceback (most recent call last)
<ipython-input-19-a6debbd32bc1> in <module>
----> 1 d.data = 33
                         ┌ 갱신하는 함수를 등록하지 않아서 처리되지 않는다.
AttributeError: can't set attribute
```

클래스 하나, 속성 하나로 프로퍼티를 등록해본다.

속성별로 프로퍼티를 만들려면 먼저 property 클래스로 데코레이터를 해서 프로퍼티 객체를 만들고 그다음에 setter, deleter 메소드로 데코레이터를 처리한다. 이번 클래스는 하나의 속성을 이름으로 접근하기 위해 getter, setter, deleter를 등록해서 만든다. 이 클래스는 초기화 함수는 없지만 이름으로 값을 할당하면 속성이 추가된다.

프로퍼티 클래스로 데코레이터를 처리할 때 항상 첫 번째 함수는 조회되어야 하고, 이때 이 실행 함수의 이름으로 객체를 만든다. 그다음부터 데코레이터는 이름 다음에 setter, deleter 메소드 데코레이터로 실행 함수를 등록한다.

```
class DataInt:                 # 같은 이름으로 속성을 조회할 클래스 정의.

    @property                  # 조회하는 함수를 등록할 때는 property 클래스로 데코레이터 처리.
    def data(self):
        return self._data

    @data.setter          # 이름으로 접근해서 속성을 갱신하는 함수를 정의할 때는 setter 메소드로 함수를 등록.
    def data(self, value):
        if isinstance(value, int):          # 갱신하는 값이 정수가 아니면 예외 처리.
            self._data = value
        else:
            raise AttributeError(" 정수값이 아닙니다")

    @data.deleter         # 이름으로 접근해서 속성을 삭제하는 함수를 정의할 때는 deleter메소드로 함수를 등록.
    def data(self):
        raise AttributeError("삭제할 수 없습니다.")
```

객체를 하나 만들고 이름공간을 조회하면 속성이 생기지 않은 것을 알 수 있다.

```
t = DataInt()          # 초기화 함수가 정의되지 않아 속성이 없는 객체 생성.
```

```
t.__dict__
```

```
{}
```

먼저 객체에서 data에 접근해서 12를 할당한 후에 객체의 이름공간을 확인하면 속성이 하나 들어간 것을 알 수 있다. 다시 data로 조회하면 객체의 속성값을 조회한다.

```
t.data = 12                # 갱신할 수 있는 함수를 프로퍼티에 등록하고 값을 갱신할 때 객체에 속성을 추가.
```

```
t.__dict__
```

```
{'_data': 12}
```

```
t.data                     # 이름으로 다시 조회하면 객체의 속성값 조회.
```

```
12
```

객체의 프로퍼티 `data`에 문자열 123을 할당하면 예외가 발생한다.

객체를 삭제할 때 `deleter` 데코레이터에 등록된 실행 함수에 있는 예외를 반환한다.

```
try :                      # 문자열로 변경하면 정숫값이 들어오지 않아 예외 발생.
    t.data = '123'
except Exception as e :
    print(e)
```

```
정수값이 아닙니다
```

```
try :                      # 프로퍼티에 삭제를 정의했지만, 예외만 처리해서 삭제할 경우 내부에 정의된 예외 발생.
    del t.data
except Exception as e :
    print(e)
```

```
삭제할 수 없습니다.
```

예제 2 프로퍼티 클래스 알아보기

프로퍼티 클래스가 어떻게 작동하는지 이해할 필요가 있다. 클래스로 객체를 만들고 클래스에 정의된 함수를 내부에 저장해서 이름으로 접근하면 함수가 실행된다.

프로퍼티 클래스 초기화 함수에 3개의 함수를 저장하는 속성을 만든다. 함수를 등록하는 메소드 `getter`, `setter`, `deleter`를 작성하고, 실제 이름으로 접근하는 방식인 디스크립터 클래스를 만드는 3개의 스페셜 메소드 `__get__`(조회), `__set__`(갱신), `__delete__`(삭제)를 작성한다.

```
class my_property:                       # 프로퍼티 클래스 구조와 같은 클래스 정의.
    def __init__(self, fget=None, fset=None, fdel=None):
        self.fget = fget                 # 초기화 함수에 3개의 함수를 받아 3개의 속성에 저장하는 구조 생성.
        self.fset = fset
        self.fdel = fdel

    def setter(self, fset):              # 변경하는 함수를 등록하는 메소드 정의.
        self.fset = fset
        return self

    def deleter(self, fdel):             # 삭제하는 함수를 등록하는 메소드 정의.
        self.fdel = fdel
        return self

    def getter(self, fget):              # 조회하는 함수를 등록하는 메소드 정의.
        self.fget = fget
        return self
                                         # 디스크립터 클래스 __get__, __set__, __delete__ 함수 정의.
                                         # (이름으로 접근하면 자동 실행되어 결과를 반환).
    def __get__(self, instance, owner):  # 이름으로 조회하면 함수를 실행해
        return self.fget(instance)       # 속성값 조회.

    def __set__(self, instance, value):  # 이름으로 값을 갱신하면 속성을 변경하는
        if not self.fset:                # 함수를 실행하여 결과를 변경.
            raise AttributeError
        return self.fset(instance, value)

    def __delete__(self, instance):      # 이름으로 삭제하면 삭제하는 함수를
        if not self.fdel:                # 실행해 속성값 삭제.
            raise AttributeError
        return self.fdel(instance)
```

사용자 프로퍼티 클래스를 사용자 클래스에 정의해서 파이썬에서 제공하는 프로퍼티가 어떻게 작동하는지 다시 살펴보자.

클래스에 3개의 함수를 같은 이름으로 작성한다. 첫 번째 조회하는 함수에 프포퍼티 클래스로 데코레이터를 처리한다. 두 번째와 세 번째는 첫 번째 실행 함수의 이름에 프로퍼티 객체가 저장되므로 `setter`, `deleter` 메소드를 사용해서 함수 데코레이터 처리하면 등록된다.

```
class OnlyInt:                  # 하나의 속성을 프로퍼티로 처리하는 클래스를 정의.
    @my_property                # 프로퍼티 클래스로 데코레이터를 처리해서 프로퍼티 객체 생성.
    def data(self):             # 첫 번째 등록하는 함수는 조회 함수.
        return self._data

    @data.setter                # 변경하는 함수는 프로퍼티 객체의 setter 메소드로 등록.
    def data(self, value):
        if isinstance(value, int):
            self._data = value
        else:
            raise AttributeError("정수만 처리합니다. ")

    @data.deleter               # 삭제하는 함수는 프로퍼티 객체의 deleter 메소드로 등록.
    def data(self):
        raise AttributeError(" 삭제는 안합니다.")
```

객체를 하나 만든다. 이 객체는 이름으로 값을 갱신하고 조회할 수 있다.

```
c = OnlyInt()                   # 객체 생성.
```

```
c.__dict__
```

```
{}
```

```
c.data = 999                    # 객체의 속성 갱신.
```

```
c.data
```

```
999
```

갱신할 때 정수가 아니면 예외 처리를 하게 정의해서 문자열로 갱신하면 예외를 처리한다.

```
try :
    c.data = '문자열 갱신'
except Exception as e :
    print(e)
```

```
정수만 처리합니다
```

예제 3 계산을 처리하는 프로퍼티

클래스를 정의할 때 계산하는 함수에 프러퍼티 처리를 했다. 계산된 결과만 처리하고, 결과를 반환하므로 값을 변경하면 갱신할 때 예외가 발생한다.

```
class Double :                          # 계산하는 프로퍼티를 처리하는 클래스 정의.
    def __init__(self, value):          # 초기화 함수로 하나의 속성 생성.
        self.value = value

    @property                           # 객체의 속성을 사용해 계산하는 함수를 프로퍼티로 처리.
    def double(self):
        return self.value * 2

    @double.setter                      # 변경하면 예외가 발생해야 하므로 변경 처리하는 함수 등록.
    def double(self, value):
        raise AttributeError(" 갱신할 수 없습니다. ")
```

객체를 생성한 후에 이름으로 접근하면 저장된 값이 두 배만큼 출력되고, 값을 갱신하면 예외가 발생한다.

```
d = Double(3)                           # 객체 생성.
```

```
d.double                                # 이름으로 접근하면 계산 결과를 반환.
```

6

```
try :                                   # 변경하지 못하게 정의해서 변경하면 예외 발생.
    d.double = 999
except Exception as e :
    print(e)
```

갱신할 수 없습니다.

3 디스크립터(Descritor) 구조 알아보기

클래스를 캡슐화하려면 속성에 직접 접근해 사용하지 않게 구성해야 한다. 파이썬은 디스크립터(Descriptor)라는 클래스를 만들고, 속성에 스페셜 메소드로 접근해서 조회, 갱신, 삭제한다.

파이썬에서 제공하는 클래스는 대개 디스크립터 기법을 사용해서 만들어졌다. 앞에서 배운 클래스 메소드, 정적 메소드, 프로퍼티, 함수 등도 디스크립터 기법을 사용해 이름으로 접근해서 처리할 수 있다.

예제 1 디스크립터 구조 알아보기

이름으로 접근하는 기법을 사용하기 위해 디스크립터 클래스를 정의한다. 스페셜 메소드 `__get__`을 정의하고 이름으로 접근하면 스페셜 메소드가 자동으로 작동한다.

```
class Descriptor:                                # 비데이터 디스크립터 클래스 정의.
    def __init__(self, value):                   # 초기화 함수에 특정 값을 저장하는 속성 생성.
        self.value = value

    def __get__(self, instance, owner):          # 이름으로 접근하면 값을 조회하는 스페셜
        print("get")                             #   메소드 정의.
        return self.value
```

디스크립터로 객체를 만들 클래스 A를 정의한다. 이 클래스에 2개의 클래스 속성을 정의한다. 디스크립터 객체를 만들 때 정수를 인자로 전달해 객체를 만들고, 이름으로 접근하여 값을 조회한다.

```
class A:                                         # 디스크립터 속성을 사용하는 클라이언트 클래스 정의.
    value = Descriptor(10)                       # 2개의 클래스 속성에 디스크립터 객체 생성.
    value1 = Descriptor(20)                      # 디스크립터 객체는 반드시 클래스 속성으로 정의.
```

객체를 하나 만든 후에 객체에서 value 속성을 조회하면 __get__ 메소드가 실행된다. 그리고 내부에 있는 print 함수를 출력한 후에 값 10을 출력한다. 그 다음 속성을 조회해도 같은 기능을 처리한다.

```
a = A()                          # 클라이언트 객체를 하나 생성.
```

```
a.value                          # 속성을 이름으로 접근하면 __get__ 메소드가 자동으로 실행되어 값을 조회.
```

```
get
10
```

```
a.value1
```

```
get
20
```

이번에는 디스크립터 클래스에 조회와 변경을 처리하는 2개의 메소드 __get__, __set__을 정의한다.

__get__을 정의할 때 3개의 매개변수 self, instance, owner를 정의한다. 매개변수 self에는 디스크립터 객체, instance에는 디스크립터 객체를 만든 클래스의 객체, owner에는 디스크립터 객체가 만들어진 클래스가 들어간다.
__get__ 안에 실제 instance에 저장된 객체의 속성 _value가 있는지 먼저 확인한다. 없으면 값을 0으로 정의한 후에 값을 반환한다.

__set__을 정의할 때는 instance에 저장된 객체의 _value에 할당된 값을 저장한다.

```
class Descriptor_:                          # 데이터 디스크립터 정의( __get__, __set__을 내부에 정의).

    def __get__(self, instance, owner):     # 디스크립터 객체, 클라이언트 객체,
                                            #   클라이언트 클래스 매개변수를 정의.
        print("get")
        if not hasattr(instance,"_value") : # 속성이 없으면 __set__으로
                                            #   초깃값을 가진 속성 추가.
            self.__set__(instance, 0)
        return instance._value              # 클라이언트 객체의 속성 조회.

    def __set__(self, instance, value):     # 디스크립터 객체, 클라이언트 객체,
                                            #   클라이언트 속성 갱신 매개변수 정의.
        print("set")
        instance._value = value             # 클라이언트 속성 갱신.
```

이제부터 디스크립터 객체가 만들어진 클래스를 클라이언트 클래스(client class)라고 하자. 클래스에 속성이 2개인 디스크립터 객체를 만들고 아무 값도 지정하지 않았다

```
class B :                              # 클라이언트 클래스 정의.
    value = Descriptor_()              # 클래스 속성에 디스크립터 객체 생성.
    value1 = Descriptor_()
```

클라이언트 클래스의 이름공간을 확인하면 2개의 속성이 디스크립터 클래스의 객체라는 것을 알 수 있다.

```
B.__dict__                  # 클라이언트 클래스 이름공간을 확인하면 클래스 속성 2개 생성.
```

```
mappingproxy({'__module__': '__main__',
              'value': <__main__.Descriptor_ at 0x17038c6cda0>,
              'value1': <__main__.Descriptor_ at 0x17038c6cb38>,
              '__dict__': <attribute '__dict__' of 'B' objects>,
              '__weakref__': <attribute '__weakref__' of 'B' objects>,
              '__doc__': None})
```

클라이언트 클래스의 객체를 하나 만든다. 이 객체의 2개의 속성을 확인하면 속성이 값을 조회한다.

```
b = B()                     # 클라이언트 객체 생성.
```

```
b.value                     # 속성을 이름으로 접근.
```

```
get
set                         ← __get__을 호출하고 __set__을 호출해서 속성 추가.

0
```

```
b.value1                    # 내부에 하나의 속성만 정의해서 이 속성에 접근.
```

```
get

0                           ← 추가적인 속성이 만들어지지 않는다.
```

다른 속성에 값을 갱신하면 디스크립터 클래스의 객체 내부에 값을 보관하지 않는다. 클라이언트 객체의 이름공간에 값이 들어간다.

```
b.value1 = 999                    # 값을 갱신하면 변경된다.
```

```
set
```

```
b.__dict__                        # 클라이언트 객체를 확인하면 하나의 속성만 만들어져 있다.
```

```
{'_value': 999}
```

```
b.value = 777                     # 다른 속성으로 값을 갱신.
```

```
set
```

```
b.__dict__                        # 클라이언트 객체 내에 하나의 속성만 만들어져서 값을 갱신.
```

```
{'_value': 777}
```

예제 2 클라이언트 객체 이름과 매칭하기

디스크립터 클래스를 정의할 때 객체에 들어갈 속성 이름을 저장할 수 있다. 이때는 **__set_name__**을 정의한다.

매개변수로 **owner**와 **name**을 받고 객체의 **_name**을 지정해서 이름을 저장한다. **__get__**에는 클라이언트 객체의 이름공간에 객체의 속성 이름이 있는지 확인한다. 없으면 초깃값을 세팅하고 조회를 해준다. 변경하는 **__set__**도 클라이언트 객체 이름공간에 이름을 확인하고 값을 세팅한다.

```
class Descriptor_c:                          # 데이터 디스크립터 클래스 정의.

    def __set_name__(self, owner, name):     # 클라이언트의 속성 이름을 읽어와서
            self._name = "_" + name          디스크립터 객체에 클라이언트
                                             객체의 속성 이름을 관리.

    def __get__(self, instance, owner): # 이름으로 접근하면 호출되는 메소드를 정의.
        print("get")
        if not (self._name in instance.__dict__) :
            self.__set__(instance, 0)
                                # 클라이언트 객체의 이름공간에 속성 이름이 없으면 초기화.
        return instance.__dict__[self._name]
                                # 클라이언트 이름공간을 이용해서 속성 조회.
```

```
    def __set__(self, instance, value):
                                    # 클라이언트 이름공간에 속성을 추가하거나 갱신.
        print("set")
        instance.__dict__[self._name] = value
                                    # 클라이언트 객체의 이름공간을 확인해서 값 갱신.
```

클라이언트 클래스를 정의한다. 2개의 속성에 디스크립터 객체를 만드는 것을 정의한다.

```
class C :               # 두 개의 속성에 데이터 디스크립터를 정의하는 클라이언트 클래스 정의
    value = Descriptor_c()
    value1 = Descriptor_c()
```

클라이언트 클래스의 객체를 하나 만든다.

```
c = C()                 # 객체 생성.
```

객체의 속성을 확인하면 내부에서 2개의 속성을 0으로 할당한다.

```
c.value                             # 속성에 접근하면 클라이언트 객체가 속성 추가.
```

```
get
set

0
```

```
c.value1                            # 속성에 접근하면 클라이언트 객체가 속성 추가.
```

```
get
set

0
```

클라이언트 객체의 이름공간을 확인하면 2개의 속성이 있고 값이 모두 0으로 처리된다.

```
c.__dict__              # 클라이언트 객체의 이름공간을 확인하면 2개의 속성이 추가된다.
```

```
{'_value': 0, '_value1': 0}
```

2개의 속성에 값을 할당하면 **__set__**이 자동으로 처리된다. 객체의 이름공간을 확인하면 2개의 속성 값이 갱신된 것을 알 수 있다.

```
c.value = 100                          # 2개의 속성 값을 갱신.
```

```
set
```

```
c.value1 = 999
```

```
set
```

```
c.__dict__                             # 이름공간 확인.
```

```
{'_value': 100, '_value1': 999}   ← 2개의 속성 값이 갱신된 것을 볼 수 있다.
```

이전 버전에서 디스크립터를 만드는 방법도 알아보자.
디스크립터를 생성하고 초기화 함수를 정의할 때 클라이언트 객체의 속성으로 들어갈 이름을 저장한다. 클라이언트 객체의 속성을 조회하거나 갱신하는 방식은 같다.

```
class Descriptor_old:

    def __init__(self, name):            # 초기화 함수의 클라이언트 객체에 들어갈 속성 이름을
        self._name = "_" + name          문자열로 넣는다.

    def __get__(self, instance, owner):          # 클라이언트 객체 이름공간 속성에
        print("get")                               이름이 있는지 확인.
        if not (self._name in instance.__dict__) :
            self.__set__(instance, 0)              # 없으면 객체의 속성에 초깃값 추가.
        return instance.__dict__[self._name]

    def __set__(self, instance, value):
        print("set")
        instance.__dict__[self._name] = value
                # 클라이언트 이름공간에 디스크립터 객체의 속성 이름을 전달해서 갱신.
```

클라이언트 클래스에 정의할 때 문자열로 속성 이름을 전달해서 디스크립터 객체를 만든다.

```
class Old :                                    # 클라이언트 클래스 정의.
    value = Descriptor_old('value')            # 객체 이름을 디스크립터 생성자에 인자로 전달.
    value1 = Descriptor_old('value1')
```

```
class Old :                                  # 클라이언트 클래스 정의.
    value = Descriptor_old('value')          # 객체 이름을 디스크립터 생성자에 인자로 전달.
    value1 = Descriptor_old('value1')
```

클라이언트 클래스의 객체를 하나 만든다.

```
o = Old()                                    # 객체 생성.
```

클라이언트 객체의 속성을 확인하면 초깃값을 할당한다.

```
o.value                                      # 속성을 이름으로 조회하면 초깃값을 갱신.
```

```
get
set

0
```

```
o.value1
```

```
get
set

0
```

두 속성에 값을 넣고 갱신하면 **__set__**이 작동되어 객체의 속성 값을 갱신한다. 2개의 속성을 조회하면 변경된 객체의 값을 조회한다.

```
o.value = 999                                # 속성값을 이름으로 갱신할 수 있다.
```

```
set
```

```
o.value1= 777
```

```
set
```

```
o.value, o.value1                            # 2개의 속성을 이름으로 조회하면 값을 반환.
```

```
get
get

(999, 777)
```

4 데이터/비데이터 디스크립터

디스크립터 클래스 종류는 2가지가 있다. 데이터를 갱신할 수 있는 디스크립터를 데이터 디스크립터라고 하고, 단순히 조회만 하는 디스크립터를 비데이터 디스크립터라고 한다. 이 2개의 디스크립터를 어떻게 정의하고 사용하는지 알아보자.

디스크립터 클래스를 정의하고 함수에 데코레이터로 처리할 수 있다. 어떻게 처리하는지 알아보자. 변경할 수 있는 속성이나 변경할 수 없는 속성을 정의할 수 있고, 함수 변경을 할 수 없게 지정할 수도 있다.

예제 1 디스크립터의 활용

함수 클래스도 디스크립터로 작성된 클래스이다. 함수를 정의한 후에 디스크립터가 어떻게 처리되는지 알아본다.

함수를 하나 정의하고 이름에 `__get__` 객체를 넣고 조회하면 함수가 아닌 메소드를 반환한다.

```
def add(x,y) :                 # 함수 정의(함수는 기본적으로 비데이터 디스크립터 클래스의 객체).
    return x + y
```

```
add  = add.__get__(add)        # 함수에서 __get__에 인자로 함수 객체를 넣고 조회하면 메소드 반환.
```

```
add
```

```
<bound method add of <function add at 0x000001ED21667400>>
```

메소드로 정의되면 `__func__` 내부에 함수가 저장된다. 저장된 함수를 실행하면 원래 함수의 결과와 같은 결과를 반환한다.

```
add.__func__                   # 메소드에 함수는 __func__ 속성에 들어가 있다.
```

```
add.__func__(10,10)            # 내부에 저장된 함수에 두 개의 인자를 전달해서 실행하면 함수가 실행.
```

```
20
```

예제 2 비데이터 디스크립터 알아보기

비디스크립터 클래스를 정의해서 함수 클래스처럼 작동하는 원리를 알아보자.

디스크립터 클래스의 초기화 함수에 속성 인자로 전달된 함수를 저장한다. 디스크립터 클래스가 객체로 만들어질 때 속성 이름을 받아서 디스크립터 객체에 할당하고, 실제 이름으로 접근해서 조회하면 `__get__` 내에 정의한 내부 함수를 반환한다.

함수가 호출되면 저장된 함수를 실행해서 결과를 반환한다.

```
class Descriptor_nd :                                    # 비데이터 디스크립터 정의.
    def __init__(self, func) :                           # 초기화 함수에 함수 하나를 인자로 전달받아
        self._func = func                                  디스크립터 객체에 저장.

    def __set_name__(self, owner, name):                 # 클라이언트 속성의 이름을 받아서
          self._name = "_" + name                          내부에 저장.


    def __get__(self, instance, owner):                  # 이름으로 접근하면 내부 함수 반환.

        print("get")
        def inner(*args, **kwargs) :                     # 내부 함수는 저장된 함수의 인자를 받는다.
            return self._func(*args, **kwargs)
        return inner                                     # 내부 함수를 실행하면 저장된 함수를 실행.
```

디스크립터 객체에 전달할 함수를 하나 정의한다. 클라이언트 클래스를 정의할 때 속성에 디스크립터 객체의 함수를 전달한다.

```
def mul(x,y) :                          # 함수 정의.
    return x*y
```

```
class Non_Data :                        # 클라이언트 클래스 정의.
    mul = Descriptor_nd(mul)            # 클라이언트 속성에 함수를 저장한 디스크립터 생성.
```

클라이언트 클래스로 객체를 하나 만들고 속성을 조회하면 `__get__` 내부에 정의된 함수를 반환한다.

```
nd = Non_Data()                    # 클라이언트 객체 생성.
```

```
nd.mul                             # 속성에 접근하면 내부 함수 반환.
```

```
get
<function __main__.Descriptor_nd.__get__.<locals>.inner(*args, **kwargs)>
```

이 함수에 2개의 인자를 전달해서 실행하면 두 인자를 곱한 결과가 반환된다.

```
nd.mul(10,10)                      # 내부 함수를 실행하면 저장된 함수가 실행된 결과를 반환.
```

```
get
100
```

디스크립터 클래스를 정의한 후에 데코레이터를 사용하는 방법을 알아보자.

디스크립터 클래스를 정의할 때 부분함수를 처리하는 함수를 가진 모듈 **functools**를 사용한다. 그중에 부분함수를 처리하는 **partial**을 **import**한다. 위에서 정의한 내부 함수를 부분함수 **partial**로 변경한다.

```
from functools import partial

class descriptor:                   # 부분함수를 단순하게 처리하는 디스크립터 클래스 정의.
    def __init__(self, func):
        self.func = func

    def __get__(self, instance, owner): # 부분함수로 전달해서 다시 호출하면 실행한
                                        결과를 보여준다.
        return partial(self.func, instance)
```

내부에 정의된 함수를 데코레이터로 처리할 때 디스크립터 클래스를 사용한다. 클라이언트 클래스의 이름공간을 확인하면 **sum**이 디스크립터 객체라는 것을 알 수 있다.

```
class A:                           # 클라이언트 클래스 정의
    @descriptor                    # 디스크립터 클래스로 데코레이터 해서 함수를 디스크립터 객체로 변환.
    def sum(self, a, b, c):
        return a + b + c
```

```
A.__dict__                          # 클라이언트 클래스의 이름공간 확인.
```

```
mappingproxy({'__module__': '__main__',
              'sum': <__main__.descriptor at 0x10ec14a20>,
              '__dict__': <attribute '__dict__' of 'A' objects>,
              '__weakref__': <attribute '__weakref__' of 'A' objects>,
              '__doc__': None})    ← sum은 디스크립터 속성이다.
```

클라이언트 클래스로 객체를 하나 만든다. 객체에 **sum** 메소드로 접근하고 3개의 인자를 전달해서 실행하면 계산된 값을 반환한다.

```
a = A()                 # 객체 생성.
```

```
a.sum(1,2,3)            # 객체가 sum에 접근하면 내부에 저장된 sum 함수를 부분함수로 반환하고
                          이를 호출하면 실행 결과를 반환.
```

```
6
```

예제 3 데이터 디스크립터 활용하기

데이터 디스크립터를 작성하려면 **__set__**과 **__delete__**를 추가한다. 디스크립터 정의는 속성 값을 갱신하고 삭제할 수 있어 실제 변경할 수 있는 값을 처리할 수 있다.

```
class MutableAttribute:                            # 속성을 갱신하는 디스크립터 클래스 정의.
    def __init__(self, value=None):                # 초기화 함수를 정의해서 객체에 값을 저장.
        self.value = value

    def __set_name__(self,owner,name) :            # 클라이언트 속성의 이름을 받아서
        self._name = "_"+ name                       객체의 속성에 이름 저장.

    def __get__(self, instance, owner):
                        # 클라이언트 객체 속성이 없으면 디스크립터 객체의 속성 값 반환.
        if self._name in instance.__dict__ :
            return instance.__dict__[self._name]
        else :
            return self.value

    def __set__(self, instance, value):            # 클라이언트 객체의 속성 갱신.
        instance.__dict__[self._name] = value

    def __delete__(self, instance):                # 디스크립터 객체의 값 삭제.
        del self.value
```

디스크립터 클래스에서 변경할 수 없는 객체를 만들려면 `__set__`과 `__delete__`로 정의하지만 변경이나 삭제할 때 예외가 발생한다.

```
class ImmutableAttribute:                        # 변경할 수 없는 디스크립터 클래스 정의.
    def __init__(self, func):                    # 초기화 함수의 매개변수로 함수를 받아서 저장.
        self.func = func

    def __get__(self, instance, owner):          # 이름으로 접근하면 저장된 함수 실행.
        return self.func(instance)

    def __set__(self, instance, value):          # 변경이 들어오면 예외 처리.
        raise AttributeError("갱신이 불가합니다. ")

    def __delete__(self, instance):              # 삭제가 들어와도 예외 처리.
        raise AttributeError("삭제가 불가합니다. ")
```

클라이언트 클래스를 하나 정의하고 속성에 변경할 수 있는 속성과 변경할 수 없는 속성을 정의한다. 2개의 함수는 변경할 수 없는 디스크립터로 처리한다.

```
class Circle:                                    # 클라이언트 클래스 정의.
    pi = 3.1415
    radius = MutableAttribute(10)                # 반지름은 변경할 수 있는 디스크립터.
    diameter = ImmutableAttribute(lambda self : self.radius * 2)
                                                 # 지름은 변경할 수 없는 람다 함수를 등록.
    @ImmutableAttribute                          # 원의 둘레를 계산하는 함수를 변경할 수 없게 데코레이터 처리.
    def circumference(self):
        return self.radius * self.pi * 2

    @ImmutableAttribute                          # 원의 면적도 변경할 수 없다.
    def area(self):
        return self.radius **2 * 2
```

클라이언트 클래스로 객체를 만들고 2개의 속성을 확인한다. 2개의 함수도 이름으로 접근하면 바로 실행된 결과를 반환한다.

```
c = Circle()                                     # 원 객체 생성.
```

```
c.radius, c.diameter,                            # 이름으로 접근.
```

```
(10, 20)   ← 반지름과 지름이 조회.
```

```
c.circumference,c.area              # 원둘레와 원의 면적도 이름으로 조회 가능.
```

```
(62.830000000000005, 200)
```

변경할 수 있는 속성인 radius 값을 100으로 갱신하고 다시 면적을 확인하면 면적 값이 변경된 것을 알 수 있다.

```
c.radius = 100          # 반지름을 변경.
```

```
c.radius
```

```
100
```

```
c.area                  # 원의 면적도 자동으로 변경.
```

```
20000
```

이번에는 함수를 변경하려고 하면 변경할 수 없게 해서 예외가 발생한다.

```
try :                               # 원의 면적을 변경하려고 하면 예외 발생.
    c.area = 123
except Exception as e :
    print(e)
```

```
갱신이 불가합니다.
```

5 디스크립터 속성 자료형 제약하기

디스크립터 클래스를 작성하고 속성에 특정한 제약을 처리할 수 있다.

예제 디스크립터 속성 자료형 제약하기

특정 속성을 처리하는 디스크립터 클래스를 정의한다. 특정 값이 변경될 때 자료형을 체크해서 예외를 발생시킨다. 이렇게 타입을 체크하면 특정 자료형만 받아서 처리할 수 있다.

```
class Field:                                    # 디스크립터로 속성의 자료형을 제한하는 클래스 정의.
    def __get__(self, instance, owner):         # 이름으로 접근하면 조회.
        return instance.__dict__[self.name]

    def __set__(self, instance, value):
        if not isinstance(value, int):          # 정수가 아니면 갱신할 수 없도록 제약.
            raise ValueError(f' 정수가 아닙니다. 정수값을 넣어주세요.
{self.name }')
        instance.__dict__[self.name] = value

    def __set_name__(self, owner, name):
        self.name = name
```

클라이언트 클래스에 하나의 속성만 디스크립터 객체로 만든다. 이 클래스로 객체를 하나 만든다. 이 객체의 속성에 정수 100을 할당하면 값이 변경된다.

```
class A :                                       # 클라이언트 클래스 정의.
    var = Field()
```

```
a = A()                                         # 객체 생성.
```

```
a.var = 100                                     # 정수로 변경하면 값이 변경된다.
```

```
a.var
```

```
100
```

```
a.__dict__                              # 객체의 이름공간 확인.
```

```
{'var': 100}
```

이 속성에 실숫값을 갱신하면 내부에서 예외를 발생시킨다. 정수만 처리한다는 것을 확인할 수 있다.

```
a.var = 100.1                           # 실수로 변경하면 내부의 예외 발생.
```

```
---------------------------------------------------------------------------
ValueError                                Traceback (most recent call last)
<ipython-input-9-7889caeb1791> in <module>
----> 1 a.var = 100.1

<ipython-input-1-52fa431d98e2> in __set__(self, instance, value)
      5     def __set__(self, instance, value):
      6         if not isinstance(value, int):
----> 7             raise ValueError(f' 정수가 아닙니다. 정수값을 넣어주세요. {self.name}')
      8         instance.__dict__[self.name] = value
      9 

ValueError:  정수가 아닙니다. 정수값을 넣어주세요. var
```

Chapter 40

추상 클래스 알아보기

추상 클래스를 정의하는 이유는 추상 클래스에 정의된 메소드나 프로퍼티는 단순히 선언을 하는 것이기 때문이다. 따라서 이를 상속하는 구현 클래스는 반드시 추상 클래스의 메소드나 프로퍼티를 구현해야 한다.

이런 추상 클래스의 메소드나 프로퍼티는 외부에 공개되는 인터페이스(interface)이다. 메소드나 프로퍼티를 구현하지 않으면 객체를 생성할 때 예외가 발생한다.

어떻게 추상 클래스를 정의하고 사용하는지 알아보자.

1 추상 메타 클래스와 추상 클래스

파이썬은 클래스를 정의할 때 클래스를 상속하고 클래스를 생성하는 메타 클래스를 지정한다. 추상 클래스와 추상 메타 클래스도 일반적인 클래스와 메타 클래스처럼 생성 관계로 처리된다.

예제 1 추상 메타 클래스와 추상 클래스

추상 클래스와 추상 메타클래스를 가지는 abc 모듈을 import한다. 모듈에 어떤 클래스들이 있는지 조회하면 추상 클래스 ABC, 추상 메타 클래스 ABCMeta가 있다. 추상 메소드는 정의할 때 사용하는 다양한 메소드 클래스를 제공한다.

```
import abc                                  # 추상 클래스를 처리하는 모듈 사용.
```

```
for i in dir(abc):                          # 모듈 내에 있는 클래스와 함수 확인.
    if not i.startswith("_"):
        print(i)
```

```
ABC
ABCMeta
abstractclassmethod
abstractmethod
abstractproperty
abstractstaticmethod
get_cache_token
```

추상 클래스와 추상 메타 클래스 사이의 상속 관계를 확인하면 False이다. 추상 클래스와 추상 메타 클래스 간의 생성 관계를 확인하면 True이다.

```
issubclass(abc.ABC, abc.ABCMeta)   # 추상 클래스와 추상 메타 클래스의 상속 관계를
                                   # 확인하면 성립하지 않는다.
```

```
False
```

```
isinstance(abc.ABC, abc.ABCMeta)    # 추상 클래스도 추상 메타 클래스로 생성하는 것을 알 수 있다.
```

```
True
```

사용자 정의 추상 클래스를 정의할 때는 이 추상 클래스를 만드는 매개변수 **metaclass**에 **ABCMeta** 클래스를 지정한다. 메소드로 사용할 부분에 아무것도 안 하는 함수를 정의하고, 데코레이터로 **abstractmethod** 추상 메소드를 정의한다.

```
class MyABC(metaclass=abc.ABCMeta) : # 사용자 추상 클래스를 만들려면 metaclass
                                       매개변수에 추상 메타 클래스를 지정한다.

    @abc.abstractmethod                # 반드시 구현할 메소드를 데코레이터로 지정.
    def foo(self,) :
        pass
```

추상 클래스를 상속하는 구현 클래스를 만든다. 내부에 아무것도 정의하지 않았다.

```
class MyCon(MyABC) :        # 추상 클래스를 상속하는 구현 클래스 정의.
    pass                    # 추상 메소드는 구현하지 않았다.
```

이 구현 클래스로 객체를 생성하면 예외가 발생한다. 추상 클래스에 정의한 함수를 구현하지 않았기 때문이다.

```
m = MyCon()        # 구현 클래스의 객체를 생성할 때 추상 메소드를 구현하지 않아서 예외 발생.
```

```
---------------------------------------------------------------------------
TypeError                                 Traceback (most recent call last)
<ipython-input-7-a115bcd30f98> in <module>
----> 1 m = MyCon()

TypeError: Can't instantiate abstract class MyCon with abstract methods foo
```

추상 클래스를 상속해서 구현 클래스를 정의하려면 추상 클래스에 반드시 함수를 구현해야 한다. 그래서 구현 클래스에 **foo** 메소드를 구현했다.

객체를 하나 만들고 메소드 **foo**를 실행하면 결과를 반환한다.

```
class MyCon_(MyABC):                    # 추상 클래스를 상속하는 구현 클래스를 정의.
    def foo(self) :                     # 추상 메소드에 해당하는 함수를 구현.
        print(" foo 구현 ")
```

```
m = MyCon_()                            # 객체 생성(추상 메소드가 구현되어 예외가 발생하지 않는다).
```

```
m.foo()                                 # 메소드를 실행하면 구현된 print 함수 실행.
```

```
foo 구현
```

구현 클래스와 추상 클래스는 상속 관계이다. 구현 클래스의 객체와 추상 클래스의 생성 관계도 성립한다.

```
issubclass(MyCon, MyABC)                # 구현 클래스와 추상 클래스는 상속 관계.
```

```
True
```

```
isinstance(m, MyABC)                    # 추상 클래스와 구현 클래스 객체는 생성 관계.
```

```
True
```

예제 2 추상 메소드 처리 알아보기

다양한 클래스를 사용하기 위해 abc 모듈에 있는 것을 모두 import한다.

```
from abc import *                       # 추상 클래스 내의 모든 것을 사용.
```

추상 클래스를 정의할 때 메소드를 데코레이터 기법을 사용해서 지정한다. 객체가 사용하는 인스턴스 메소드 @abstractmehod로 함수를 데코레이팅 처리한다.

추상 클래스 메소드, 추상 정적 메소드, 추상 프로퍼티는 @abstractmehod 데코레이터를 하기 위해 다시 classmethod, staticmethod, property를 추상 메소드 위에 표시한다.

2개의 인스턴스 메소드, 하나의 클래스 메소드, 하나의 정적 메소드, 하나의 프로퍼티를 정의한다.

```
class BaseCS(metaclass=ABCMeta):        # 추상 클래스 정의.
    @abstractmethod                     # 추상 메소드 정의.
    def foo(self):
        pass

    @abstractmethod
    def bar(self):
        pass

    @classmethod                # 2개의 데코레이터를 연속 사용해서 추상 메소드에 클래스 메소드 정의.
    @abstractmethod
    def clsmethod(cls):
        pass

    @staticmethod               # 2개의 데코레이터를 연속 사용해서 추상 메소드에 정적 메소드 정의.
    @abstractmethod
    def stamethod(a):
        pass

    @property                   # 2개의 데코레이터를 연속 사용해서 추상 메소드에 프로퍼티 메소드 정의.
    @abstractmethod
    def propmethod(self):
        pass
```

위의 추상 클래스를 상속해서 클래스를 정의할 때 2개의 메소드만 재정의한다.

```
class Concrete_CS(BaseCS):     # 현 클래스를 정의할 때, 2개의 추상 메소드만 구현.
    def foo(self):
        pass

    def bar(self):
        pass
```

이 클래스로 객체를 만들면 나머지 추상 메소드들이 구현이 되지 않았다고 예외가 발생한다. 추상 클래스는 작성된 모든 추상 메소드, 추상 프로퍼티를 모두 구현해야 한다.

```
c = Concrete_CS()                    # 객체를 생성하면 모든 것을 구현하지 않았다고 예외 발생.
```

```
---------------------------------------------------------------------------
TypeError                                 Traceback (most recent call last)
<ipython-input-16-be7a1b06c27d> in <module>
----> 1 c = Concrete_CS()

TypeError: Can't instantiate abstract class Concrete_CS with abstract metho
ds clsmethod, propmethod, stamethod
```

이번에는 추상 클래스를 상속하고 2개의 인스턴스 메소드를 정의한 후에 클래스 메소드, 정적 메소드, 프로퍼티를 구현한다. 내부의 로직은 처리하지 않았다.

추상 클래스를 상속할 때 처리되는 과정을 단순하게 알아보자.

```
class Concrete_CS1(BaseCS):              # 추상 메소드를 모두 구현.
    def foo(self):
        pass

    def bar(self):
        pass

    @classmethod
    def clsmethod(cls):
        pass

    @staticmethod
    def stamethod(a):
        pass

    @property
    def propmethod(self):
        pass
```

구현 클래스로 객체를 생성하면 예외가 발생하지 않는다. 구현 클래스와 추상 클래스 사이의 상속 관계를 확인하면 True이다.

객체와 추상 클래스 간의 생성 관계를 확인해도 True이다.

```
cs1 = Concrete_CS1()                    # 객체 생성.
```

```
issubclass(Concrete_CS1, BaseCS)
```

```
True
```

```
isinstance(cs1, BaseCS)
```

```
True
```

2 추상 클래스의 추가적인 상속 관계 처리하기

추상 클래스를 상속하지 않아도 상속 관계가 성립하는 방식을 지원한다.
어떻게 상속 관계를 처리하는지 알아본다.

예제 1 추상 클래스에 등록하기

추상 메타 클래스와 추상 클래스를 가진 모듈 abc를 import한다.

```
import abc
```

추상 클래스 ABC를 상속해서 아무것도 안 하는 추상 클래스를 하나 정의한다. 이 클래스를 상속한 튜플과 정수를 만들기 위해 register 함수로 튜플과 정수 클래스를 등록한다.

```
class MyABC(abc.ABC):          # 추상 클래스를 상속해서 클래스 정의.
    pass
```

```
MyABC.register(tuple)          # 추상 클래스에 클래스를 등록하면 이 추상 클래스를 상속한 클래스로 인식.
```

```
tuple
```

```
MyABC.register(int)
```

```
int
```

이 추상 클래스와 튜플과 정수 클래스의 상속 관계를 확인하면 True이다. 튜플 객체와 정수 객체와의 생성 관계도 확인하면 성립하는 것을 알 수 있다.

```
issubclass(tuple, MyABC),issubclass(int, MyABC)
```

```
(True, True)  ← 상속 관계 성립.
```

```
isinstance(tuple(), MyABC), isinstance(0, MyABC)
```

```
(True, True)  ← 생성 관계 성립.
```

추상 메타 클래스를 지정한 추상 클래스를 만든다. 이 추상 클래스에는 추상 메소드를 2개 정의한다.

```
class LoadSave(metaclass=abc.ABCMeta):                # 사용자 정의 추상 클래스를 정의.

    @abc.abstractmethod
    def load(self, input):
        """입력 소스에서 데이터 검색해서 객체를 반환한다"""

    @abc.abstractmethod
    def save(self, output, data):
        """데이터 객체를 저장한다."""
```

이 추상 클래스와 같은 메소드를 가진 클래스를 정의하고 데코레이터로 클래스를 등록한다.

```
@ LoadSave.register              # 구현 클래스를 구현하고 이를 데코레이터로 register로 등록.
class RegImp :
    def load(self, input):
        pass

    def save(self, output, data):
        pass
```

추상 클래스와 구현 클래스 사이의 상속 관계가 성립하고 객체와 추상 클래스의 생성 관계도 성립하는 것을 알 수 있다.

```
issubclass(RegImp, LoadSave)
```

```
True     ← 상속 관계와 생성 관계가 모두 성립
```

```
isinstance(RegImp(), LoadSave)
```

```
True
```

예제 2 상속 관계 스페셜 메소드 변경하기

추상 클래스를 정의하고, 상속 관계를 처리하는 스페셜 메소드 `__subclasshook__`를 수정한다. 이 스페셜 메소드는 `classmethod`로 구현해야 한다.

```
class ABCD(abc.ABC):                                    # 추상 클래스 정의.
    @abc.abstractmethod
    def __len__(self):
        return NotImplemented

    @classmethod          # 추상 클래스의 상속 관계를 체크하는 __subclasshook__ 메소드를 오버라이딩 처리.
    def __subclasshook__(cls, C):
        print("__subclasshook__")
        if any("__len__" in B.__dict__ for B in C.__mro__):
            return True      # 상속한 클래스의 mro를 확인해서 __len__이 있으면 상속 관계를 추가.
        else:
            return False
```

추상 클래스를 상속한 구현 클래스를 작성한다. 이 구현 클래스에는 스페셜 메소드 `__len__`을 작성한다.

```
class Seq(ABCD):                                # 추상 클래스를 상속해서 구현 클래스 생성.
    def __init__(self, seqs):
        self.seqs = seqs

    def __len__(self):                          # 상속 관계를 표시하는 __len__ 스페셜 메소드 구현.
        print(" Seq __len__ ")
        return str.__len__(self.seqs)
```

클래스로 객체를 하나 만든다. 추상 클래스와 구현 클래스의 상속 관계를 확인하면 추상 클래스의 `__subclasshook__`가 호출되어 처리되는 것을 알 수 있다.

내장 함수 `len`을 실행하면 구현 클래스 내의 `__len__`이 실행된다. 이처럼 내장 함수 중에는 내부의 스페셜 메소드를 호출하는 구조로 만들어진 것이 많다.

```
s = Seq("문자열")                # 객체 생성.
```

```
issubclass(Seq, ABCD)          # 상속 관계를 확인하면 추상 클래스에 스페셜 메소드를 호출.
```

```
__subclasshook__

True
```

```
isinstance(s, ABCD)            # 생성 관계는 성립하지만, 추상 클래스의 스페셜 메소드를 호출하지 않는다.
```

```
True
```

```
len(s)
```

```
 Seq __len__

3
```

추상 메타 클래스를 상속해서 새로운 추상 메타 클래스를 정의한다. 이때 생성 관계를 처리하는 스페셜 메소드 `__instancecheck__`를 재정의한다.

```
class Enumeration(abc.ABCMeta):                   # 사용자 메타 클래스 정의.
    def __instancecheck__(self, other):           # 생성 관계에 대한 스페셜 메소드 재정의.
        print('hi')
        if type(other) == type(self):             # 객체의 클래스가 같을 경우만 생성 관계 구성.
            return True
        else:
            return False
```

추상 클래스를 정의한다.

```
class EnumInt(metaclass=Enumeration):     # 클래스 정의.
    pass
```

문자열과 추상 클래스의 생성 관계를 확인하는 `isinstance` 함수를 실행하면 내부의 스페셜 메소드 `__instancecheck__`가 호출되는 것을 알 수 있다. 같은 클래스를 인자로 전달하면 생성 관계가 참인 것을 알 수 있다.

```
isinstance('abc', EnumInt)          # 문자열 객체와 생성 관계를 확인(메타 클래스의
                                      스페셜 메소드가 호출된다).
```

```
hi
False
```

```
isinstance(EnumInt, EnumInt)        # 같은 클래스와의 생성 관계 확인.
```

```
hi
True
```

추상 클래스도 객체를 생성할 수 있다. 객체와 클래스의 관계를 `isinstance` 함수로 확인하면 추상 클래스에 정의한 스페셜 메소드가 호출되지 않는 것을 알 수 있다.

```
c = EnumInt()                       # 객체 생성.
```

```
isinstance(c, EnumInt)              # 객체와 클래스의 생성 관계가 성립하지만, 메타 클래스의
                                      스페셜 메소드가 호출되지 않는다.
```

```
True
```

추상 메타 클래스의 스페셜 메소드에 객체를 전달해서 처리하면 두 객체를 비교한 결과가 처리되는 것을 알 수 있다. 이처럼 객체 생성 관계를 체크하는 스페셜 메소드도 추가로 조정할 수 있다.

```
Enumeration.__instancecheck__(c, c)     # 클래스로 정의할 때는 메타 클래스의
                                          생성 관계 메소드를 호출한다.
```

```
hi
True
```

Chapter 41

예외, 경고, 단언 처리 알아보기

예기하지 못한 일이 발생해서 프로그램 실행이 종료될 수 있다. 비정상적으로 종료되지 않도록 처리하는 방식을 예외라고 한다. 특정한 기능의 일시 중단이나 변경을 알려주는 경고도 처리할 수 있다. 반드시 정상적인 기능이 필요한 경우에는 단언을 사용한다.

1 예외 처리하기

문장이 실행될 때 정상적으로 처리되지 않으면 에러나 예외가 발생한다. 에러나 예외를 그대로 두면 프로그램 실행이 중단되어 정상적인 결과가 나오지 않는다.

예외가 발생한 위치와 정확한 예외를 알아야 프로그램을 수정할 수 있다.

예제 예외 알아보기

에러나 예외를 처리하는 최상위 클래스는 `Exception`이다. 특정 기능을 처리할 때는 대표적인 클래스를 정의한 후에 세분화해서 클래스를 정의한다.

예외일 때는 대표로 예외 클래스를 정의한다.

```
Exception                                   # 최상위 예외 클래스.
```

```
Exception
```

```
isinstance(Exception, type)                 # 예외 클래스도 다른 클래스처럼 메타 클래스로 생성.
```

```
True
```

예외 클래스로 객체를 만들고 속성을 확인하면 예외 메시지가 들어 있는 것을 볼 수 있다.

```
e = Exception(" 예외를 발생합니다 ")        # 예외 클래스의 객체 생성.
```

```
type(e)
```

```
Exception
```

```
e.args                                      # 예외 객체 내의 속성 확인.
```

```
(' 예외를 발생합니다 ',)
```

보통 자료형을 처리할 때 발생하는 예외 클래스를 확인한다. 이 클래스와 Exception 클래스 사이의 상속 관계를 확인하면 성립하는 것을 알 수 있다.

TypeError 클래스의 상속 관계를 확인하는 속성을 __bases__로 확인하면 Exception 클래스가 출력된다.

```
TypeError                                    # 클래스가 잘못되었을 때 이 예외 발생.
```

```
TypeError
```

```
issubclass(TypeError, Exception)             # 예외 최상위 클래스 상속.
```

```
True
```

```
TypeError.__bases__
```

```
(Exception,)
```

무한 순환을 while로 작성한 후에 input 함수로 입력을 받고 정수로 변환한다. 이때 정수가 아닌 실수로 입력하면 정수로 변환되지 않아 예외가 발생한다.

```
while True:                                  # 무한 순환 작성.
    x = int(input("정수를 입력하세요: "))      # 입력을 받고 정수로 변환.
    if isinstance(x, int) :                  # 정수 객체이면 print 함수 출력.
        print(" 입력값 ", x)
```

```
정수를 입력하세요: 9
 입력값  9
정수를 입력하세요: 9.

-----------------------------------------------------------------
-----
 alueError                    Traceback (most recent call last)
<ipython-input-12-2e5b603afd9b> in <module>
      1 while True:
----> 2     x = int(input("정수를 입력하세요: "))
      3     if isinstance(x, int) :
      4         print(" 입력값 ", x)
                      ┌ 9.로 입력되어 점 때문에 정수로 변환할 수 없어서 예외 발생.
ValueError: invalid literal for int() with base 10: '9.'
```

이런 예외를 정상적인 로직으로 처리하려면 예외가 발생하는 로직에 try except문을 작성한다. 예외가 발생할 때 예외를 except문에 정의해서 예외를 정확히 받아 정상적인 처리를 위한 로직을 추가할 수 있다.

```
while True:                              # 예외가 발생하면 진행되지 않는다.
    try:                                 # 예외가 발생해도 추가적인 처리를 하려면 try 구문에 예외 발생 문장을 넣는다.
        x = int(input("정수를 입력하세요: "))
        break
    except ValueError:                   # 예외를 잡을 때는 except 구문에 발생할 예외 클래스 정의.
        print("정수가 아닌 다른 값을 넣었습니다. ")
                                         # 예외가 발생하면 예외 클래스에 따라 except 구문 실행.
```

```
정수를 입력하세요: 가
정수가 아닌 다른 값을 넣었습니다.
정수를 입력하세요: 5
```

함수를 하나 정의한다. 0으로 수를 나누면 예외가 발생한다. 이 함수의 실행을 try except 구문에 넣어 예외가 발생해도 강제 종료되지 않도록 excet문 내에 문장을 처리한다.

```
def this_fails():            # 함수 정의.
    x = 1/0                  # 0으로 나누면 예외 발생.
```

```
try:                                              # 이 함수는 무조건 예외 처리.
    this_fails()
except ZeroDivisionError as err:                  # 예외의 결과를 확인하려면 try except문으로
    print('함수를 처리할 때 예외 발생 :', err)     예외 발생 문장을 감싸야 한다.
```

```
함수를 처리할 때 예외 발생 : division by zero
```

특별한 경우에 예외를 강제로 발생시킬 수 있다. 이때는 raise문이 예외 객체를 발생시킨다. 예외를 잡으면 그 내부의 속성을 출력할 수 있다.

```
class InputError(Exception):        # 사용자 예외 클래스 정의.(Exception 클래스 상속)
    """Exception raised for errors in the input.

    Attributes:
        expression -- 에러나 예외의 메시지
        module     -- 모듈명
    """
```

```
    def __init__(self, expression, module): # 초기화 함수로 메시지와 모듈을 저장.
        self.expression = expression
        self.module = module
```

사용자가 예외 클래스를 상속받아서 새로운 예외 클래스를 만들 수 있다. 기본 예외 클래스보다 더 많은 속성을 초기화 함수에 추가한다.

```
try :
    raise InputError(" 예외발생 ", __name__)  # 사용자 정의 예외 클래스로
                                              예외를 강제로 발생.
except InputError as e :                      # 예외를 잡아서 메시지와 모듈 출력.
    print(e.expression)
    print(e.module)
```

```
예외발생
__main__
```

예외 발생을 정상적으로 처리하고 추가로 기능을 실행하려면 finally문을 작성해 필요한 기능을 넣는다.

```
try :
    raise InputError(" 예외발생 ", __name__)     # 예외 발생.

except InputError as e :
    print(e.expression)
    print(e.module)

finally :                                        # 예외를 처리한 후에
    print( "반드시 처리 합니다" )                    이 구문을 로직으로 넣는다.
```

```
예외발생
__main__
반드시 처리 합니다
```

또한, 예외가 발생했는지 점검이 필요한 경우는 else문을 추가한다. 예외가 없을 때 else문에 있는 기능을 처리한다.

```
try :
    print(" 정상처리 ")

except InputError as e :
    print(e.expression)
    print(e.module)
else :
    print(" 예외가 발생하지 않았습니다.")   # 예외가 발생하지 않을 경우만 else문이 처리.
finally :
    print( "반드시 처리 합니다" )
```

```
 정상처리
 예외가 발생하지 않았습니다.
반드시 처리 합니다
```

2 경고 처리하기

경고는 예외가 아니다. 특정 함수나 클래스를 사용할 때 조건의 버전이 다르거나 기능을 더 이상 사용하지 않을 경우에 주의 메시지를 보내는 것이다.

예제 경고 알아보기

경고를 처리하는 `warnings` 모듈을 `import`한다.

```
import warnings                                # 경고를 처리하는 모듈 사용.
```

경고를 발생하려면 `warn` 함수에 메시지를 넣고 실행하면 별도의 경고 메시지가 출력된다.

```
print(' 경고처리 전')
warnings.warn(' 이 모듈은 사용이 정지된 것입니다. ')  # 경고를 처리하는 warn.
print(' 경고처리 후')
```

```
경고처리 전
경고처리 후
```

```
C:\Users\John\Anaconda3\lib\site-packages\ipykernel_launcher.py:2: UserWarn
ing:  이 모듈은 사용이 정지된 것입니다.
```

함수를 정의하면 이 함수를 사용하는 다른 사람들에게 경고 메시지를 전달할 수 있다.

```
def add(x,y) :                                          # 함수 정의.
    warnings.warn(" 이 함수는 조만간 변경됩니다. ") # 이 함수를 경고 메시지 처리.

    return x + y
```

이 함수를 호출하면 처리된 결과와 경고 메시지도 같이 보인다.

```
add(5,5)                                    # 함수를 호출하면 경고 처리.
```

```
C:\Users\John\Anaconda3\lib\site-packages\ipykernel_launcher.py:2: UserWarn
ing:  이 함수는 조만간 변경됩니다.
```

```
10
```

경고 메시지도 특징 필터 조건을 처리해서 제어할 수 있다. 이때 `simplefilter` 함수를 사용한다. 필터 조건에 `once`를 주면 같은 메시지가 여러 번 출력되지 않고 한 번만 출력된다.

```
def function_with_warning():                # 함수를 정의할 때 내부에 경고 창 작성.
    warnings.warn(' 이 함수는 이제 사용을 중단해야 합니다.!')
```

```
warnings.simplefilter('once', UserWarning) # 한 번만 경고 지정.
```

함수를 3번 호출했지만, 경고 메시지는 한 번만 나온다.

```
function_with_warning()
function_with_warning()          ← 3번 함수를 실행했지만, 경고는 한 번만 발생.
function_with_warning()
```

```
C:\Users\John\Anaconda3\lib\site-packages\ipykernel_launcher.py:2: UserWarn
ing:  이 함수는 이제 사용을 중단해야 합니다.!
```

파이썬 모듈 중에는 더 이상 지원하지 않는 메소드가 많다. 이 경우의 경고는 `warn` 함수에 `DeprecationWarning`을 넣어 작성한다.

```
def fxn():                                  # 함수 내에 경고 메시지 지정.
    warnings.warn("deprecated", DeprecationWarning)
                                            # 경고 메시지를 지정하면 이 함수를 실행해 처리.
    print(" 처리됩니다.")
```

함수를 실행하면 결과가 나오고 경고 메시지는 지원이 안 된다는 것을 알려준다.

```
fxn()                                    # 함수가 실행되면 경고 메시지가 나온다.
```

처리됩니다.

```
C:\Users\John\Anaconda3\lib\site-packages\ipykernel_launcher.py:2: Deprecat
ionWarning: deprecated
```

3 단언문 처리하기

단언문은 예약어 `assert`, 조건식, 그리고 예외 발생할 때 정보로 구성된다.

단언문은 불변식 즉 항상 참인 조건일 경우에 작성한다. 참인 조건이 발생하지 않는 경우에 예외가 발생한다. 함수나 클래스 정의 내부에도 단언문을 이용해 반드시 참인 경우만 처리되는 곳에 문장을 작성해 불변 조건을 검증한다.

예제 단언문 처리하기

예약어 `assert` 다음에 두 정수를 비교하고, 이 조건이 만족되지 않으면 예외를 발생할 정보를 넣는다. 100보다 98이 작으므로 예외가 발생한다.

```
assert 100 < 98, " 예외"                # 단언문은 불변식에 처리할 것이 있으면 예외 발생.
```

```
---------------------------------------------------------------------------
AssertionError                        Traceback (most recent call last)
<ipython-input-2-3a75ad008242> in <module>
----> 1 assert 100 < 98, " 예외"

AssertionError:  예외
```

함수를 정의할 때 매개변수의 자료형을 확인해서 항상 정수만 처리할 때도 사용한다.

```
def add(x, y) :                              # 함수는 정수만 처리.
    assert (type(x),type(y)) in [(int,int)], " 정수가 아닝 "
                                             # 불변식이므로 항상 정수만 처리되어야 한다.
    return x+ y
```

두 정수를 인자로 전달하면 함수 결과를 반환한다.

```
add(10, 20)                        # 정수를 인자로 전달해서 처리할 때는 단언문이 처리되지 않는다.
```

```
30
```

하나는 정수이고, 다른 하나는 실수면 예외가 발생한다.

```
add(10,30.5)                       # 정수와 실수를 넣고 처리하면 단언문이 실행된다.
```

```
---------------------------------------------------------------------------
AssertionError                            Traceback (most recent call last)
<ipython-input-5-99edab4a44c3> in <module>
----> 1 add(10,30.5)

<ipython-input-3-f6b1a5f09b45> in add(x, y)
      1 def add(x, y) :
----> 2     assert (type(x),type(y)) in [(int,int)], " 정수가 아님 "
      3 
      4     return x+ y

AssertionError:  정수가 아님
```

Chapter 42

표준 입출력 알아보기

컴퓨터는 키보드와 화면 등 입출력 장치가 많이 연결된다. 그중에 키보드와 화면이 표준 입출력이다. 이 표준 입출력을 처리하는 함수가 `input`과 `print`이다.

키보드로 입력을 받아 내부 로직을 처리하고 출력하는 방식을 알아보자.

---

1. 표준 입출력 처리하기
2. 문자열 형식화 알아보기

1 표준 입출력 처리하기

파이썬은 표준 입출력을 처리하기 위한 함수를 제공한다. 간단한 프로그램을 실행하고 결과를 출력하는 방법을 알아보자.

예제 표준 입출력 함수 알아보기

표준 입력 **input**은 메소드이고, 표준 출력 **print**는 함수이다.

```
input                                  # 표준 입력은 함수가 아닌 메소드.
```

```
<bound method Kernel.raw_input of <ipykernel.ipkernel.IPythonKernel object
at 0x000002DB46DA6438>>
```

```
print                                  # 표준 출력을 처리하는 함수.
```

```
<function print>
```

표준 입력 함수에 문자열을 넣고 실행하면 문자열이 출력되고 입력할 수 있는 빈칸이 생긴다.

```
input(" 입력하세요 ")      # 표준 입력에 문자열을 넣고 실행하면 문자열이 출력되고 입력값을 넣을 수 있다.
```

```
 입력하세요 [                    ]
```

빈칸에 8을 입력하면 결과를 출력한다.

```
input(" 입력하세요 ")
```

```
 입력하세요 8
'8'
```

표준 출력은 print 함수에 문자열을 넣고 중간에 input 함수를 지정했다. 첫 번째 print 함수가 출력한 후에 input 함수가 나오고 9999를 입력하면 마지막 print가 출력된다. 입력된 값도 print 함수에 넣어서 같이 출력한 것을 알 수 있다.

```
print(" 입력을 받고 출력하세요 ")                    # print 함수를 출력.
s = input(" 입력하세요 : ")                         # 입력을 받는다.
print(" 입력받은 것을 출력합니다. ",s)              # 입력을 받고 변수에 저장한 후에 출력.
```

```
입력을 받고 출력하세요
입력하세요 : 9999
입력받은 것을 출력합니다.  9999
```

함수를 하나 정의한다. 표준 입력을 처리하면 모두 문자열로 처리된다. 숫자를 넣고 정수로 변환하려면 문자열의 결과를 int 클래스의 객체로 변환해서 변수에 할당한다.

```
def add(x,y) :                                      # 함수 정의.
    return x+y
```

```
x = int(input(" 정수 값을  입력하세요 : "))         # 정수로 변환한 후, 변수에 저장.
```

```
정수 값을  입력하세요 : 10
```

```
y = int(input(" 정수 값을  입력하세요 : "))
```

```
정수 값을  입력하세요 : 20
```

표준 입력으로 받은 값을 변수에 할당하고 함수에 전달해서 실행하면 값을 반환한다. 함수가 실행된 곳이 print 함수이므로 숫자 값을 출력한다.

```
print("add 함수 실행 ",add(x,y))       # 함수에 인자로 전달한 후 실행하고 print 함수로 출력.
```

```
add 함수 실행  30
```

2 문자열 형식화 알아보기

표준 출력을 할 때 문자열을 특정 형태로 꾸밀 수 있다.
출력에 맞게 포맷팅하는 방법을 알아보자.

예제 1 문자열 형식화 알아보기

클래스를 정의하고 문자열과 실행 환경에 출력하는 문자열은 조금 다른 방식으로 출력한다. `__str__`과 `__repr__`를 오버라이딩해서 출력하는 포맷을 변경한다.

```
class User :                                    # 클래스는 객체를 문자열 출력과 실행 창에 출력 함수로 정의.
    def __str__(self) :                         # 문자열 포맷에 따라 객체의 레퍼런스를 정수로 출력.
        return "User class {}".format(id(self))

    def __repr__(self) :
        return "repr class {}".format(id(self))
```

객체를 만들고 정보를 문자열로 출력하기 위해 `print` 함수로 출력한다. 문자열 출력이 필요하면 `__str__`이 자동으로 호출되어 실행된다.

```
u = User()                                      # 객체 생성.
```

```
print(u)                                        # print 함수로 출력하면 __str__을 사용.
```

```
User class 2363835158144
```

```
print(u.__str__())
```

```
User class 2363835158144
```

주피터 노트북 셀은 개발환경이므로 기본으로 `__repr__`이 실행된다. 앞에서처럼 문자열로 출력하려면 `print` 함수를 사용해야 한다.

```
u                                    # 셀에서 객체를 출력하면 __repr__을 실행.
```

```
repr  class 2363835158144
```

```
u.__repr__()
```

```
'repr  class 2363835158144'
```

문자열 클래스인 `str`과 내장 함수 `repr`도 출력을 처리하면 클래스에 정의된 `__str__`과 `__repr__`을 호출해서 결과를 반환한다.

```
str(u)                   # 내장 함수 str은 __str__을 호출해서 처리.
```

```
'User  class 2363835158144'
```

```
repr(u)                  # 내장 함수 repr은 __repr__을 호출해서 처리.
```

```
'repr  class 2363835158144'
```

예제 2 문자열 포매팅 알아보기

문자열을 포매팅은 함수와 메소드를 사용해서 처리하는 방식이 기본이다.

```
format                               # 문자열 출력에 사용하는 함수.
```

```
<function format(value, format_spec='', /)>
```

```
str.format                           # 문자열 클래스의 출력 메소드.
```

```
<method 'format' of 'str' objects>
```

3개의 변수에 정수를 할당한다. `format` 함수로 포맷팅을 처리할 때는 문자열 내에 `%d`를 지정한다. 이 표기에 값을 할당하려면 `%`을 붙인 후에 포매팅 개수만큼 변수를 지정한다.

문자열 포매팅은 `print` 함수 내에서 바로 사용할 수 있다.

```
a = 1000
b = 2000
c = 3000
```

```
format("%d, %d %d" % (a,b,c))    # %d로 정수 처리를 한다(전달하는 변수는 % 다음에 지정).
```

```
'1000, 2000 3000'
```

```
print("%d, %d %d" % (a,b,c))    # print 함수에 format 함수의 내부 인자만 전달해 처리 가능.
```

```
1000, 2000 3000
```

이번에는 메소드로 포매팅하는 방식을 알아보자. 문자열 내에 위치를 지정하는 중괄호가 추가되었다. 아무것도 지정되지 않은 중괄호의 개수와 실제 변수의 개수는 같아야 한다.

```
print(' a = {}, b = {}, c = {} '.format(a, b, c))
```

```
# 문자열의 포맷 메소드로 처리할 때는 중괄호를 사용해서 처리.
```

```
 a = 1000, b = 2000, c = 3000
```

중괄호 포매팅 방식은 지정할 변수의 위치를 숫자로 지정해서 처리할 수 있다. 숫자로 지정하면 중괄호의 개수와 변수의 개수가 같지 않아도 된다.

```
print(' a = {0}, b = {1}, c = {2} '.format(a, b, c))
```

```
# format 메소드에 전달된 인자를 중괄호 내의 숫자로 표시하면 인자의 위치와 매핑.
```

```
 a = 1000, b = 2000, c = 3000
```

```
print(' a = {0}, b = {0}, c = {0} '.format(a, b, c))
```

```
# 인자가 3개지만, 중괄호에 0으로만 표시하면 첫 번째 인자만 매핑.
```

```
 a = 1000, b = 1000, c = 1000
```

딕셔너리 객체를 하나 만든다. 중괄호로 포맷을 만든 경우 `format` 메소드에 딕셔너리를 인자로 전달한다. 이때 각 값의 선택은 숫자 다음에 대괄호를 붙이고 키 값을 인자로 전달하면 매핑된 결과를 출력한다.

딕셔너리를 키워드 인자로 처리하려면 딕셔너리 앞에 별표를 2개 붙여서 처리하면 된다. 그러면 각 변수 이름이 매핑되어 결과를 저장한다.

```
d = {'a':2, 'b':4 , 'c':6}                    # 딕셔너리 생성.
```

```
' a = {0[a]}, b = {0[b]}, c = {0[c]} '.format(d)
```

```
          # 포맷 함수에 딕셔너리를 인자로 전달하려면 중괄호에 0을 넣고 대괄호에 딕셔너리 내의 키를 넣어 전달한다.
' a = 2, b = 4, c = 6 '
```

```
' a = {a}, b = {b}, c = {c} '.format(**d)
```

```
          # 포맷 메소드 딕셔너리 앞에 별표를 2개 붙이면 키워드 인자로 전달(중괄호에 키를 입력하면 매핑된다).
' a = 2, b = 4, c = 6 '
```

이번에는 중괄호 내에 변수의 위치를 지정한 다음 숫자를 출력하는 포맷을 알아보자. 이 포매팅 규칙은 변수의 위치 다음에 콜론을 지정하고 숫자 포맷을 지정한다.

보통 문자 **d**는 정수, 문자 **f**는 실수를 처리하고, 그 앞의 숫자는 자릿수를 의미한다. 숫자의 자릿수 앞에 부등호 등을 표시하면 숫자가 정돈되는 것을 말한다.

```
print('a = [{0:5d}],  b = [{1:10d}], c = [{2:20d}  .for]m'at(a, b, c))
```

```
                                          # 콜론 다음에 포매팅을 붙여서 출력할 수 있다.
a = [ 1000],  b = [      2000], c = [                3000]
```

```
print('a = [{0:>5d}],  b = [{1:>10d}], c = [{2:>20d}]'.format(a, b, c))
```

```
a = [ 1000],  b = [      2000], c = [                3000]
```

```
print('a = [{0:<5d}],  b = [{1:<10d}], c = [{2:<20d}]'.format(a, b, c))
```

```
                                          # 좌측부터 포매팅하려면 부등호 기호를 사용.
a = [1000 ],  b = [2000      ], c = [3000                ]
```

```
print('a = [{0:^5d}],  b = [{1:^10d}], c = [{2:^20d}] '.format(a,b,c))
```

```
                                          # 중간부터 포매팅하려면 ^ 기호를 사용.
a = [1000 ],  b = [   2000   ], c = [        3000        ]
```

실수 기호는 f이고 자릿수는 전체 길이와 소숫점 길이를 분리해서 사용한다.

```
'a = [{0:>20.5f}],  b = [{1:^20.5f}], c = [{2:<20.5f}]'.format(1000.333, 2
000.333, 3000.333)
```

\# 실수는 소숫점 이하도 표시할 수 있다.

```
'a = [          1000.33300],  b = [     2000.33300     ], c = [3000.33300
]'
```

```
'{:,}'.format(1000000)          # 천 단위로 쉼표를 붙일 때는 콜론 다음에 붙인다.
```

```
'1,000,000'
```

금액은 쉼표를 붙이면 천 단위로 처리된다.

```
points = 19
```

```
total = 22
```

```
'백분율 처리 : {:.2%}'.format(points/total)          # %를 표시할 수도 있다.
```

```
'백분율 처리 : 86.36%'
```

날짜는 datetime 모듈을 import한다. 날짜를 생성해서 처리하는 포매팅 규칙을 사용해서 처리한다.

```
import datetime
```

```
d = datetime.datetime(2019, 2,5, 12, 15, 58)
```

```
'{:%Y-%m-%d %H:%M:%S}'.format(d)          # 날짜 표시는 콜론 다음에 표시.
```

```
'2019-02-05 12:15:58'
```

```
print(f'{d:%Y-%m-%d %H:%M:%S}')          # f 문자열을 사용하면 변수 이름을 받아서 바로
                                          포매팅을 처리할 수 있다.
```

```
2019-02-05 12:15:58
```

Chapter 43

파일 읽고 쓰기

컴퓨터가 탄생하고 나서 파일을 처리하는 프로그램이 가장 먼저 만들어졌다.

데이터를 분석할 때도 다양한 파일로 입력 데이터를 받아 처리한다. 기본적인 텍스트 파일을 받아 처리하는 방법을 알아보자.

1 파일 읽고 쓰기

파일은 문자열로 작성되어 있으므로 유니코드와 바이트 문자열을 기준으로 처리한다.
파일을 열 때, 이 두 경우를 모드(mode) 지정해 처리해야 한다.

예제 파일 처리하기

파일에 문자열을 쓰기 위해서는 빈 파일을 여는 open 함수를 사용한다. 파일을 open하면 파일을 처리하는 객체가 하나 만들어진다. 이때 파일 이름은 문자열로 작성해서 전달한다.

작성하는 파일이 유니코드 문자열이면 t를 사용하고, 파일을 쓸 때는 w를 지정한다. 파일에 기록할 문자열을 작성해 변수 w에 보관하고 모든 문자열을 한꺼번에 기록하기 위해 메소드 writelines를 사용한다.

파일 처리가 끝나면 항상 close 메소드로 파일을 닫는다.

```
f = open("file.txt","wt")    # 파일 이름과 쓰기 모드를 지정해 파일 객체를 만들고 변수 f에 할당.
```

```
w = """마지막으로, 문자열 슬라이싱 및 이어붙이기 연산을 사용하여 상상 할 수 있는 모든 배
치를 만듭니다.
모든 문자열 처리를 스스로 수행할 수 있습니다.
문자열형에는 주어진 열 너비로 문자열을 채우는 데 유용한 연산을 수행하는 몇 가지 메서드가
있습니다.
"""
```

```
f.writelines(w)              # 이 파일 객체의 메소드로 문자열 작성.
```

```
f.close()                    # 파일을 닫으면 이 파일이 디스크에 생성된다.
```

위의 파일을 다시 열어서 사용할 때는 open 함수를 사용한다. 같은 파일 이름을 사용하고 모드를 읽기로 만들어야 한다. 그래서 인자로 rt를 지정한다.

파일의 정보를 확인하면 encoding이 있다. 이것은 Windows에서 파일을 만들면 문자 세트를 유니코드가 아닌 cp949를 사용하기 때문이다.

```
fr = open("file.txt","rt") # 파일을 읽기 모드로 열고 변수에 객체를 할당.
```

```
fr                         # 텍스트 처리지만 Windows를 사용해서 encoding이 cp949이다.
```

```
<_io.TextIOWrapper name='file.txt' mode='rt' encoding='cp949'>
```

파일이 열린다는 말은 파일을 처리할 수 있는 핸들러 객체를 만든다는 것이다.

파일을 한 줄씩 읽기 위해 readline 메소드를 사용한다. 3개의 줄로 작성된 파일이라 세 줄을 읽으면 파일을 다 읽게 된다.

파일을 더 사용하지 않을 때는 close 메소드로 닫는다.

```
fr.readline()              # 작성한 파일이 한 줄을 읽는다.
```

```
'마지막으로, 문자열 슬라이싱 및 이어붙이기 연산을 사용하여 상상할 수 있는 모든 배치를 만듭니다.\n'
```

```
fr.readline()
```

```
'모든 문자열 처리를 스스로 수행할 수 있습니다. \n'
```

```
fr.readline()
```

```
'문자열형에는 주어진 열 너비로 문자열을 채우는 데 유용한 연산을 수행하는 몇 가지 메서드가 있습니다.\n'
```

```
fr.close()                 # 다 읽으면 파일을 닫는다.
```

파일을 열 때 문자 세트를 바꾸기 위해 encoding 매개변수에 euc-kr을 지정할 수도 있다. 파일의 클래스 이름도 출력되는 것을 볼 수 있다. 이 클래스에 관한 자세한 설명은 파이썬 메뉴얼을 참조하기 바란다.

```
fu = open("file.txt","rt",encoding="euc-kr")# 인코딩을 지정해 파일을 열 수 있다.
```

```
fu
```

```
<_io.TextIOWrapper name='file.txt' mode='rt' encoding='euc-kr'>
```

이 파일을 읽어와도 한글이 출력된다.

```
fu.readline()                                    # 한 줄을 읽는다.
```

```
'마지막으로, 문자열 슬라이싱 및 이어붙이기 연산을 사용하여 상상할 수 있는 모든 배치를 만듭니다.\n'
```

한 줄을 읽고 바이트 문자열로 암호화(encode)할 때 문자 세트 기준을 `utf-8`로 지정할 수 있다. 이를 다시 복호화(decode)할 때는 암호화에 사용한 문자 세트와 같게 지정해야 한다. 파일은 여러 문자 세트로 만들어지므로 컴퓨터에서 사용할 때 적합한 문자 세트를 `encoding`에 지정해야 한다.

파일 처리가 끝나면 항상 `close` 메소드로 파일을 닫는다.

```
a = fu.readline().encode(encoding="utf-8") # 한 줄을 읽는다(암호화할 때 인코딩을 변경한다).
```

```
a.decode(encoding="utf-8")                # 복호화할 때도 같은 인코딩 처리.
```

```
'문자열형에는 주어진 열 너비로 문자열을 채우는 데 유용한 연산을 수행하는 몇 가지 메서드가 있습니다.\n'
```

```
fu.close()                                # 파일을 닫는다.
```

새로운 파일에 기록하기 위해 다른 파일을 만든다. 이번에는 문자 세트를 유니코드로 처리하기 위해 `utf-8`을 지정한다.

한글을 작성하고 파일을 닫는다. 파일을 다시 열어서 파일 상태를 확인하면 문자 세트를 `utf-8`로 작성한 것을 알 수 있다.

```
f_u = open("file_u.txt","wt", encoding="utf-8")  # 파일을 새로 작성.
```

```
f_u.writelines(w)  # 문자열을 넣고 작성한다.
```

```
f_u.close()  # 파일을 닫는다.
```

```
f_u = open("file_u.txt","rt", encoding="utf-8")  # 파일을 새로 작성하기 위해 파일을 만든다.
```

```
f_u
```

```
<_io.TextIOWrapper name='file_u.txt' mode='rt' encoding='utf-8'>
```

파일을 read 메소드로 읽어 한 줄의 길이를 확인하면 140개 문자로 작성된 것을 알 수 있다. close로 파일을 닫는다.

```
s = f_u.read()  # 한 번에 모든 것을 읽는다.
```

```
len(s)  # 전체 문자의 길이를 확인한다.
```

```
140
```

```
f_u.close()  # 파일을 닫는다 .
```

파일도 객체이고 객체 내의 원소가 줄인 반복형 객체이므로 for 순환문에 직접 open해서 사용할 수 있다. print문은 한 줄씩 출력하면 줄 사이에 빈 줄이 더 들어간다.

```
for i in open("file_u.txt","rt", encoding="utf-8") :
                                  # 파일이 반복자이므로 순환문에 넣어서 처리할 수 있다.
    print(i)
```

```
마지막으로, 문자열 슬라이싱 및 이어붙이기 연산을 사용하여 상상할 수 있는 모든 배치를 만듭니다.

모든 문자열 처리를 스스로 수행할 수 있습니다.

문자열형에는 주어진 열 너비로 문자열을 채우는 데 유용한 연산을 수행하는 몇 가지 메서드가 있습니다.
```

빈 줄이 출력되는 것을 피하기 위해서는 print 함수 안 end 매개변수에 빈 문자열을 지정해서 줄바꿈을 한 번만 처리할 수 있게 변경한다.

```
for i in open("file_u.txt","rt", encoding="utf-8")   :# 개행문자를 없애고 출력한다.
    print(i,end="")
```

```
마지막으로, 문자열 슬라이싱 및 이어붙이기 연산을 사용하여 상상할 수 있는 모든 배치를 만듭니다.
모든 문자열 처리를 스스로 수행할 수 있습니다.
문자열형에는 주어진 열 너비로 문자열을 채우는 데 유용한 연산을 수행하는 몇 가지 메서드가 있습니다.
```

파일을 바이트 문자열로 처리할 때는 바이트 단위로 처리하도록 모드를 t에서 b로 바꾼다.

빈 파일을 열어서 작성하기 위해서는 모드 wb로 지정한다. 영어로 된 바이트 문자열은 문자열 앞에 항상 b가 표시된다. 문자열을 write 메소드에 인자로 전달해서 파일을 만들고 사용이 끝나면 close 메소드로 닫는다.

```
fb = open("file_b.txt","wb")     # 바이트 문자열로 작성할 파일을 만든다.
```

```
fb.write(b"The TracebackException class is a high-level interface for building a StackSummary while processing a traceback.")
```

```
112
```

```
fb.close()                       # 파일을 닫는다.
```

방금 만들어진 파일을 바이트 모드로 연다. 바이트 모드의 파일 이름도 같이 출력된 것을 알 수 있다.

```
fb = open("file_b.txt","rb")     # 바이트 파일로 연다.
```

```
fb                               # 바이트는 버퍼 처리의 객체인 것을 알 수 있다.
```

```
<_io.BufferedReader name='file_b.txt'>
```

파일을 read 메소드로 읽으면 바이트 문자열이 보인다. 사용하고 나면 파일을 닫는다.

```
fb.read()                                    # 전체 파일을 읽는다.
```

```
b'The TracebackException class is a high-level interface for building a Sta
ckSummary while processing a traceback.'
```

```
fb.close()                                   # 파일을 닫는다.
```

2 임시파일 처리

간단한 정보는 임시파일로 만들어 사용하고 마지막에 파일에 저장해도 된다.

예제 임시파일 처리하기

임시파일을 사용할 때 파이썬 3버전부터는 파일 처리하는 부분이 `io` 모듈로 통합되었다.

```
import io                      # 입출력 모듈 사용.
```

유니코드 문자열을 처리하는 클래스 `StringIO`를 이용해 객체를 만들고 `read`와 `getvalue`로 데이터를 가져온다. 임시파일도 사용하지 않을 때는 반드시 닫는다.

```
s = io.StringIO("가을이라")    # 문자열 객체를 저장하는 임시파일 생성.
```

```
s
```

```
<_io.StringIO at 0x2928ee4a678>
```

```
s.read(), s.getvalue()         # 모든 파일을 읽거나 저장된 모든 파일을 가져올 수 있다.
```

```
('가을이라', '가을이라')
```

```
s.close()                      # 임시파일도 사용하고 나면 닫는다.
```

빈 임시 문자열 파일을 만들고 한 줄을 작성한다. 둘째 줄을 `print`문으로 추가할 수도 있다. `print`문 `file` 매개변수에 임시파일 변수를 할당하면 된다.

```
output = io.StringIO()                      # 빈 문자열 처리 객체 생성.
output.write('First line.\n')               # 문자열을 넣고 쓴다.
print('Second line.', file=output)          # print 함수에 임시파일을 넣고 출력.
```

현재 파일 위치는 `tell` 메소드로 확인할 수 있다. 첫 줄로 이동하려면 `seek` 메소드에 위치 정보를 0으로 전달한다. 파일을 처음부터 다시 읽는다.

```
output.tell()                              # 현재 위치 확인.
```

```
25
```

```
output.seek(0)                             # 다시 처음 위치로 보낸다.
output.read()                              # 작성된 모든 줄을 읽는다.
```

```
'First line.\nSecond line.\n'
```

임시 파일을 사용하고 나면 닫아야 한다. 그전에 다른 변수에 할당하면 임시파일과 상관없이 사용할 수 있다.

```
contents = output.getvalue()        # 작성한 값을 변수에 할당하고 임시파일을 닫는다.
output.close()
```

```
contents                            # 출력하면 임시파일에 저장된 것을 확인할 수 있다.
```

```
'First line.\nSecond line.\n'
```

`BytesIO` 클래스로 직접 임시파일을 객체로 만들어 사용할 수 있다. 바이트 문자열과 유니코드 문자열의 차이는 바이트 문자열은 `getbuffer` 메소드로 복사해 별도의 `memoryview` 객체를 만들어서 사용한다.

```
b = io.BytesIO(b"abcdef")     # 바이트 문자열도 임시파일로 만들 수 있다.
```

```
b
```

```
<_io.BytesIO at 0x2928ed9baf0>
```

```
view = b.getbuffer()                # 객체를 버퍼로 표시한 후에 슬라이스로 변경할 수 있다.
view[2:4] = b"56"
```

```
view                                # 실제 튜플을 제공하므로 바이트 문자열의 임시파일이 갱신된다.
```

```
<memory at 0x000002928EE3D288>
```

생성된 정보는 read나 getvalue로 확인할 수 있다.

```
b.read(), b.getvalue()
```

```
(b'ab56ef', b'ab56ef')
```

유니코드 문자열과 마찬가지로 파일을 쓰고 tell과 seek로 이동할 수 있다.

```
bc = io.BytesIO()                # 빈 문자열의 임시파일 생성.
```

```
bc.write(b"Hello World!!!")      # 바이트 문자열로 쓴다.
```

```
14
```

```
bc.tell()                        # 현재 위치 확인.
```

```
14
```

```
bc.seek(0)                       # 처음으로 이동.
```

```
0
```

```
bc.read()                        # 파일을 모두 읽는다.
```

```
b'Hello World!!!'
```

```
bc.close()                       # 다 사용하면 임시파일을 닫는다.
```

3 컨텍스트 환경 처리

파일은 사용할 때 열고, 사용이 끝나면 닫아야 한다. 컨텍스트 환경을 사용하면 열고 닫는 것을 자동으로 해준다.

예제 1 컨텍스트 환경 알아보기

주피터 노트북 명령어 `%%writefile` 파일 이름으로 파일을 만든다.

```
%%writefile withfile.txt
You need to reset the buffer position to the beginning. You can do this by
doing buff.seek(0).
Every time you read or write to the buffer, the position is advanced by on
e. Say you start with an empty buffer.
The buffer value is "", the buffer pos is 0. You do buff.write("hello"). O
bviously the buffer value is now hello.
The buffer position, however, is now 5.
When you call read(), there is nothing past position 5 to read! So it retu
rns an empty string.
```

```
Writing withfile.txt
```

컨텍스트 환경인 `with`문에서 파일을 열고 내부에 `for`문으로 출력한다. 사용을 마치면 자동으로 파일을 닫는다.

```
with open("withfile.txt","rt") as wf :          # 파일을 읽고 닫는 것을 with문으로 처리.
    for i in wf :
        print(i, end="")
```

```
You need to reset the buffer position to the beginning. You can do this by
doing buff.seek(0).
Every time you read or write to the buffer, the position is advanced by one
. Say you start with an empty buffer.
The buffer value is "", the buffer pos is 0. You do buff.write("hello"). Ob
viously the buffer value is now hello.
```

```
The buffer position, however, is now 5.
When you call read(), there is nothing past position 5 to read! So it retur
ns an empty string.
```

파일을 저장한 변수 `wf`를 확인하면 스페셜 메소드 `__enter__`, `__exit__` 메소드가 구현되어 있다. 이 두 메소드는 컨텍스트 환경에 들어갈 때는 자동으로 `__enter__`가 실행되고 다 사용하면 `__exit__`이 자동으로 실행되어 파일을 닫는다.

```
wf
```

```
<_io.TextIOWrapper name='withfile.txt' mode='rt' encoding='cp949'>
```

```
wf.__enter__
```

```
<function TextIOWrapper.__enter__>
```

```
wf.__exit__
```

```
<function TextIOWrapper.__exit__>
```

컨텍스트 환경인 `with`문을 연속으로 사용해 파일을 쓰고 읽는 것을 간단히 처리할 수 있다.

```
with open("withfile_w.txt","wt") as wfw :
    wfw.write("파일을 저장합니다")
```

```
with open("withfile_w.txt","rt") as wfw :
    print(wfw.read())
```

```
파일을 저장합니다
```

예제 2 사용자 환경에 컨텍스트 구현하기

파일 클래스를 정의할 때 초기화 함수에 파일 이름과 모드를 저장한다. 컨텍스트 환경을 구성하는 `__enter__`는 파일을 열어 파일 정보를 객체의 속성으로 반환한다.

파일을 다 처리하거나 예외가 발생하면 종료하기 위한 로직을 `__exit__`에 정의한다.

```
class File:                                             # 파일 클래스 정의.

    def __init__(self, filename, mode):                 # 초기화 함수에 파일 이름과 모드 저장.
        self.filename = filename
        self.mode = mode

    def __enter__(self):                                # 컨텍스트 환경에 들어갈 때 __enter__ 정의.
        self.open_file = open(self.filename, self.mode)
                                                        # 파일을 열어 객체 저장.
        return self.open_file                           # 객체 반환.

    def __exit__(self, type, value, traceback):
                                                        # 종료되거나 예외가 발생하면
        print("type ", type)                            #  인자로 전달되고, 내부에 예외 처리.
        print("value ", value)
        print("traceback ", traceback)
        self.open_file.close()
        if type != None :
            return True
```

컨텍스트 환경에서 `File` 클래스의 객체를 만들고 내부에 파일을 작성한다. 예외가 발생하지 않고 정상적으로 처리되었다. 주피터 노트북 `%load` 명령어로 이 파일을 로딩하면 데이터가 들어있는 것을 확인할 수 있다.

```
with File('with_1.txt', 'w') as infile:    # 파일 클래스로 객체 생성.
    infile.write('foo ')
```

```
type  None
value  None
traceback  None
```

```
foo                                          # %load 명령어로 저장된 파일 로딩.
```

파일 처리를 위해 다시 컨텍스트 환경에서 파일 객체을 열고 내부의 로직을 처리한다.

```
with  File('with_1.txt', 'rt') as f :          # 이 클래스로 파일을 읽을 수 있다.

    print(f)
    for i in f :
        print(i)
    f.seek(0)
    print(f.read())
```

```
<_io.TextIOWrapper name='with_1.txt' mode='rt' encoding='cp949'>
foo
foo
type  None
value  None
traceback  None
```

컨텍스트 환경에서 강제로 예외를 **raise**문으로 발생하면 **__exit__**에 예외가 전달되는 것을 확인할 수 있다.

```
with  File('with_1.txt', 'rt') as f :
                         # 파일을 읽고 난 후, 예외를 발생시키면 __exit__ 스페셜 메소드가 처리.
    raise FileNotFoundError(" 파일이 없습니다.")
```

```
type  <class 'FileNotFoundError'>
value   파일이 없습니다.
traceback  <traceback object at 0x000001E0EA936AC8>
```

Index

ㅌ

ㅍ

ㅎ